国家社会科学基金艺术学项目“设计思维的捕捉、认知与解读”
（22BG126）研究成果

服务设计策略与启发式

SERVICE DESIGN STRATEGIES AND HEURISTICS

主　编◎胡　莹
副主编◎周子涵　杜　星　白一茗　王　钦

湖南大学出版社
·长沙·

内容简介

本书分为六章，主要内容是关于服务设计、设计启发式方法、服务设计启发式卡片开发、工具包的使用方法说明、应用案例的讲解以及对教学实践的反思与讨论。该工具包主要内容由服务设计专家的设计策略组成，在与传统服务设计教学相结合时，可以有效帮助新手快速进入服务设计思维状态，理解服务设计的概念和思维，并在设计活动中提升团队的创造力。

本书作为线下教材，与实体工具包和线上电子工具相结合，形成线上线下混合教学的模式，极大地创新了服务设计教学体系，并对服务设计教学工作产生促进作用。

图书在版编目（CIP）数据

服务设计策略与启发式/胡莹主编. — 长沙：湖南大学出版社，2025.5

ISBN 978-7-5667-3291-0

Ⅰ. ①服…　Ⅱ. ① 胡…　Ⅲ. ①信息管理—研究　Ⅳ. ①G203

中国国家版本馆CIP 数据核字（2023）第232915号

服务设计策略与启发式

FUWU SHEJI CELUE YU QIFASHI

主　　编： 胡　莹

策划编辑： 胡建华　贾志萍

责任编辑： 贾志萍

印　　装： 湖南雅嘉彩色印刷有限公司

开　　本： 889 mm×1194 mm　1/20　**印　　张：** 13　**字　　数：** 330千字

版　　次： 2025年5月第1版　**印　　次：** 2025年5月第1次印刷

书　　号： ISBN 978-7-5667-3291-0

定　　价： 88.00元

出 版 人： 李文邦

出版发行： 湖南大学出版社

社　　址： 湖南・长沙・岳麓山　**邮　　编：** 410082

电　　话： 0731-88822559（营销部）　88821174（编辑室）　88821006（出版部）

传　　真： 0731-88822264（总编室）

网　　址： http：//press.hnu.edu.cn

序一

设计学科的发展是一个动态而多元的过程。科学技术的飞速进步、社会需求的日益变化以及全球性问题的不断涌现，推动着设计的概念、对象与边界持续拓展。服务设计同样不再受限于传统服务业范畴，而是与科技、文化、产业等深度融合，渗透到社会生活的方方面面。

与此同时，AIGC 和大模型技术的兴起，为设计服务、提供服务和优化服务带来了全新的工具、方法和模式，大幅提升了设计效率，同样也引发了业内对设计本质和设计师自身独特性的深刻反思。

从关注服务触点和流程的完善，到对社会、文化和技术等多方面因素的综合回应，当下的设计师，不仅需要充分储备跨学科的背景知识，还需时刻保持对新技术的理解和对用户需求的敏锐感知，深入复杂的系统与环境中，激发想象，精准地描绘人、物理世界、智能机器和虚拟信息的相互关系，创造更具价值和意义的解决方案。

面对越来越模糊的专业知识边界，设计师所需的知识、方法与工具日益复杂，又不断延伸。为及时响应外部环境中风云变幻的新领域和新问题，设计人才需要更新其知识获取方式以及创新思维模式，强化主动学习与构建知识的能力，更为敏捷地适应社会发展，把握变化，协同创新。

《服务设计策略与启发式》一书，立足教授服务设计新手方法、培养其创新思维，理论与实践结合，通过提取丰富可靠的专家设计策略，提供了一种直观而灵活的服务设计学习方式；从内容生产、新形态的工具开发和充满趣味的使用方法等多个角度，引导学习者学以致用，激发创意灵感，逐步理解设计之道，并构建立体的、多维的知识体系。

期待学习者能够充分借助这本书激发创造力，获取设计灵感，探索、发现以及构建专业领域中的新内容和新知识，并将其转化为具有产业价值及社会影响力的落地方案。

何人可

湖南大学设计艺术学院教授

2025 年 1 月

序二

在这个全球知识网络时代，设计正随着科技、产业、经济、社会和人们生活方式的变革，以惊人的速度发生变化。设计亦从之前创新链和产业链的一个环节，拓展成为新质生产力和创新的核心驱动力。

服务设计的兴起，是设计机会和价值主张双重作用的结果。这里主要有三个背景：首先是因为用更好的服务取代产品的消耗，对全球的经济和社会发展而言，是一个更为可持续的方向；另一个更为现实的原因是全世界各国的产业转型升级，都经历了一个服务经济占比不断提升的过程；与此同时，对服务系统进行再设计，是解决诸多社会问题的一个非常有效的抓手。所以，设计需要开发新的理论、知识、方法和工具，以更好地满足、服务上述经济和社会发展的新需求。服务设计就是基于这样的背景产生的。

也是由于上述原因，2007 年，我与意大利米兰理工大学合作，在同济大学开设了国内最早的“产品服务体系设计”硕士专业方向。那时候同济大学服务设计的导论课是我自己来讲授的，之后我引进了达维德 · 法西（Davide Fassi）等教授，这个方向才逐步开始呈现蓬勃发展的态势。2010 年同济大学首批“产品服务体系设计”硕士研究生毕业的时候，社会上还没有针对服务设计的岗位需求。但今天，服务设计已经成为设计学科中产业触达面极广和贡献度极高的专业方向之一。

当下的服务设计，已经深度嵌入用户体验的提升、业务流程的优化以及社会价值的创造过程，成为构建现代服务体系不可或缺的关键环节。以用户为核心的服务设计，不仅是一种设计方法，更是一种思维方式的转变。它强调基于特定的价值追求，运用设计和设计思维，解决复杂且多元的痛点，通过优化服务系统架构，重新定义服务过程的触点、界面和流程，实现服务质量与用户体验的全方位提升。

尽管服务设计在当今的设计学界俨然已经成为显学，但在实际的应用中，综合考虑多方面因素，灵活运用不同的设计策略去解决实际问题并创造出更具价值的服务，并不容易。早期服务设计的思想和理论的发展是先于方法论、方法、工具和技术的发展的。但随着全球设计研究的发展，越来越多的服务设计方法和工具被开发出来。经典的服务蓝图、用户旅程图、商业画布等工具，甚至有成为新的设计“八股”的隐忧。鉴于此，迫切需要从更前瞻、更系统和更符合中国社会经济发展需求的视角出发，对服务设计方法进行基于学术和实证的系统梳理。

胡莹教授的新书——《服务设计策略与启发式》，就是对这一需求的积极回应，同时也是众多服务设计相关著作中非常有特色的一部。这本书不仅为读者推介了一系列行之有效的工具与方法，同时也展现了作者对服务设计的独到理解。相信不管是面对复杂多变的市场环境，还是应对多元的用户需求，设计师与服务提供者都能借助书中的策略，配合有效的使用方法，打破常规思维，深入理解服务设计的本质与价值，充分激发创新概念与实践灵感。

服务设计横空出世，成为过去20年间设计从物质层面拓展到非物质层面进程中重要的现象和成果之一。但未来的服务设计究竟应该作为一个边界清晰的设计方向，进一步走专门化发展道路，还是应该以一种“服务思维”的方式，进入设计学科各新兴方向的实践，在服务社会经济发展中推动设计学科疆域拓展和范式转型？这是我最近一直在思考的问题，我也希望借由给胡莹教授作序的机会抛出来，以引发学界更多有价值的讨论。

是为序。

娄永琪

瑞典皇家工程科学院院士

同济大学副校长

2025 年 1 月

目录

CONTENTS

1

第一章
设计之旅

现在，翻开这本书的你，是否正在寻求新的设计方向？是否想了解新的设计领域？是否正处于灵感枯竭的困难时期？又或是对服务设计或启发式感兴趣？不论是什么原因使你翻开了这本书，接下来请和我们共同拿起设计启发式的钥匙，打开设计领域的大门，探索设计这一奇妙的世界。

如今，设计行业正处在蓬勃发展的时期，设计师在产品和服务的开发中成为中流砥柱，发挥着巨大的作用。设计师角色所涉及的人群范围正逐渐扩大，而这个角色的能力核心——设计思维，也随之丰富。设计思维的定义并不单一，它是一种想法、一种策略、一种方法或一种看待世界的方式。曾任 IDEO 公司首席执行官的蒂姆·布朗（Tim Brown）将设计思维理解为一种以人为本的创新方法，该思维类型从设计师的工具包中汲取灵感，将人的需求、技术的可能性和商业成功的要求整合在一起。设计师的思维能力要求他们具备有效响应不断变化的社会、经济和技术力量的洞察力，而这些力量之间的相互作用将帮助设计师创造新的产品与服务。作为设计师，或即将成为设计师的我们，应该常怀创新力带来的使命感，通过实用设计这一方法，将其化为改变周遭世界的力量。

在此之前，我们需要了解设计的全流程。设计方案是如何出现，又是如何开始构建并最后实施的？这一过程同时也反映了设计师的思维过程。

了解设计过程是如何发生的，对于理解设计、理解设计师、理解设计思维非常重要。其中，能够用以了解设计形成，或用以解决设计问题的一个关键方法是设计思维方法。不论是个人设计还是团队设计，甚至是跨学科的团队设计，设计思维都可在其中支持设计师有效地解决问题。

值得注意的是，设计思维的过程，或者说设计的过程，受设计师的个人因素影响较大。不论是个人的知识、经验还是对工具、方法的使用方式等，都会改变设计进程，从而产生不同的设计结果，衍生出不同的设计思维模型。对思维模型的拆解和重建能够帮助我们了解设计的形成过程，其中不乏经典的模型。以下列举了三个模型，帮助大家从不同的维度了解设计思维。

作为一家全球创新设计公司，IDEO 对于设计过程提出了自己的理解。该公司将设计思维过程划分为五个步骤（图 1-1）：①探索（discovery）。我们需要在这个阶段中了解设计行动的目标是什么，分析在这个过程中会遇到的挑战有哪些，并且在对设计问题和设计任务有初步认识后，开始搜寻能够成为设计概念的要素，刺激灵感生成。②解释（interpretation）。在获取一定量的知识后，我们需要通过某些方式对零散的知识进行解释、分析并将之串联起来，比如讲故事，以进一步理解相关知识，并将其与目前需要解决的问题相关联。在解释的过程中寻找其中的意义，同时找寻暗藏的设计机会点。③构思（ideation）。在上一阶段的基础上，我们已经发现了关键的机会点。此时我们需要去思考，围绕这些机会点我们能够创造出什么，将机会点逐渐升级，成为想法。④实验（experimentation）。基于第三阶段的想法，我们需要将它不断丰富，通过信息和知识的积累，结合设计方法与工具的使用，将简单的构思转化成原型。在后续的测试过程中获得相应的反馈，实现优化与迭代。⑤进化（evolution）。这是设计过程模型的最后一步。在此阶段之前我们已经完成了一个设计概念的生成，并且通过原型测试确保了方案的可行性。但设计往往是一个循环往复的过程，新的知识、新的工具、新的方法和新的技术都将引发

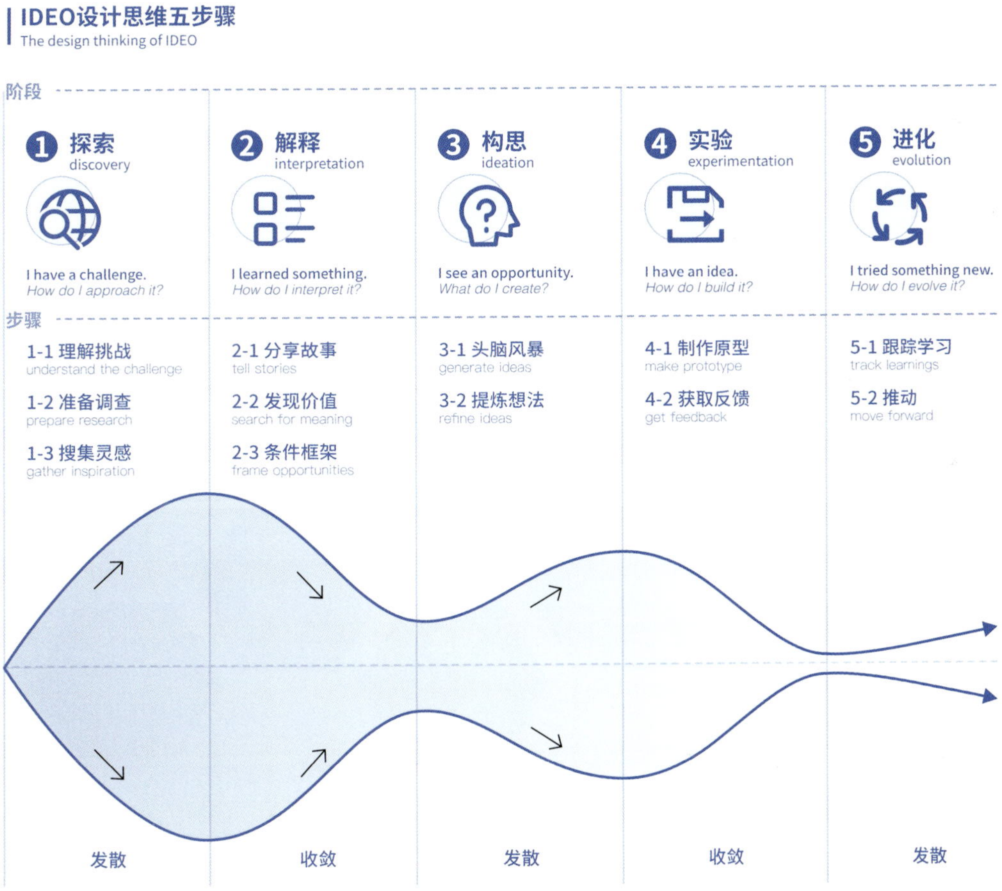

图 1-1　IDEO 设计思维五步骤

不同程度的设计“变革”。“新”的加入刺激我们思考，为现有方案带来了新的可能。从模型图中可以发现，该设计思维模型包含发散（diverge）与收敛（converge）两大阶段。发散是不断寻求新的信息，诞生新想法的过程。而收敛是在发散的基础上将信息进行提炼与总结，将想法编织成概念的过程。图 1-1 中发散和收敛反复交替进行，伴随着设计过程的推进，波峰与波谷都逐渐变小。

斯坦福设计学院也将设计思维过程划分为五个步骤（图 1-2）：①共情（empathize）。共情即有同理心，指的是设身处地理解他人的感受和情绪。建立同理心的过程可以通俗地理解为感同身受或者换位思考。我们需要站在用户（或客户）的角度思考所面临的问题是什么，想要什么，从而了解用户所真实关心和需要的东西，以及用户的处境。同理心可以帮助我们抛开个人视角，深刻理解所面临的真实挑战。②定义（define）。当站在不同视角获取了大量的信息后，我们需要对其进行筛选和整理。定义问题的过程，不仅可以帮助我们将散乱的信息整理成能够构建解决问题突破口的元素，同时也是设计师整理思维逻辑的过程。在这个阶段，我们需要清晰地表达想要解决的问题是什么，目标用户是谁，要达到什么目的。找准问题和目标所在，是构建设计方案的关键一步。③构思（ideate）。

图 1-2　斯坦福设计学院“设计思维”

在这个阶段，就可以开始准备产生设计概念的初步想法了。围绕上一阶段所定义的问题和目标，尝试使用头脑风暴等方法，打破思维桎梏，尽情地展现创造力。我们需要尽可能多地提出解决方案，从中选择最优解，并将其不断完善。④制作原型（make prototype）。在这个阶段，我们需要将上一阶段中的概念制作成原型，以检测该解决方案在实际使用过程中能否达到预期的效果。⑤测试（test）。原型制作完成后，就可以自己使用或寻找更多用户使用它们了。这个测试过程可以很好地帮助我们了解现有方案的问题。通过使用原型对象，我们也能获取用户在使用过程中的行为与感受。在测试结果的基础上，我们还可以参与持续的短周期迭代过程，不断改进设计。

由英国设计委员会创立的双钻模型也是经典的设计思维模型之一。两颗“钻石”涵盖了整个设计过程，第一颗“钻石”通过研究和总结让设计师去做正确的事情，第二颗“钻石”通过概念生成和实践让设计师用正确的方法做事。不同于以上两个模型的过程分解，双钻模型将设计过程分为四个步骤（图 1-3）：①发现（discover）。此时我们需要拿着放大镜去剖析现有的问题，并且将问题进行拆解，评估每一个元素的特征点，逐一分析。尽可能地走出自我视角，走入用户的生活环境，发现更多的人、事、物、境。②定义（define）。在发现期获取的信息，我们需要在定义期对其进行汇聚和加工，让信息类别化和有序化。随后将整理过的信息整合在设计主题中，进一步了解设计主题的方方面面，并发掘和聚焦核心问题。③发展（develop）。该时期需要我们充分发挥想象力与创造力，围绕核心问题，不用过多地考虑技术、经费和人力等限制性问题，提出设计概念，甚至可以在别人的概念基础上发展出自己的新概念。在发展后期，我们已经拥有很多的想法。对它们进行评估，从中挑选出自己所倾心的，接下来围绕它来不断完善。④交付（deliver）。此时我们需要在备选的想法中，通过评估各个维度，选择最优解。并可尝试制作原型，测试原型和分析测试结果，再反复地进行优化和迭代，以最终产出设计结果。从第一颗“钻石”到第二颗“钻石”，我们需要从中了解如何探索一个未知设计问题的情况，了解它可能是什么（what it could be），以及它应该是什么（what it should be）。

设计思维研究日趋成熟与丰富，它正在从理论知识转化为成熟的实践。这一过程也伴随着不同的声音，人们对于它的理论和价值或是认可，或是怀疑，在不同的观点中游走。这也扩充了研究者对设计思维理解的视野，使设计思维方法逐渐成熟。但无论从什么样的视角去发掘设计过程的特征，研究者们所构建的设计思维模型大多绕不开构思阶段。卢卡斯·魏德利希（Lukas Waidelich）通过对 35 个设计思维模型进行探究，发现不论这些模型将设计思维划分为多少个阶段，其中 30 个模型都包含了“构思阶段”这一术语，它是所有被统计的

双钻模型
Double diamond

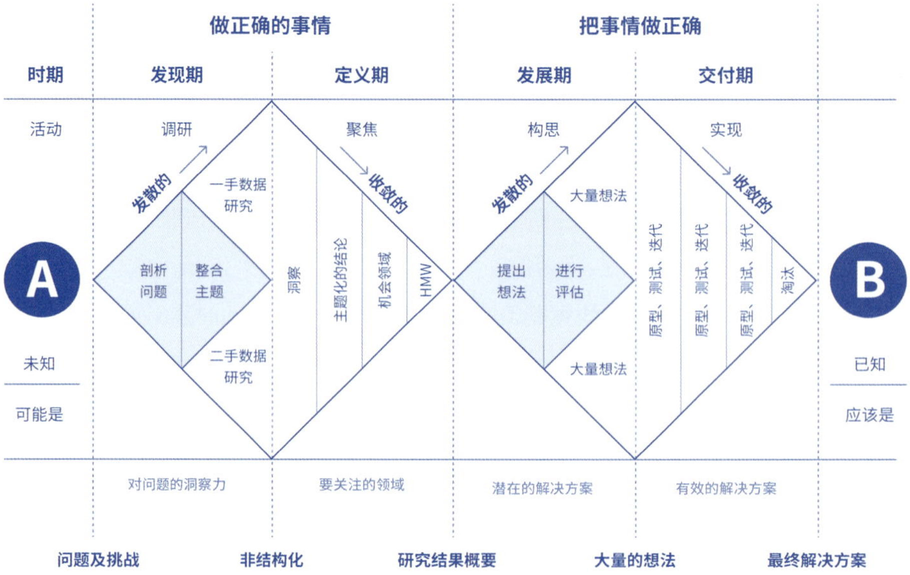

图 1-3　双钻模型

术语中出现次数最多的一项，可见该阶段的重要性。

设计构思是整个设计过程中最主要的创造性活动集合阶段，可以将其理解为一个产生、发展和交流想法的过程，而其中的想法既可以是视觉上的、具体的事物，也可以只是一个抽象的概念。在设计过程中，根据我们想要解决问题类型的不同，还会区分出两种不同的设计构思类型。一种是面对具体的设计问题，我们需要创造出能够有效解决它的设计方案，这种类型的设计构思是以解决方案为中心的；而另一种是探索性的，也就是我们需要面对一个开放式的问题，首先要对这个问题作出解释，然后再生成相关的解决方案。不论是哪一种，都需要我们不断地去分析问题并大胆地提出想法。我们既要定义问题，也要解决问题。

但是，在构思阶段如果缺少设计灵感该怎么办？缺少了灵感作为创造的加持，设计问题如何才能解决？纵观设计灵感的来源，它可能是我们曾经的亲身经历、生活中的见闻、书本上的案例，也可能是我们的顿悟或灵感乍现的想法。但它总是飘忽不定，在需要时它未必能适时出现在我们的脑海里。

那有什么方法能帮我们解决灵感枯竭的问题呢？本书或许能为你提供一些答案。

2

第二章 服务设计和启发式方法

在设计之旅中，我们已经迈入了设计领域的大门，正探索它的奥秘。而现在，我们将进一步拓展设计领域，走进服务设计和启发式方法的世界。服务设计作为设计领域中的一颗新星，旨在通过深入了解用户需求、优化互动过程，提供更为优质的用户体验。而启发式方法作为设计的有力助手，是我们解决问题、作出决策的有效工具。无论是简化复杂问题还是引导创新思维，启发式方法都是设计师工具箱中的一把“利器”。在本章中，我们将带你深入理解服务设计的核心概念，探讨如何将其巧妙融入设计流程，从而为用户创造出色而难忘的体验。我们将揭开启发式方法的神秘面纱，解析其逐渐兴起和发展的历史过程。相信通过本章的学习，你会在设计的征途上迎来崭新的启示和收获。

第一节　理解服务设计

一、定义与历史

“服务设计是一门跨领域的学问。”这是雅各布·施耐德（Jakob Schneider）与马克·斯迪克多恩（Marc Stickdorn）写在《服务设计思维：基础知识—方法与工具—案例》（*This Is Service Design Thinking：Basic-Tools-Cases*）一书“什么是服务设计”章节中的第一句话。相比于其他概念所拥有的清晰明朗的定义，这句话并没有对服务设计进行详细的说明，反而给了初学者对于服务设计丰富的想象空间。

随着科技与第三产业的发展，人们产生物质需求的同时也伴随着对服务的需求，服务设计应运而生。但对于服务设计的定义一直以来都没有统一的标准。即使是与服务设计息息相关的产业领域，对于“服务设计是什么？”的理解都不尽相同。德国科隆国际设计学院的斯蒂芬·莫里茨（Stefan Moritz）在出版的《服务设计：通往进化领域的实用途径》（*Service Design：Practical Access to an Evolving Field*）一书中将服务设计理解为：服务设计有助于创造新的或改进现有的服务，使它们对客户更有用、可用且更有吸引力，对组织机构来说也更有效率。迈克尔·厄尔霍夫（Michael Erlhoff）和蒂姆·马歇尔（Tim Marshall）出版的《设计辞典：设计术语透视》（*Design Dictionary：Perspectives on Design Terminology*）对服务设计进行了定义：服务设计是从用户的角度来设置服务的功能和形式，目标是确保服务界面能够给顾客提供有效的、可用的和需要的信息。清华大学美术学院健康服务与创新设计研究所所长王国胜认为，服务设计代表的是服务经济时代的设计，不单纯是设计某种服务，更是当下的一种设计思维方式。同济大学设计创意学院院长胡飞认为，服务设计是结合了各专业领域不同的方法与知识的跨领域学问，并不是一个全新的独立学术领域。由上述多位学者与业界人士对服务设计的定义（表 2-1）可见，服务设计的概念还没有统一的定义。“跨领域的学问”一词融合了当下对服务设计定义的核心，诠释了服务设计系统性、复杂性、全域性的特征。这也是雅各布·施耐德和马克·斯迪克多恩对服务设计一句话定义的巧妙之处。

1982 年，G. 林恩·肖斯泰克（G. Lynn Shostack）在《如何设计服务》（“How to

表 2-1 服务设计的定义

学者 / 业界人士	定义
雅各布・施耐德 马克・斯迪克多恩	服务设计是一门跨领域的学问
斯蒂芬・莫里茨	服务设计有助于创造新的或改进现有的服务，使它们对客户更有用、可用且更有吸引力，对组织机构来说也更有效率
迈克尔・厄尔霍夫 蒂姆・马歇尔	服务设计是从用户的角度来设置服务的功能和形式，目标是确保服务界面能够给顾客提供有效的、可用的和需要的信息
王国胜	服务设计代表的是服务经济时代的设计，不单纯是设计某种服务，更是当下的一种设计思维方式
胡飞	服务设计是结合了各专业领域不同的方法与知识的跨领域学问，并不是一个全新的独立学术领域

Design a Service”）一文中提到“服务是需要被设计的”，让人们了解到在营销管理学领域的服务设计概念，同时也提出了将有形的产品与无形的服务相结合的理念。1984 年，肖斯泰克在《设计可交付的服务》（“Designing Services That Deliver”）一文中首次提出了服务蓝图（service blueprint）方法，并指出该方法具有三重价值：激发创新思维、实现前瞻性问题预判，以及确保服务实施的可控性。服务蓝图方法一经提出就获得学界和业界的广泛关注，如今已成为服务设计领域重要的工具之一。1991 年，比尔 · 荷林斯（Bill Hollins）出版《完全设计》（*Total Design*）并首次提出了“服务设计”一词。自此，服务设计从营销管理领域正式步入设计领域。同年，德国科隆国际设计学院的迈克尔·厄尔霍夫与伯吉特·玛格（Birgit Mager）将服务设计引入设计教育。21 世纪伊始，国际上第一家专注于服务设计的公司 Livework 在英国伦敦正式成立。2002 年，IDEO 公司也将服务设计正式纳入其设计范围。2004 年，全球服务设计联盟（Service Design Network，简称 SDN）由德国科隆国际设计学院、意大利米兰理工大学、意大利多莫斯学院以及美国卡耐基 · 梅隆大学共同发起成立，至今全球已有 40 余个国家和地区加入该联盟。2011 年，雅各布 · 施耐德与马克·斯迪克多恩出版了《服务设计思维：基础知识—方法与工具—案例》，将全球服务设计领域 23 位专家的知识与经验汇聚成书，这本书也成为全球服务设计权威著作之一。

国内的服务设计领域虽处于萌芽阶段，但随着设计教育的快速发展以及中国用户对于服务体验的不断追求，针对服务设计的研究与实践探索也呈现出良好的态势。除了产品，人们愈发开始重视能打动人心的服务。现如今，国内不少高校如清华大学、同济大学、江南大学、湖南大学等都已开设服务设计课程。同时，服务业持续发展，2024 年，服务业增加值为 765 583 亿元，比上年增长 5.0%；服务业增加值占国内生产总值比重为 56.7%，较上年提高 0.4 个百分点（图 2-1）。未来的服务设计有望大放光彩。

二、服务与产品

服务设计和产品设计之间有什么本质区别？相比于其他设计类型，服务设计有何独到之处？用一个或许大家都共有的经历作为解释：当某人购买灯泡时，他需要的是一个电灯泡吗？或者，他需要的是黑暗中的光亮。如果是后者，那么我们给他提供的不一定是一个有使用时限的电灯泡，或许应该提供更能贴合用户需求的照明服务。荷兰史基浦机场正是具有这一需求的用户，飞利浦公司正为他们提供着这样的服务。

“pay-per-lux”（只为你使用的光付费）

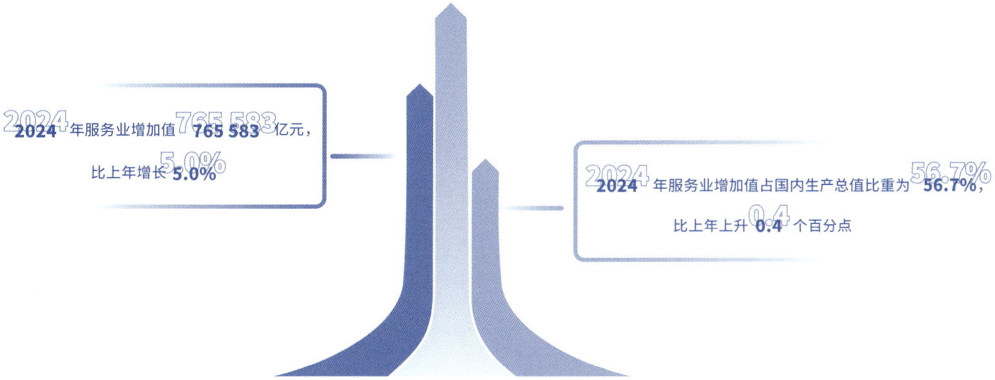

图 2-1　2024 年服务业增加值情况

服务是飞利浦公司为商业大楼提供的照明租赁模式的服务，它不是向用户出售大量的灯泡，而是在飞利浦公司保留照明设备所有权的同时，提供服务期间的设备管理和保养维修服务。在这个模式下，飞利浦的利润来源从大量的灯泡出售转变为每月固定的服务费。而为了提高利润，飞利浦选择降低对照明设备的维修和更换次数，这一目标也驱使设计师对照明设备进行不断更新与迭代，每一台设备都会得到最大程度的利用，减少了浪费。对于客户，这将节省 60% 的潜在维护成本，并提高 20% 的成本效益升级能力，意味着可以花最少的钱，获得最好的产品和服务保障。技术的变化使服务变得更加多元化，服务的更新同时也推进技术不断优化升级。

我们再将视角放在更贴近大家日常生活的例子上。共享单车已经成为大家日常短距离出行工具的选择之一，它们散落在城市的大街小巷，为有需要的人们提供帮助。共享单车最初的目标是解决校园用户的便捷出行问题。随着需求量的增多，它慢慢走出校园，走向社会。这直接使得用户数量急剧增加，共享单车的服务类别也随之增加。相比于单一的校园环境，在社会圈中的共享单车面临着一个又一个的产品和服务问题。从对用户最重要的安全维度来说，长时间的使用甚至是不当使用会造成单车的损坏，不及时修理就会给后续的使用者带来安全隐患。同时，共享单车虽是许多用户的中、短途出行首选，但短时使用并不意味着舒适度是可以被忽视的问题。座椅的舒适度、置物篮的位置、骑行的费力度等都需要在一辆车上贴近用户的普遍需求。而在盈利的层面，最初手动输入密码打开的车锁会因密码的泄露而被“免费”使用，甚至出现恶意破坏车锁，把公用变私用的情况。面对这一系列的问题，经营共享单车的企业采取了一系列的应对措施：

在 App 上加入车辆报修模块，尽快掌握车辆安全情况并派遣人员进行维修；车锁的开启方式也从手动输入密码打开升级为扫码解锁；车座可调整为适宜骑行的高度；等等。这些设计保证了不断重复使用的共享单车能够以更安全、更适宜的方式提供给用户。从这个案例中，我们可以获悉产品设计——共享单车本身在进行不断的迭代，以保证安全性和舒适性；同时也可以知晓服务设计——伴随共享单车而来的客户端功能、工作人员的线下维护等，给用户带来良好的出行体验。虽然用户自始至终都没有购买共享单车，但随着共享单车的一次次升级，在使用过程中也享受了共享服务带来的便利。

上述案例或许能让大家初步感受到服务设计和产品设计的区别，接下来我们将通过其他例子进一步阐述服务设计的特性，以帮助大家更深层次地了解服务设计和产品设计的不同之处。

进入商场，琳琅满目的商品摆在大家面前，食品、生活用品、智能化设备等，同类产品之间难免出现同质化现象。在这样的情况下，大家会以什么标准进行挑选呢，商品的价格、品牌，又或者包装？产品的同质化现象说明此类产品开发已经进入瓶颈期或者饱和期，针对产品优化的步伐愈发慢、愈发难。在不降低产品品质的前提下，企业纷纷选择开拓新的领域，脱离专注于产品升级的举步维艰的局面，将视野拓宽到其他能让产品获得附加价值的领域。服务就是其中之一，由此也诞生了产品服务系统（product service system，简称 PSS）的概念——它指的是在给用户带来产品的同时，附加与产品相关的服务，目的在于给用户提供更全面的产品使用体验。一般来说，产品服务系统可以分为三种类型。

①基于产品的服务。这类服务需要消费者购买产品，产品销售方则提供和产品相应的服务，这类服务也是常见的服务类型之一。如大家在购买家用电器或者电子产品时，商家一般会给予七天无理由退换、一年免费维修的售后承诺等。

②基于功能的服务。如之前介绍的飞利浦“pay-per-lux”服务和共享单车服务就属于此类，用户只使用产品带来的功能，而无须购买该产品。

③基于效果的服务。它向消费者提供服务，而不仅仅是产品本身，从而给消费者带来更好的用户体验，提升用户忠诚度，如三顿半咖啡的“返航计划”。三顿半是以迷你咖啡杯包装而被大家熟知的即溶咖啡产品，小罐包装成为它的产品符号，不少用户在饮用完咖啡后将小罐做成小盆栽、调料盒、首饰罐等。2019 年三顿半首次发起了回收计划，旨在回收空罐包装，保护环境。在后续的几年里，三顿半发起了多次回收活动，并正式将其命名为“返航计划”。“返航点”（回收站点）逐年增加，用户能通过返还空罐兑换物资。为此，三顿半还设置了专属的小程序。而回收来的空罐将会被制成生活产品，开始它新的旅程。在这个案例中大家可以了

解到，除了产品本身，产品所附加的服务也能成为消费者选择它的原因。三顿半正是运用了这一点，在生产咖啡产品的同时创造了属于自己的小咖啡杯符号，这一符号进而在“返航计划”中转变为可以进行交易的“货币”，让消费者在喝到咖啡的同时还能兑换礼品。在这项活动中，消费者通过兑换行为参与了环保活动，拥有了这类服务带来的自我价值感，提升了对该品牌的好感度和忠诚度。

不论是随着产品而来的服务、依附于产品的服务，还是独立于产品的服务，服务设计都能给产品带来价值。那是不是所有的服务都需要通过产品这一关键媒介才能产生呢？当然不是。这需要引出服务设计的一个关键概念——接触点（touch point）。接触点也称触点，是连接用户和服务的关键要素，通常来说会分为物理接触点、人际接触点和数字接触点。以上面案例中的接触点为例：“pay-per-lux”服务中的灯泡、共享服务中的单车、“返航计划”服务中的咖啡小罐，这些都是物理接触点，让用户通过某一具体的物品与服务产生了连接；以上服务中直接与用户对接的工作人员被称为人际接触点，他们能为用户直接带来服务或是帮助用户更加快速便捷地了解服务；而使用共享单车或参与“返航计划”所需使用的 App 则是数字接触点，这类接触点大多依附于用户的电子设备而存在，也让用户能更方便地获得服务。完全脱离产品的服务也同样存在，随着服务的不断升级迭代，已经出现了服务价值远大于产品价值的现象。回想一下自己曾经去参观博物馆的经历，博物馆中的哪件藏品让你记忆深刻？参观的流程是否清晰明确？南京博物院的无障碍服务让文物“活”了起来，视障者触摸汉代铜牛灯纹路，听障者通过 AI 手语了解文物故事，轮椅使用者跟随智能导览车自由探索。嗅觉盒、盲文点显器等创新设计让残障人士像侦探般用多重感官“解码”历史。由此可见，当服务成为主体，它所能创造的价值和给用户带来的惊喜是难以估量的。

至此，大家或许已经了解了为何将产品设计作为理解服务设计的“参照物”。两者分别对应着实和虚，彼此既可以独立存在又能相辅相成。

三、服务设计的核心要素

服务设计是以用户为中心，以提升用户体验为目标，将或实体或无形的元素进行整合开发的过程。伴随着服务系统的日益复杂化，多通道的服务开始出现，客户共同创新服务体验以及跨学科方法成为新的趋势，服务设计也形成了更为成熟和全面的领域体系。自服务设计诞生以来，不断有学者对其构成要素提出自己的见解，其中最具影响力的要数雅各布 · 施耐德与马克 · 斯迪克多恩在《服务设计思维：基础知识—方法与工具—案例》中提到的服务设计五大原则（图 2-2）。

①以用户为中心（user-centred）：服务必须以用户的体验为主。

②共同创造（co-creative）：所有利益相关者都应该加入服务设计的流程。

③可视化流程（sequencing）：能够展示出服务流程的全部环节。

④服务透明化（evidencing）：使用户能够更容易理解隐形的服务。

⑤整体性（holistic）：必须将整体环境全部

图 2-2　服务设计五大原则

纳入考量范围。

除了以上经典的服务设计五大原则，世界各地的其他学者也以各自独特的角度分析总结出了他们认为的服务设计构成要素（图 2-3）。对这些服务设计的构成要素进行分析与整合后不难发现，虽然不同学者对于服务设计的要素判别角度不同，但都围绕着三个核心要素进行：以用户为中心的设计准则、协同设计模式和整体性的设计范围。

以用户为中心是服务设计的准则。服务设计最终的产出是作用于使用者本身，其目的是最大可能

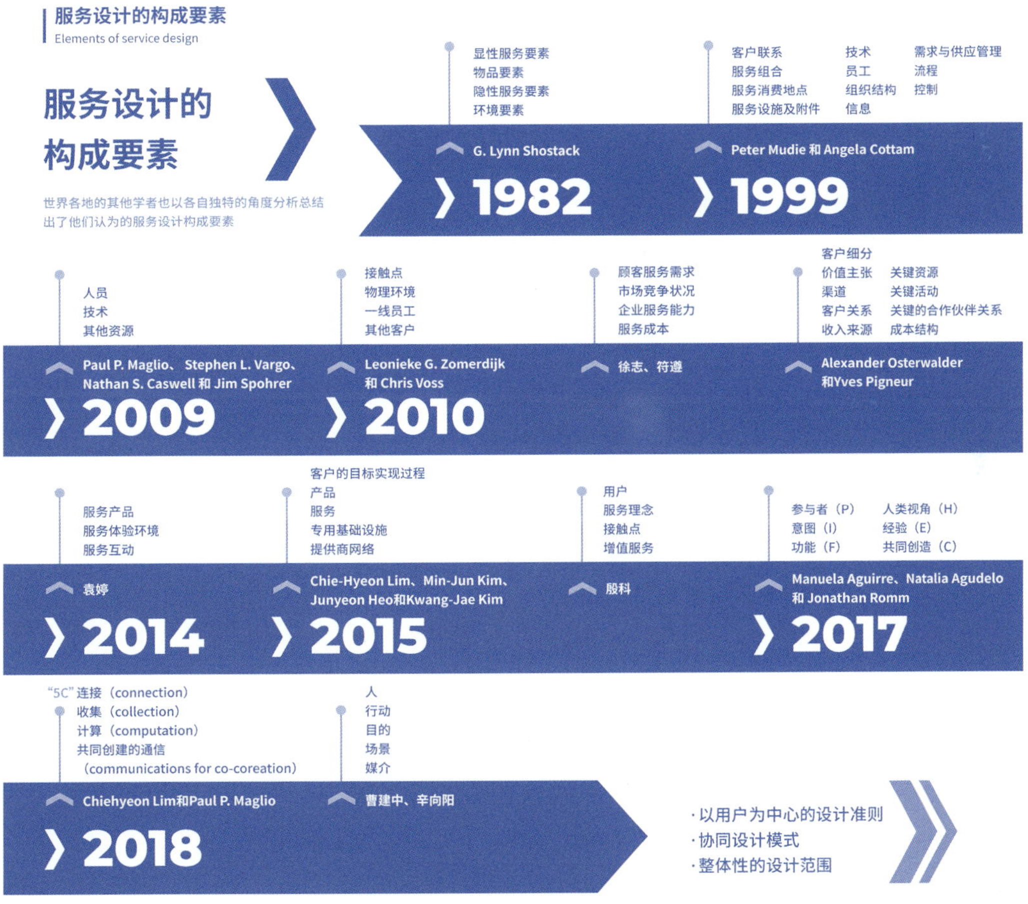

图 2-3　不同学者分析总结的服务设计构成要素

地满足用户的各项需求。在设计的早期，设计师需要了解用户，其中包括用户的需求、认知方式以及行为模式等；在设计原型阶段，设计师需要时刻紧密地贴合用户需求进行评估；在持续迭代设计方案阶段，设计师要按用户需求进行设计、评估和再设计，并循环往复这个过程直到最优方案的诞生。其中评估过程需要用户在原型上进行实际操作，并由设计师观察和分析用户对原型的反应和态度。因此，在服务设计的各个阶段，用户始终是设计师需要考虑的核心因素。

协同设计是服务设计的主要工作模式。多学科的设计背景和需求使得协同设计成为服务设计的主要工作模式。在用户参与方面：如上一要素所述，服务设计需满足用户的需求，因此为了充分理解用户需求并提供更好的服务，让用户参与服务设计过程并提出需求和期望是必要的。协同设计让用户能够参与整个设计项目的分析、设计、开发和评估过程。同时用户作为服务设计的中心，所涉及的群体成分并非单一的，每一个子群体都包含不同的需求，因此对设计师而言，协同设计是解决复杂问题并使各方利益得到有效权衡的保障。为从多角度看待设计问题，实现服务系统的完整性和可行性，非设计师（管理人员、服务提供者以及开发人员等），即利益相关者也逐渐步入服务设计的领域。服务设计需要创造一个利益相关者共生的环境，运用不同的方法，从不同的角度看待和解决问题，以激发创意的产生；并且利益相关者在相互沟通的过程中能够有效理解设计问题在对方思维中的构成，解决多维度问题后的设计产出将具有更高的满意度。

整体性代表了服务设计的涉及范围。在人员构成方面：无形的服务依附于有形的接触点，如物理接触点、人际接触点以及数字接触点。不同接触点对应不同的构成方式，如上一要素所述，服务设计需要不同成分的人员构成，且人员涵盖整体性的设计流程。在流程方面：一项服务的核心是其操作系统的设计和配置，其成果是一个系统化的概念，每个子系统既相互独立又相互联系，为用户提供全面的服务。它包含了用户体验的整体流程，具体而言包括流程的因素、顺序和构成。这要求服务设计人员从整体考虑各成分的构成方式。

四、服务设计的价值创造

在大家已经初步了解了服务设计是什么之后，我们需要去了解服务设计为什么会出现，并且在近几年逐渐成为被关注的重点。也就是探讨服务设计的价值是什么，它为我们带来了什么。正如上个小节所提到的那样，当产品日渐趋同时，产品本身能够为用户带来的价值也被局限在一定的范围内。要突破这一限制，除了在产品上不断升级迭代，还需要寻找另外的突破口以实现价值创造。

随着服务业在制造业中占比的不断提高，服务业所带来的就业机会增加。同时，伴随着全球化竞争的压力，服务创新成为经济社会发展的关键，密切关系到人类未来福祉。服务创新需要通过整合资源与推演新组合以孵化出新流程或服务产品，由此作为实现价值的媒介。服务设计作为一种以人为本的创造性服务创新方法，将通过规划全过程资源的方式来实现价值共创。

根据马斯洛需求层次理论，低层级需求得到满足后，人们就会追求更高层级的需求。因此，在拥有满足基本需求的产品或服务的基础上，用户开始寻求其“附加”体验。这也是我们想首要提及的服务设计价值创造的方式——通过体验产生价值，这是用户能直观感受服务带来价值的方法之一。人们的需求催生了更为优质的服务，高品质的服务也推动着服务设计迈向更为广阔的领域，延展更为周密的细节。服务设计通过设计师和用户共同发现和改造日常生活中的细节，来创造价值和彰显意义，从而给人们带来便利、舒适、高效和安全的体验。此时的价值是由服务提供者和用户通过互动的方式共同创造的。在此过程中，通过对用户体验的整体理解，可以为价值主张提供信息，从而更好地适应用户的使用价值。同时，为了使利益相关者与用户的体验保持一致，可以组织和动员利益相关者更好地支持用户的价值创造。

服务设计是一种创造性的、以人为本的、不断迭代的设计方式，它的整体性特征的实现需要将人和多种事物进行连接并结合多个专业领域，比如交互设计、营销和运营。对于设计师来说，服务设计更为深层次的价值和意义，在于它提供了新的用以解决实际问题的理论和方法。这种价值不仅关乎知识和技能，还包括特定的参与者在特定的环境中使用知识和技能以创造价值。资源的整合往往是价值创造的基础，因此，不仅是对于设计师，同样，带有创造性的支持方法也可以通过帮助用户更好地应用他们自己的资源而促进价值创造。以用户为中心的方式和方法可以帮助组织人员建立长期的能力来支持用户的价值创造，这也是服务设计创造价值的方式——通过方法丰富价值。皮埃尔·艾格里尔（Pierre Eiglier）和埃里克·兰吉尔德（Eric Langeard）指出，设计和开发工具必须解决服务的三个主要特征的含义：①服务是无形的。服务的无形性意味着服务在被生产和消费之前是不存在的，而生产和消费是同步的，源于此特征的主要设计问题与此特定时刻（关键时刻）的管理有关。②服务基于提供者和客户之间的直接关系。该特征强调用户和服务提供者之间互动的重要性。这种互动需要在各个方面得到充分的组织。③用户参与服务的生产。该特征强调服务提供者需要改变服务的性质和质量，这意味着服务不再是一个明确固定的解决方案，它必须对用户的互动提供开放性的支持。

近年来，技术的不断发展已经从根本上改变了服务环境。智能家居产品、新能源汽车、智能穿戴设备等，这一系列因新技术而来的产品正不断冲击和改变用户感知的方式，在这场感知变革中，用户既是产品和服务的消费者，同时也是生产者。大数据时代海量的数据得以汇集，这些数据以不可预见的形式出现在大众面前，影响着消费者、企业甚至整个社会。随之而来的是新的服务环境，人们和设备都被持续的信息流和数据分析的结果赋予了能力且相互关联。这也将对不同的市场带来冲击，并以意想不到的形式创造新的价值。

对于设计师来说，服务设计不仅仅是一种解决设计问题的方法，同时也是思维方式的体现。这也是我们所要探讨的第三种价值体现方式——通过思维创造价值。在服务设计概念衍生过程中所涉及的工具、方法、流程和框架日益多样化、精细化，许多问题也随之被妥善解决。如同方法带来的价值一样，设计师在发现问题、访谈用户、定义问题、构思方案、制作原型和使用方法的过程中，需要对大量的信息进行处理。在此过程中，设计师将服务元素视为社会服务系统、物质服务系统和关系服务系统的组成部分，为顾客创造新的有意义的价值关系。

服务设计采用了设计思维的方法，包含了多个阶段来创造新的服务。探索阶段涉及问题框架和对用户及其环境的研究；构思阶段产生新的服务概念；反思阶段反复开发和测试新的服务原型；实施阶段支持新服务解决方案的部署。服务设计基于设计思维过程，通过了解客户和他们的环境，设想未来的服务解决方案，并对其进行原型设计，从而将创新的想法变为现实。像服务设计师一样思考，有助于改变公司的服务、流程甚至战略的发展方式。

通过综合服务设计系统化的特征，设计过程不再只是设计师的专属，利益相关者的加入让服务设计过程成为一场思维碰撞的盛宴。这种新的思维方式，丰富了我们看待这个世界的角度，有助于加强服务设计与服务创新的衔接；深化多方参与，并利用科技推进领域发展；引导设计师的创造，实现从点到线到面直至空间，去探寻更深更广的可能。基于系统化的思维，服务设计从较为结构化的开发方法中解脱出来，走向更开放的创新方法。一方面，使用服务设计思维可以帮助服务提供者将用户需求更好地集成到开发服务产品的过程中，尤其是面向用户已经掌握了服务使用情况，且成为创造服务所需资源的主要提供者的情况。另一方面，服务设计思维使服务提供者能够转换到用户的视角，发现他们的真实所需，更深入地探索用户旅程中的各个接触点并增强整体用户体验，而这通常是使用传统思维时无法实现的。

服务设计连接了文化、社会和人类互动领域。在服务设计过程中，如果能运用不同的设计方法、设计研究、设计思维以及各种创新性技术，将不同利益相关者的需求联系起来，那么服务设计实践将以生动的方式诠释出服务设计的价值。

第二节 理解设计启发式

一、服务设计师的概念衍生困境

在大多数设计活动的相关研究中，设计师的思维过程通常被描述为逐步解决问题的过程。在这一过程中，设计师需要进行定义问题、生成概念、评估方案这三项主要活动。在上一章中我们提到，设计构思是整个设计过程中最主要的创造性活动集合阶段。在学术领域，研究者们称这一阶段为概念衍生阶段。概念衍生包括在设计过程的早期阶段发生的探索性发散和聚合（收敛）过程。在该阶段，服务设计师需要针对特定的需求和对象，通过调用个体的经验与知识储备，来明确具体的设计问题，并构思大量的服务概念、服务流程、功能点、接触点等（图 2-4）。

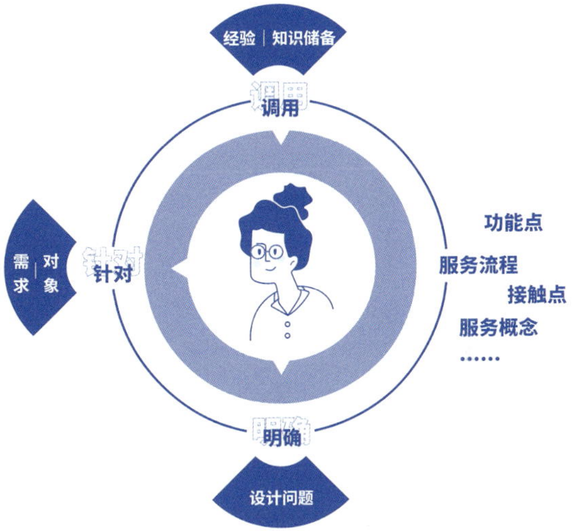

图 2-4 设计师在概念衍生阶段的任务

在概念衍生阶段，尽可能多地探索不同的概念，这样往往能创建更令人满意的创新解决方案。然而回想我们的设计过程，尤其是初次接触服务设计的设计师，在进行设计构思时，却常常难以快速产生大量想法（图 2-5）。

深入探究设计师们概念衍生困难的原因，其中有一种可能是设计固化（design fixation）。路易斯 · A. 瓦斯康塞洛斯（Luis A. Vasconcelos）和内森 · 克里利（Nathan Crilly）在研究中指出，设计固化被认为是设计师过度依赖示例中给出的功能或倾向于构建符合熟悉模型的新作品的趋势。例如，当给个体提供示例解决方案时，他们通常倾向于给出与所提供示例相似的解决方案。虽然，设计固化并不一定导致负面影响，但从事实来看，设计固化减少了其他概念的衍生机会，进一步限制了想法的多样性而可能导致解决方案创新性不足。设计固化往往导致产品或服务的同质化，因为思维和解决方案过于依赖已有的模型或范例。这种同质化削弱了市场竞争力，导致市场上的产品与服务缺乏多样性和创新性，削减了差异化的可能。长期的设计固化甚至可能导致个体或组织的知识和技能停滞不

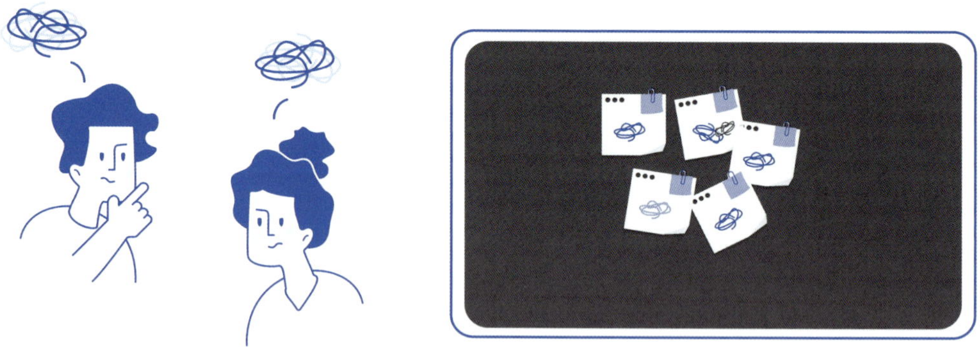

图 2-5　服务设计师的概念衍生困境示意

前，最终将失去与时俱进的能力。

另一种可能的原因是服务设计师个体的知识与经验的局限性限制了其对解决方案空间的探索。赫伯特·西蒙（Herbert Simon）提出的有限理性（bounded rationality）概念指出，理性决策受到以下因素的限制：决策问题的可处理性；思维的认知局限性以及受允许的决策环境与条件。设计本身作为一项解决不确定问题的活动，在设计决策过程中，服务设计师们同样面临相似的约束。尤其对于新手设计师而言，缺乏足够的可以依靠的知识和经验，使其难以像专家一样从过往丰富的经验中得出适用的特定领域的隐性知识，再应用于设计项目。这常常导致设计师面临“灵感枯竭”“没有好想法”的境况，同时也在一定程度上限制了设计师的视野，从而出现考虑不周全或者上述设计固化的现象。

虽然互联网的快速发展为设计师们提供了有效的外界资源获取渠道，在一定程度上弥补了这种局限，但是从海量的信息中筛选出足够的有效信息并不容易。如何帮助设计师打破这种概念衍生的困境，在设计项目中实现更具创新性的突破呢？在服务设计领域，逐渐衍生出了丰富的设计方法与工具来辅助设计师进行设计构思。

二、丰富的服务设计概念衍生方法与工具

近年来，服务设计在国内外迅猛发展，其跨领域的学科性质为概念衍生活动带来了丰富的方法、技术和工具（表 2-2）。例如用户旅程图通过可视化实现特定目标过程中的用户体验，使设计人员看

到设计机会进而产生想法；利益相关者地图可以明确创新所涉及的所有角色、角色之间的关系以及各自的需求，为平衡多方利益提供方向性指导；文化探针通过捕获参与者的日常，收集丰富的素材以激发设计灵感。

除此之外，关于设计工具包（design toolkit）的研究也逐渐兴起。工具包是方法、技术或工具的组合，并为使用者提供了一定的使用指导来支持设计过程（图 2-6）。来自比利时的设计咨询公司 Namahn 与 Flanders DC 合作开发了包含许多服

图 2-6　丰富的服务设计工具包示意

表 2-2　服务设计概念衍生方法与工具

方法与工具	作用
用户旅程图 customer journey map	用于呈现顾客在整个服务过程中的体验和情感变化，以便设计师在优化服务时着重关注顾客体验
服务蓝图 service blueprint	用于描述服务过程的每个阶段和关键步骤，以便设计师识别并解决潜在的问题
用户画像 user persona	用于描述典型用户的人物形象、需求和行为，以便设计师在设计服务时更好地考虑用户需求
故事板 story board	用于以图形方式呈现用户在服务过程中的体验，以便设计师更好地理解用户的体验
利益相关者地图 stakeholder map	用于促进对不同利益相关者之间关系的理解，从而帮助设计师在设计阶段优化服务，以满足不同利益相关者的需求
商业画布 business model canvas	用于帮助设计师更好地理解业务模式，并确定如何提供价值、与客户互动、构建客户关系、获取收入、建立合作关系、减少成本以及优化资源分配
系统地图 system map	用于可视化服务生态系统，通过显示服务的不同部分及其相互关系，帮助设计师更好地理解服务的结构和运作方式

续表

方法与工具	作用
触点矩阵 touchpoint matrix	用于收集、组织和分析与服务相关的各种触点，以便设计师更好地比较不同触点的优势和劣势
同理心地图 empathy map	用于帮助设计师更深入地理解用户的情感和需求，促使设计师换位思考，理解用户的想法和感受
行动地图 action map	用于帮助设计师更好地理解用户在服务交互中的行为和动线，并找到服务过程中的痛点和机会点
文化探针 cultural probe	获得更深入的用户细节，以帮助设计师更好地理解用户的需求和行为

务设计方法的服务设计工具包（Service Design Toolkit），并提供使用流程指导；IDEO 方法卡提供了以人为本的设计思维的方法与流程指导，以促进设计师在概念构思过程中对用户的关注；社会设计方法菜单（The Social Design Methods Menu）为寻求解决社会和政策问题的新方法的用户提供了介绍手册，以创建有用、可用和有意义的企业服务和产品；CoCo Toolkit 则提出了关于 B2B 服务业务中共同创造的特征来指导协同设计。

而另一类基于外部刺激（external stimuli）的工具，则通过提供外部灵感来源来激发设计过程中的想法。例如，AT-ONE 服务设计接触点卡片（AT-ONE Touch-Point Cards）通过提供大量可能的接触点，刺激使用者改变方案中的接触点的使用、设计和实现来促进想法创新；物联网服务套件（IoT Service Kit）是包含地图、令牌和卡的工具包，能够帮助专家协同用户共同创造，打造以用户为中心的物联网体验；共享经济设计卡集成了共享经济设计的特定领域知识，让不是此领域专家的设计师也能够产生特定的想法并促进原型的制作。

这些方法、技术和工具都能十分有效地帮助设计师梳理与分析服务问题，进而促进概念衍生以构建服务设计方案。但上述大部分方法、技术和工具更倾向于行为指导，且它们的有效使用仍然依赖于设计师本身的知识储备和设计经验，在刺激设计师产生想法方面的能力有限。这显然对于一些设计师（尤其是新手）是不友好的，并且无法应对新手设计师在获取知识方面的挑战。

类比设计（analogical design）在所有概念衍生方法与技术中被视为人类认知和创造性思维的核心方法。类比是通过建立关系，使从一域（源）到另一域（目标）的情况相互关联的过程。类比设计旨在帮助设计师识别和发现相关示例、案例、场景以及经验来解决设计问题，基于特定的信息源为设计师提供参考。设计启发式正是其中的一种。设计启发式是一种将特定的设计知识策略提炼为中级知识，然后给予设计师以启示的方法。此时的域（源）是一种设计策略，而设计师能够以此为跳板跨越至解决方案的域（目标），并在此过程中弱化个体认知差异带来的影响，最终提升设计创造力。

图 2-7　适应性工具箱理论示意

三、启发式方法的兴起及其重要性

在 20 世纪 70 年代至 80 年代，阿莫斯·特沃斯基（Amos Tversky）和丹尼尔·卡尼曼（Daniel Kahneman）初步奠定了启发式的理论基础，并逐步命名了一些启发式。随后，格尔德·吉仁泽（Gerd Gigerenzer）及其研究团队基于启发式方法提出了适应性工具箱（adaptive toolbox）理论，并深入研究了启发式应用的生态合理性。在适应性工具箱理论中，启发式及其构建基块和不断发展的能力一起构成了一个象征设计思想的模块化系统。该理论将人的大脑形象地比喻为一个工具箱，而不同的启发式则被看作工具箱中的各类工具（图 2-7）。面临不同问题时，不同的设计师将自主选择隐于脑海中的不同工具或工具组合来进行处理。这种隐喻暗示思维使用了许多个人专门的自适应策略集合，并强调了工具重组以及启发式方法相互嵌套的可能性。因而，启发式方法其实是内隐在人的脑海中的，并在解决问题的过程中被有选择地调用。并且，每个个体的启发式方法都具有特异性。显而易见的是，在一个领域内，专家们拥有丰富的启发式方法，新手在此方面则相对匮乏。

启发式方法被描述为一种认知捷径，指代一种简单、节俭的“经验法则”，提供了大量能够解决问题的经验策略。在软件设计领域，亚瑟·J. 里尔（Arthur J. Riel）将启发式方法描述为“基于经验的特定准则”。曼努埃拉·卡列－埃斯科瓦尔（Manuela Calle-Escobar）等人则认为启发式方法指的是实施“经验法则”的过程，是使某人能够形成一个特定问题的解决方案的过程或方法。在设计环境中，它指的是技术或概念解决方案。而“设计启发式”（design heuristics）的概念是塞达·耶尔马兹（Seda Yilmaz）等人首次提出的，其定义为应用于设计问题且能够将设计人员带到潜在设计解决方案空间的认知策略。不同学者对于设计启发式的定义略有差异，本书遵循 Katherine K. Fu 等人对设计启发式的定义：设计启发式是设计领域的“经验法则”，它是一种基于直觉、默认知识或经验性理解的上下文相关指令，可以为设计过程提供方向，以增加获得令人满意的解决方案的机会。通常，设计原则、经验法则、常识、策略和捷径也被用来指代相同的概念。

尽管研究者们对于设计启发式的理解略有不同，但可以肯定的是，设计启发式是一种设计上的“经验法则”。一个启发式通常可以被视为一个能够解决问题的策略，即使用某种简单、节俭的“经验法则”来解决某个特殊问题的过程和方法。将许多不同的设计启发式汇总，就可以形成一个象征着专家策略集合的资源库。同时，启发式简单、节俭的性质使得人们可以通过它快速产生更多的方案，进而增加找到令人满意的方案的机会。

在这样的背景下，不同领域（包括法律、医学、商业和体育等领域）的许多学者致力于将专家内隐的启发式方法外显化。当然，设计领域也不例外。其中，在工程设计领域和交互设计领域，启发式相关工具的开发和应用尤为广泛。并且，大量研究已经验证了设计启发式在帮助设计师产生更多方案以及提升方案创造力方面的作用。但在服务设计领域，设计启发式的相关研究还十分有限。

四、设计启发式相关研究

一个显著的趋势是，近几年在工程设计和交互设计领域，设计启发式的相关研究正在蓬勃发展，并得到了广泛的开发和应用。在工程设计领域衍生出了 Synectics、SCAMPER、TRIZ、77 设计启发式、DHSfX（X 设计启发式，是一种用于辅助产品概念生成的设计工具）以及 DHAM（增材制造设计启发式）等设计启发式工具。在交互设计领域则涌现了移动端增强现实界面启发式、一种混合表示媒体的设计启发式、车内手势交互的可用性启发式等。

Synectics 与 SCAMPER 有关，它通过指导问题分析来支持类比推理和隐喻推理，进而提升创造性思维能力以开发出可能的解决方案。Synectics 在服务领域同样得到了应用，但是以头脑风暴的形式使用，因而，其全部功能受到了限制。

SCAMPER 定义了设计过程中七种通用的运算符来帮助产生创新想法。在产品与服务领域中，SCAMPER 的应用是通过问题说明来驱动的。SCAMPER 由替代（S）、合并（C）、适应（A）、修改（M）、改变用途（P）、消除（E）、反转（R）

的英文首字母大写组成，它提供了一种结构化的方法，帮助学生发散性地思考并增长他们的设计知识。SCAMPER 由亚历克斯 · F. 奥斯本（Alex F. Osborn）于 1953 年提出，并于 1971 年在鲍勃 · 埃伯勒（Bob Eberle）的著作 *SCAMPER：Games for Imagination Development* 中得到了进一步发展。

TRIZ 则提供了各种经验原则来解决设计中的矛盾冲突。Kah-Hin 等人将 TRIZ 技术转化后应用于服务设计中，并基于 TRIZ 技术开发了服务设计的新方法。TRIZ40 发明原则是根里奇 · 萨乌洛维奇 · 阿奇舒勒（Genrikh Saulovich Altshuller）通过回顾 40 000 项专利而发展起来的。它提供了 40 条设计启发式原则，以通过技术创新解决复杂的技术问题。TRIZ 被广泛应用于提高解决技术问题的创造性。然而，TRIZ 方法本身相对复杂，需要用户掌握一定的理论知识和工具。这可能使得初学者难以迅速应用和理解 TRIZ，特别是在解决较为简单的问题时。

77 设计启发式的开发过程由三部分组成：产品概念分析、案例研究以及“出声思考”（think-aloud）实验。首先，研究团队详细调查了大约 400 个获奖产品的概念，将主要设计元素和关键特征细分为功能、形式和用户交互特征，识别并提取出 40 个设计启发式。其次，研究团队分析了一名经验丰富的专业设计师在两年内创造的 200 多个概念，观察这名设计师在作品中反复使用的特定启发式方法，共捕捉到了 30 多个新的设计启发式。在第三组研究中使用了“出声思考”方案，学生和专家设计师共同解决一个新问题：设计一个在农村使用的太阳能灶。对他们的协议和设计概念进行系统编码，共产生了 60 个不同的设计启发式。三项研究共识别出 77 个不同的启发式方法，这 77 个设计启发式已被证明与工程和工业设计领域的有效创新相关。然而，数据集大多数是面向工业设计领域进行结构设计的启发式。

2018 年，D. Hwang 和 W. Park 通过分析 139 种产品（100 种制造产品和 39 项专利）开发了 DHSfX。DHSfX 提供了 13 个设计启发式，作为辅助产品概念生成的设计工具，启发式的内容更侧重于单手用户的辅助产品设计。一项实证评估表明，DHSfX 可以提高辅助产品概念生成的效率。

通过分析 275 个人工制品（包括学术 / 行业文献、社交媒体和行业 / 爱好网站中的作品），研究者开发了用于增材制造的设计启发式，即 DHAM。DHAM 为增材制造提供了 29 个设计启发式，这些启发式被证明对生成的设计产生积极影响，并在传达增材制造设计（DfAM）概念方面更加有效。

过往的研究显示，启发式方法在设计领域已有一定的发展，但目前在服务设计领域，相关研究还不够丰富。一类研究是针对某特定方面的服务设计启发式研究。例如加内什·N. 普拉布（Ganesh N. Prabhu）和施蕾娅·古普塔（Shreya Gupta）从服务案例中提取了三种应用广泛的创新启发式方法，用于实现节约服务成本的目的；模式卡则是一种支持模式语言理解的工具，在服务设计中，它提供了不同专业角度的隐性知识，旨在为跨专业团队开展服务设计时提供沟通的桥梁。还有一类研究是关于 Synectics、SCAMPER、TRIZ 等启发式方法在服务设计中的跨领域应用研究。

通过对相关文献进行梳理，本书总结了当前设计启发式的两种类型。这两种类型的设计启发式分别指导设计师的两个方面："可以怎么做"和"应该做什么"。因此，本书将这两类设计启发式分别命名为指南型设计启发式和目标型设计启发式（图 2-8）。

1. 指南型设计启发式

指南型设计启发式是一种行为准则或操作方法的动作指令，通常用于直接产生解决方案，例如 SCAMPER。而该类型的设计启发式，根据是否针对具体设计目标或问题，又可被分为两个子类：第一类在总体上提供了创建或改进系统的有用的设计知识，但不指向具体的设计目标，例如 77 设计启发式；而第二类设计启发式旨在达成特定的单一设计目标或要求，例如 DHSfX。同时，指南型设计启发式的另一显著差异性体现在语言描述的颗粒度上，Synectics 就在抽象的层次上提供了非常广泛的启发式方法，但缺少具体的应用指导；而 77 设计启发式提供了一种中级颗粒度的指令描述；TRIZ 则是另一个极端，它针对具体的矛盾问题提供了十分详细的行为指导；可移植性设计启发式综合了 TRIZ 和 77 设计启发式，并以此构建了具有索引的使用方法。

图 2-8　两类设计启发式

2. 目标型设计启发式

目标型设计启发式是一种可以提升方案质量或创造力的设计目标指示，通常用于评估方案或发现问题，进而间接地刺激概念生成，例如尼尔森评估启发式、网页服务体验评估启发式等。此类启发式一般是一种广泛的描述，是用户视角下的某种感知或体验。并且，目前这种类型的方法几乎都集中在人机交互领域，被用于相关产品的可用性评估。

对于不同的设计启发式，学者们也构建出了不同的使用方法。TRIZ 包含了独特的术语和建模方式，因此在使用 TRIZ 系统时，使用者需要接受广泛的培训；Synectics 的使用包含了调查、激发、设计、实施和验证五个阶段；而对于 77 设计启发式、DHSfX、可移植性设计启发式等，研究者们已经指出，即便是新手，也能在无指导的情况下迅速使用，但每个启发式的适用性都需要依赖使用者自己的判断。

通常，指南型设计启发式可以提供一种转换策略，即通过在解决方案中引入一种变化方式或替代方法，使得解决方案空间得到拓展。这意味着启发式的使用取决于直接的使用情境。每个启发式根据设计条件的不同而具有不同的适用性，在使用过程中，需要依赖设计师个人的识别。塞达 · 耶尔马兹等人也进一步指出，设计启发式的不同之处在于，“有些增加了功能，有些建议使用更少的资源，有些节省了空间，而有些则提供了关于视觉一致性的想法，并形成了设计元素之间的关系。这些更具体的启发式方法超越了简单的转换，需要确定为什么选择一个特定的设计启发式策略可能是有利的”。

在协助使用者识别设计启发式的使用情境上，以下研究提供了一种构建自上而下的使用方法的思路。例如，TRIZ 旨在协助确定工程设计中的问题或矛盾，然后提供解决办法。曼努埃拉 · 卡列 - 埃斯科瓦尔等人为了促进使用者将启发式引入设计过程的特定阶段，在 TRIZ 方法的基础上，构建了一种额外的启发式规则（一种启发式树），并验证了该规则框架有助于更多样化的概念生成和更详细的产品开发。同样，基于 TRIZ 方法，Kah-Hin 等人在转换 TRIZ 适用于服务设计领域的基础上，提出了包含三个阶段的使用方法，并通过案例说明该方法框架的有效性。综上所述，设计启发式具有极高的易学习性和易用性。在具体的使用方法方面，已有学者展开了相关的初步研究，并且提供了一些自上而下的使用流程框架。

在本章的最后，我们通过回顾近几十年工程设计、交互设计和服务设计领域的一些主要的设计启发式相关研究，对设计启发式的主要内容、类型与开发方法进行了较为全面的梳理和总结，必要时，也可借助以下整理的启发式方法，指导解决相应的设计问题（表 2-3）。

表 2-3　设计启发式相关研究回顾梳理

设计领域	作者及研究时间	启发式名称	类型	启发式内容
工程设计	W. J. Gordon 1961	Synectics	指南型	通过指导问题分析来支持类比推理和隐喻推理
工程设计	A. F. Osborn 1953 & B. Eberle 1971	SCAMPER	指南型	提出了 7 种通用的运算符：替代、合并、适应、修改、改变用途、消除、反转
工程设计	G. Altshuller 1946	TRIZ	指南型	提供了 40 条发明原则和策略来解决以矛盾形式表示的问题
工程设计	V. Singh 2007	转换设计理论	指南型	提供了一组用于开发转换产品的转换原理（扩展 / 折叠、暴露 / 覆盖和融合 / 分割）和辅助工具
工程设计	S. Yilmaz 等 2010 & 2016	77 设计启发式	指南型	提供了 77 种设计转换策略来解决通用设计问题
工程设计	P. Cormier 等 2011	消费者差异启发式	指南型	提供了 20 种启发式方法，并将其分为功能、形式、信息和控制组来支持针对不同消费者差异的方案设计
工程设计	M. N. Saunders 等 2011	机械创新启发式	指南型	提供了 13 种机械产品创新特征，包括附加功能、体系结构、外部交互、用户交互和成本
工程设计	A. Perez 等 2011	产品调整原则	指南型	提供了 6 条调整原则：改变能源、简化系统、改变方法、结合功能、直接转移成分和改变参数
工程设计	D. Hwang & W. Park 2015	可移植性设计启发式	指南型	提供了 27 种二级设计策略和 8 种一级设计策略，用于开发便携式产品

续表

设计领域	作者及研究时间	启发式名称	类型	启发式内容
工程设计	A. Blösch-Paidosh & K. Shea 2017	DHAM	指南型	提供了 29 种与过程无关的设计启发式，将增材制造的功能和配置推理所需的高级知识传递给设计人员
工程设计	D. Hwang & W. Park 2018	DHSfX	指南型	提供了 13 种设计启发式，帮助辅助性产品设计人员实现满足特定设计目标 X 的解决方案概念生成
工程设计	金小能、董华 2020	数字产品启发式	指南型	提供了 10 种数字产品的设计启发式，以支持设计实践
交互设计	J. Nielsen & R. Molich 1990	尼尔森评估启发式	目标型	提供了 10 条可用性原则来确定与用户界面设计相关的任何问题
交互设计	J. G. Powals 1996	格哈特瓦尔斯的认知工程原理	目标型	提供了包含 10 种启发式的认知工程原理来增强人机性能
交互设计	K. V. Mattila & M. Wäljas 2009	网页服务体验评估启发式	目标型	提供了 7 种启发式来评估网页服务体验
交互设计	N. Moraveji & C. Soesanto 2012	基于压力的心理生理学的 10 种设计启发式	目标型	提供了 10 种设计启发式，用于最小化用户界面中可能的压力源数量
交互设计	D. Edge 等 2016	混合演示媒体的设计启发式	指南型	提供了 6 种设计启发式，用于混合媒体分析和设计
交互设计	A. Aultman 等 2018	移动端增强现实游戏用户界面设计启发式	目标型	提供了 8 种设计启发式来供开发人员参考，以支持移动端增强现实游戏设计
服务设计	J. Zhang 等 2013 & 2015	TRIZ 用于服务设计	指南型	将 40 条 TRIZ 发明原则用于服务设计并提供相应英语方法指南

续表

设计领域	作者及研究时间	启发式名称	类型	启发式内容
服务设计	G. N. Prabhu & S. Gupta 2014	用于节约成本的服务设计启发式	指南型	提供了3种设计启发式，用于节约服务成本
服务设计	U. Athvankar 等 2014	用于服务设计的模式卡	指南型	作为支持模式语言理解的工具，它提供了不同专业角度的隐性知识，旨在为跨专业团队提供沟通的桥梁
服务设计	A. Fedosov 等 2019	共享经济设计卡	指南型	集成了共享经济设计领域的特定知识，以支持非专家设计
服务设计	A. Petrulaityte 等 2020	产品服务系统情境卡片	指南型	产品服务系统 + 分布式制造的未来场景描述工具，包括40张场景卡和1张创新图
服务设计	M. Sniukas 等 2016	用于商业模式设计的火花卡片	指南型	提供了5类关于价值与商业模式的卡片，用于挖掘和理解服务设计的商业模式
服务设计	S. Clatworthy 等 2010	AT-ONE 服务设计接触点卡片	指南型	提供了基于 AT-ONE 设计方法开发的服务设计接触点图像卡片
跨学科交叉设计	N. Jacobs 等 2022	物联网透明度工具箱	指南型	提供了10个类别的物联网问题卡片，支持非专家部署公共空间物联网实施方案
跨学科交叉设计	S. Välk 等 2023	生物设计创意卡	指南型	提供了16张用于跨学科知识共享的科学卡和17张用于叙事构建的背景卡
跨学科交叉设计	Y. Lee 等 2020	食品设计卡片	指南型	提供了7类与食品设计相关的基本领域信息的卡片，用于启发、丰富和促进食品设计
包容性设计	M. Casais 等 2016	幸福设计工具包	指南型	提供了6种与幸福设计相关的象征意义类别和16种设计方向，描述了在产品中加入幸福象征意义的策略
包容性设计	T. Wang 等 2021	老年人游戏产品设计启发式	指南型	提供了一种结合案例类比和用户画像的设计框架，用于为特定老年人重新设计游戏产品

3

第三章
服务设计启发式卡片

第一节　开发过程及内容

第二节　特点与作用机制

第三节　创建自己的设计启发式

服务设计启发式卡片（Service Design Heuristic Cards，简称 SDHC）是本书重点介绍的概念衍生工具。在这一章中，我们将揭开 SDHC 的神秘面纱，深入剖析服务设计卡片的开发过程，探讨卡片内容设计的原则，并全面揭示服务设计启发式卡片所具备的特质，以助力设计师在使用 SDHC 的过程中更加得心应手。另外，我们也将引导你探索如何为自己打造独有的设计启发式，创造专属的服务设计策略，使启发式方法得到良好的运用和转换，成为你设计道路上的得力助手，激发无限的创造力和灵感。

第一节　开发过程及内容

基于对启发式方法及设计启发式的深入研究，本书开发了服务设计启发式卡片工具包，通过提供包含 100 张服务设计启发式卡片的外部资源集合来弥补设计师的认知局限，从而高效地协助设计师摆脱概念衍生的困境。在前期开发的基础上，通过反复的实践运用，研究团队逐渐构建了完整的基于 SDHC 的服务设计概念衍生方法。在接下来的内容中，我们将对服务设计启发式卡片的开发过程与方法、启发式卡片的内容结构和特点进行详细的介绍。

一、服务设计启发式卡片的开发过程

鉴于设计启发式工具在服务设计领域的缺失，研究团队开发了服务设计启发式卡片作为概念衍生的有效工具，用以辅助设计。服务设计启发式具备诸多优点：①可以辅助新手快速了解设计领域，尤其是在跨学科跨专业的设计活动中，帮助非设计领域的同学快速积累知识，灵活运用科学的思维工具。②可以提供更多的思考模式。借助启发式工具沿着

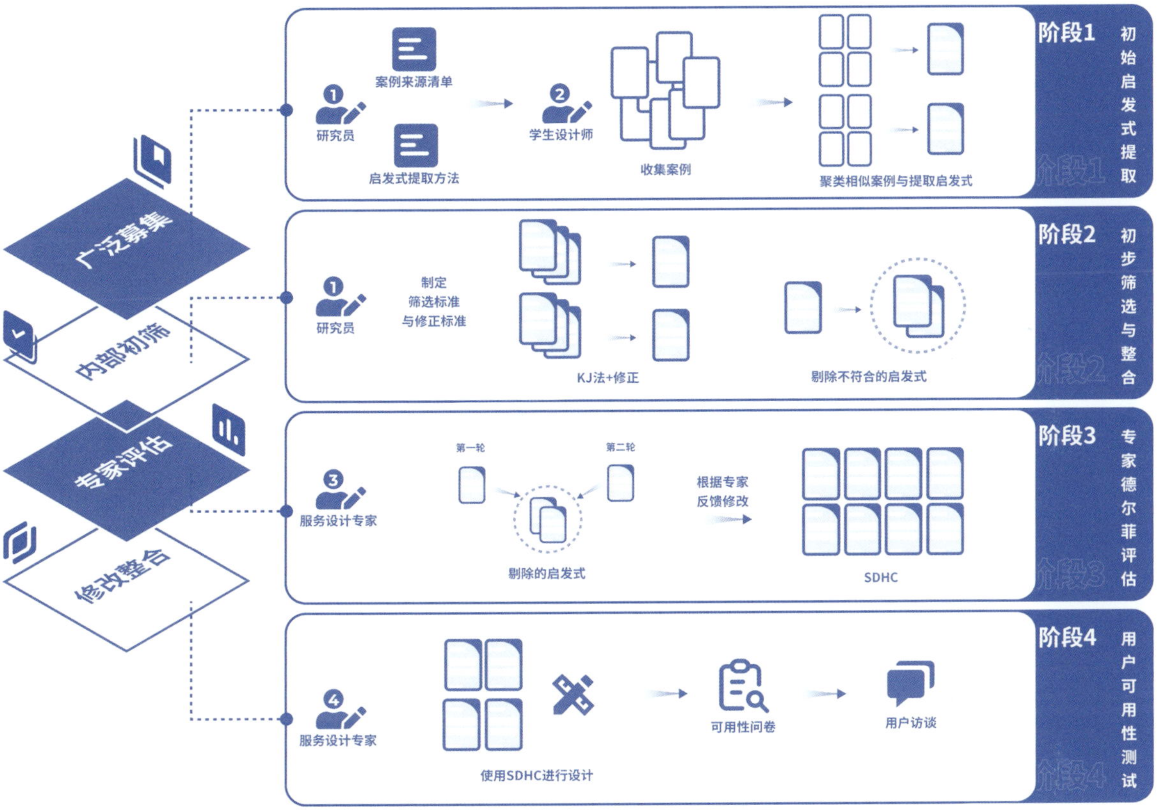

图 3-1　服务设计启发式卡片开发过程

不同的方法思考，设计师可以拓宽寻找解决方案的思考角度，借鉴各种各样的解决办法，以求得解决问题的最佳方案。③可以形成可拓展的设计资源库。启发式工具内容具有无限拓展性，服务设计启发式卡片会随着更多优秀设计的出现而迭代，持续呈现更新、更富有创造力的设计案例。

服务设计启发式卡片在共创的背景下开发，经历广泛募集、内部初筛、专家评估和修改整合四个环节而最终确定（图 3-1）。为了集思广益并减轻开发的负担，初始的服务设计启发式由服务设计课程中的同学参与提取。研究团队负责传授提取的方法，并指导了开发的全过程。当然，学生设计师经验有限，且设计启发式开发方法具备主观性，因此，为了保证所收集服务设计启发式的有效性，研究团队内部进行了初步的筛选与整合，并邀请 10 名服务设计专家开展了两轮德尔菲评估，以对过滤后的服务设计启发式进行检验与改进，最终确定了服务设计启发式卡片的内容。

1. 收集初始的服务设计启发式

开发服务设计启发式的第一步是收集专家案例。案例的收集工作由初始开发人员自行完成。为了更好地保证案例的可靠性和有效性，研究团队提前构建了案例来源清单（图 3-2），清单包括著名服务设计大赛和知名组织机构，以供开发人员检索服务设计案例。其中，著名大赛的获奖作品受到了相关领域专家和公众的检验，是可靠的案例来源。同时，服务提供者的知名度与权威性也可以从侧面作为案例可靠性的有效保障。

我们还为初始开发人员提供了案例限制准则，以确保案例本身的质量。

①创造了社会价值。

②市场上现有的。

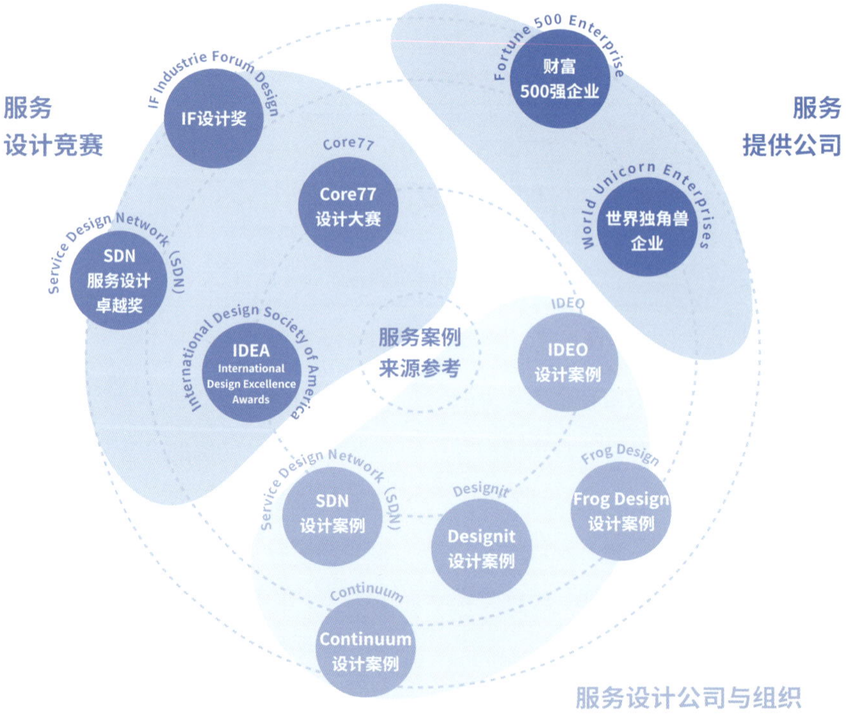

图 3-2　案例来源清单

③说明上清晰易懂的。

④商业上是成功的或有证据表明被公众与专家认可的。

⑤近 10 年内的。

研究团队并未严格限制开发者一定从案例来源清单上提取初步服务设计启发式，但要求他们所找的案例符合所提供的标准。每个服务案例可用的信息包括其价值主张、解决方案说明、设计过程、设计标准、约束条件，有的还包含专业设计师的评论，提取人员需要详细归纳和整理案例中的有效信息。

2. 从案例中提取服务设计启发式的方法

设计启发式内隐于专家案例中，并解决了某种特定的设计问题。相应地，因果关系法可以指导提取者探究案例中形成积极效果的原因和事件，因此被作为主要方法来解构案例内容。设计的积极效果往往反映在对设计对象的创新或改进设计上，包括服务的创新、服务质量的提升与服务体验的改善，而服务设计的成果具体表现在服务遭遇、服务交付流程、价值主张、技术、服务网络以及制度等方面的变更。在提取案例所带来的积极效果的过程中，提取者需要格外关注以上提及的方面。

初始开发人员负责将内容与结构相似的案例放在一起考虑。对于单个案例，开发者需明确原因和事件的核心因素，并以某一角度为切入点，基于多因素来描述服务内容。然后，通过比较多个相似案例的解构信息，总结共性的模式和规律并进一步概括启发式方法。具体的步骤和提取过程可以参考图 3-3 给出的实施示例。

3. 初步筛选与整合

基于初步提取的服务设计启发式，研究团队执行了两个阶段的评估与修正。第一阶段的评估与修正过程包含三个步骤。

第一步，对服务设计启发式进行初步筛选。筛选的标准如下：剔除非启发式的；剔除来源案例不符合标准的；剔除启发式与来源案例不一致的；剔除与服务设计无关的；剔除明显违背常理与既定知识的。

第二步，研究团队采用 KJ 法，根据内容相似性与源（来源案例）相似性对收集的启发式卡片进行整理、分组与修改。KJ 法，又名亲和图，是一种通过交替发散和收敛的思维步骤将非结构化的信息按照内部亲和关系排列成有序信息的方法。使用该方法，可以达到整合重复的启发式的目的。

第三步，设置了三个原则以指导对有效的服务设计启发式语言描述的修正。指导原则包括：语言是清晰简洁的；语言是易于理解的；语言是准确无误的。

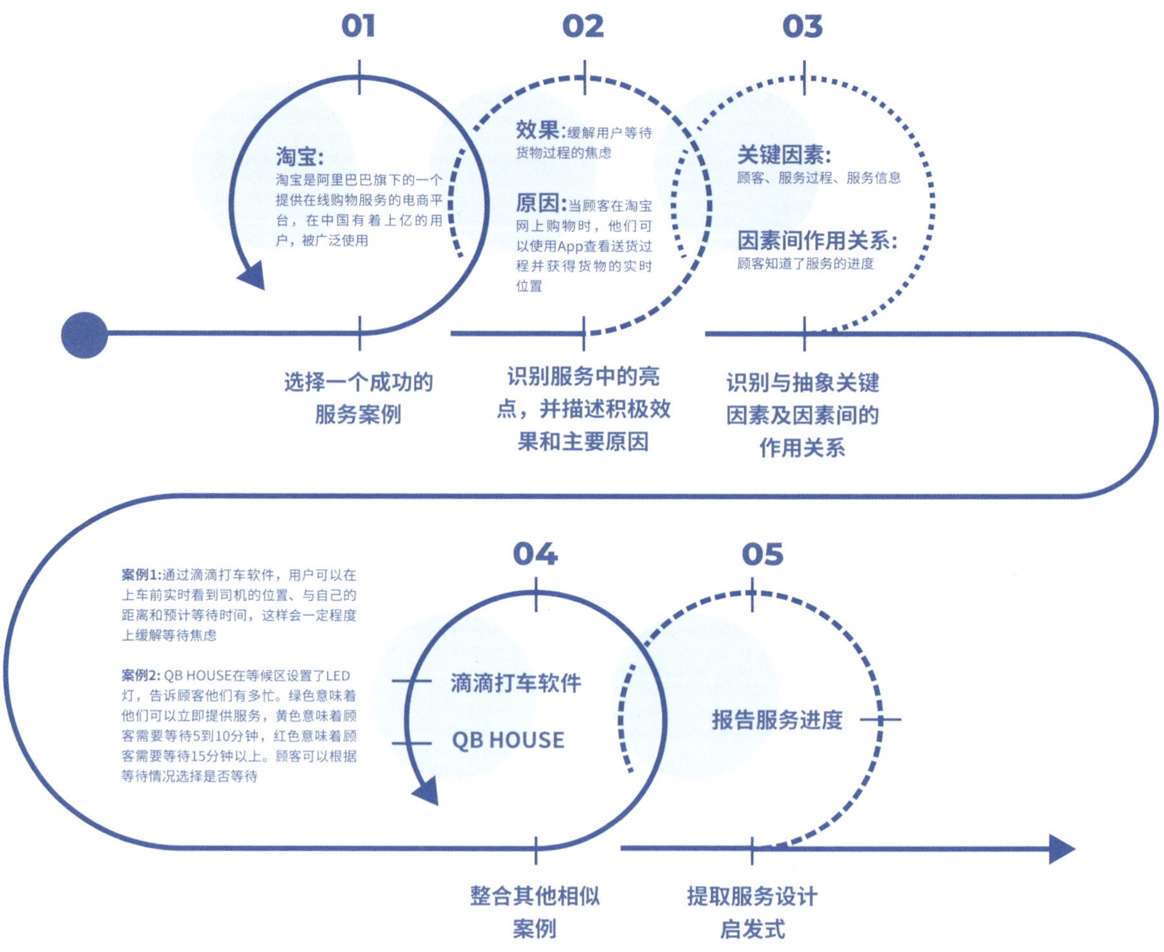

图 3-3　服务设计启发式提取实施过程示例

4. 邀请专家评估

为确保 SDHC 的质量，研究团队选择邀请专家对整合与初筛后的启发式卡片进行评估。德尔菲法是一种被广泛采用的邀请专家小组来达成解决问题的共识的方法，参与成员通过问卷调查的方式来展开评估。图3-4展示了德尔菲法评估的具体流程。

服务设计启发式的本质是一种经验法则，并无绝对的、可量化的标准来评价其好坏，因此，评

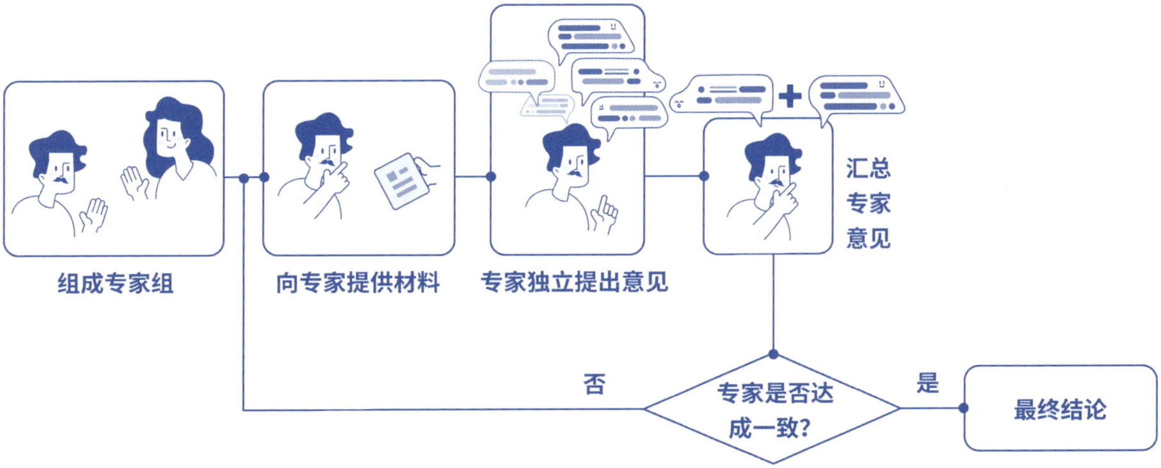

图 3-4　德尔菲法评估的具体流程

估的过程更多依赖专家个人的经验判断。德尔菲法确保了所有专家小组成员不受其他成员的权威性影响。综合 SDHC 的信息特点与应用场景，准确性、相关性、增益性被选为专家进行评估的最终指标，每项指标的详细定义如下。

①准确性——该服务设计启发式能够准确地表达专家策略。

②相关性——该服务设计启发式与服务设计相关且适用于服务设计任务。

③增益性——该服务设计启发式可以支持设计活动并让使用者从中受益。

整合后的服务设计启发式卡片的全部信息（标题、释义和示例）被制作成调查表发送给专家。同时，每位评分专家都被建议撰写评论，包括评分的理由、修改的建议等。

5. 确定服务设计启发式的内容

最后，研究团队对专家的打分结果进行统一的计算，统计达成共识的启发式数量，并确定它们的留存情况。针对专家评论中的“建议”“使用条件”“相似”，研究团队进行了新一轮的内容修正（包含标题、释义与示例）。具体而言，对同一启发式，综合所有专家的意见与评分来判断专家意见的合理性。然后在此基础上，修正当前服务设计启发式内容中不合理的地方。对于仍然存在歧义的启发式，出于严格要求的目的，开发人员选择全部剔除。在合并了部分相似启发式卡片并修正后，最终共确定了 100 张服务设计启发式卡片。

随后，研究团队在服务设计课堂中多次引入服务设计启发式卡片，并在实践的过程中不断修正卡片本身，最终证实了服务设计启发式卡片工具的可用性，以及在促进设计师概念衍生方面的有效作用。

二、100 张服务设计启发式卡片

最终确定的服务设计启发式被制作成 100 张扑克牌大小的纸质卡片。卡片的尺寸为8.8cm×5.7cm，并带有圆角，以确保适合使用者手握，更易用和安全。许多设计工具都采用了卡片的形式，例如 迈克尔·戈伦布斯基（Michael Golembewski）和 马克·塞尔比（Mark Selby）所开发的 Ideation Decks，协助设计师在更广泛的整体问题空间内定义受约束的设计问题；IDEO 方法卡包含 51 张以人为本的设计方法卡片，并提供应用示例，使设计师能够移情；U101设计思维卡基于创意思维研究提供图像刺激，以帮助设计师进行创新。

卡片这一形式的好处是毋庸置疑的。物理卡片是一种有形的人工制品，可以有效地在理论和实践之间传递知识。它简单且易于操作，以有趣的方式呈现信息，有利于激发灵感和促进交流。以往设计工具的实践和应用也证明了使用卡片的优势。一是卡片以方便的形式总结信息、方法或良好实践，以提示人们在解决问题时超越正常模式思考，设计师可以迅速吸收这些信息并采取行动。二是卡片可以通过多种方式将一些看似无关的元素进行快捷的排列和组合，以激发创新想法。三是在设计师、用户和其他团队共同参与时，卡片能够实现协作并且成为促进讨论和引发共同话题的良好材料。四是如果讨论变得无效，卡片可以引入新元素或不同的观点，从而使焦点转移并有助于激发讨论。当然，卡片也可用于评估、评价或为产生的想法添加书签。

图 3-5 展示了一个服务设计启发式卡片的模板。每张卡片主要由文字信息构成，包括四个部分——“标题” “释义” “示例” “示例来源 & 制作者信息”。其中，“标题”为启发式的内容；“释义”是对“标题”的解释和描述，阐述了使用的情境、限制条件以及可能产生的积极效果；“示例”是该启发式在某一具体案例中的应用介绍，可以加深使用者对启发式的理解，并作为示范方案指导使用。

当然，为了使新手更容易理解，我们还在每张启发式卡片的背面添加了生动的背景图片。研究团队在运营的服务设计启发式微信公众号中详细展示了服务设计启发式工具及其使用方法（图 3-6）。除了物理卡片，我们还开发了涵盖全部服务设计启发式的线上网站，以支持分布式线上协作的设计情境。具体网站的功能以及开发过程，我们将在下一章中进行详细的阐述。本书附录展示了 100 张服务设计启发式卡片的全部文字信息。

图 3-5　服务设计启发式卡片示例

图 3-6　服务设计启发式微信公众号

第二节　特点与作用机制

服务设计启发式卡片的特点与作用机制涵盖了多个关键方面，为服务设计提供了有力的支持。通过深入了解服务设计启发式卡片的性质、生成的概念类型和认知活动模式，设计师可以更好地利用这一工具，克服概念衍生过程中的认知障碍，提升服务设计的质量和效率。

一、服务设计启发式卡片的性质

服务设计启发式卡片具有混合、多样与无序的性质，这是由卡片本身非结构化的开发方法所决定的。首先，每个服务设计启发式都来源于特定的服务设计案例，这些案例的多样性和差异性导致了每个服务设计启发式的描述在特异性和目的上各不相同。另外，不同提取者之间的个体差异也会造成服务设计启发式之间的不同。

在邀请专家对启发式进行评估的过程中，一名专家也在总体评论中提出了类似疑惑：设计启发式到底是方法、手段还是目标？在 SDHC 中，一些设计启发式侧重于描述方法和手段，例如“加入竞争机制”“加入趣味元素”；还有一些设计启发式侧重于描述目标与需求，例如“一站式服务”“降低服务不确定性”；而多数设计启发式似乎介于两者之间，难以界定具体的性质，例如“塑造仪式感”“接触点传达品牌形象”。尽管如此，服务设计启发式的多样类型并没有影响其作为思想的跳板，为使用者提供灵感刺激的“驱动力”。从定义而言，这三类服务设计启发式同样提供了一种“经验性指令”，并“为设计过程指导方向”。

在实际的使用过程中我们发现，启发式的这些特性，导致了卡片之间天然的关联。一些使用者将其定义为“相似”，例如“打破认知惯性”与“通过未知创造期待”。我们并不否认多张启发式卡片之间存在着某些映射关系，但更准确地说，随着设计问题和服务场景的转移，某些映射关系可能会发生改变，因此这些映射与关联并不唯一。在下一章中，在指导大家使用服务设计启发式工具的内容时，我们总结了这 100 张启发式卡片常见的几种组合关系，以及可能的组合作用，引导大家借鉴具体的组合使用方法。

在形成最终的服务设计启发式卡片时，我们并没有选择合并这类启发式，也没有明确地向用户标示服务设计启发式卡片内部可能存在的具体关联，这使得目前的服务设计启发式卡片处于一种无结构的状态。这样做的好处在于，无结构的状态得以实现应用上的高灵活性，也增加了概念衍生的可能性。不同的服务设计启发式可以面向任何背景、任何设计对象，无限制和引导地任意组合使用，设计固化的可能性也因此大大降低。

另一个值得一提的话题是，每个服务设计启发式对于不同设计问题（例如不同的服务行业、不同的服务领域、不同的服务对象）的适用性。我们无法保证，每一张服务设计启发式卡对于大家的设计方案来说都一定“有效”，因此筛选适合、适用、适当的启发式卡片是很有必要的。需要注意的是，尽管是服务设计新手，但也不应对这些“专家策略”抱有盲目崇拜或者过度批判的心态，最佳的使用状态是保持客观和理性，寻求“专家策略”与“自我思考”之间的有效平衡。

出于服务设计本身的复杂和交叉学科属性，我们无法为使用者提前判断每张服务设计启发式卡片在面向不同的设计情境时是否一定适用。不过，在实际使用的过程中，我们的担忧似乎有些多余。实验观察结果显示，就算是服务设计新手也能够通过直觉轻松地判断每个服务设计启发式对其设计方案的适用性。根据实际情况，我们发现这一“识别”的过程通常维持在 5 秒左右。

二、使用服务设计启发式卡片生成的概念类型

服务设计启发式卡片是否会刺激使用者生成概念呢？如果会，那么卡片生成了哪些类型的概念呢？带着好奇心，我们在验证服务设计启发式工具的同时，对使用卡片所生成的概念数量、概念类型进行了统计和调查。我们在一次以“健康”为主题的服务设计课程上组织了空白对照实验，不设任何限制（如人群、痛点、情境等），要求参与者在 1 小时 30 分钟内设计一个完整的服务设计方案。基于过程材料与方案结果，空白组（未使用启发式组）的平均概念数量为 17，平均构思效率为 23.72%；而对照组（使用启发式组）的平均概念数量为 29，平均构思效率为 47.19%。

图 3-7 展示了空白组与对照组生成概念的数量与构思效率统计情况（在忽略生成概念的细致程度的情况下进行统计）。结果显示，在概念数量和构思效率方面，使用了服务设计启发式的小组表现更加优异。

更进一步地，研究团队将使用 SDHC 生成的概念类型归纳为五种，分别为新概念、细节、重复概念、延展概念和整合概念（表 3-1）。

各组概念数量与构思效率统计

小组类型	小组	设计方向	概念数量	构思效率
空白组	1	针对年轻父母的婴儿照顾指导服务	17	23.61%
	2	校园青年饮食健康意识培养服务	9	17.65%
	3	校园组队运动平台服务	19	27.94%
	4	年轻人健康监督服务	20	26.32%
	5	大学生心理咨询平台	21	23.08%
对照组	1	健身房服务再设计	27	47.37%
	2	大学新生体检健康服务	27	61.36%
	3	流浪宠物救助+留守老人关怀服务	33	52.38%
	4	自我健康反省服务	21	32.81%
	5	关爱老人服务	37	42.05%

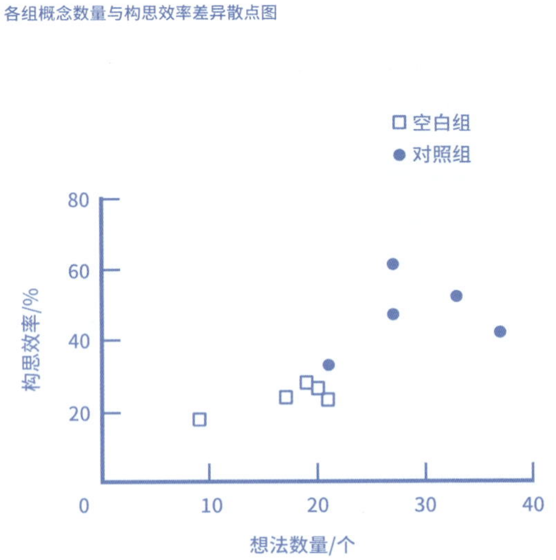

图 3-7　空白组与对照组生成概念的数量与构思效率统计

表 3-1　使用 SDHC 生成的概念类型

概念类型	英文缩写	定义
新概念	NC	之前没有想到的概念，与已有概念形成并列关系
细节	DT	更具体地描述了已有概念，包含具体的形式、内容和行为等细节的概念
重复概念	RP	与已有概念相同或基本相似的概念
延展概念	ET	补充已有概念，与已有概念存在事件 / 活动的顺序关系
整合概念	IG	高度概括 / 整合一个或多个已有概念的更高层级的概念

我们在一个“农村垃圾回收服务”工作坊中收集了参与设计小组的两轮头脑风暴生成的概念，并使用扎根理论（grounded theory），基于开放编码原则（open coding），对使用 SDHC 生成想法的团队进行了概念类型的编码（图 3-8）。

关于使用 SDHC 生成的概念类型研究结果显示，SDHC 最能够激发使用者生成新概念和更多的细节，然后依次是重复概念、延展概念和整合概念。

其中，新概念提供了更多的备选方案或是启示了之前不曾想过的方面，使得服务具备了更多的创新机会，也更加完整。而细节概念和延展概念都是建立在已有概念之上的。前者是促进概念由抽象模糊变得具体清晰，后者则完善了已有概念，使方案更加周全。两种概念类型都促进了概念本身的可行性和方案的完整性，并加快了方案的优化速度，进而达到提升设计效率的目的。值得一提的是整合概念类型的出现，这出乎研究团队的意料。它更倾向于来自收敛的行为。这一结果隐约暗示了 SDHC 在收敛方面的可能性。虽然在上述工作坊中与整合相关的概念结果较少，但可能是设计任务本身是发散活动导致的。在未来，或许可以围绕 SDHC 的收敛效用进一步探索。

"农村垃圾回收服务"工作坊中使用SDHC生成的概念类型编码统计

组别	设计主题	新概念	细节	重复概念	延展概念	整合概念
01	促进大山社区村民垃圾分类行为的服务设计	7(26%)	12(45%)	2(7%)	4(15%)	2(7%)
02	培养小学生垃圾分类意识的服务设计	7(41%)	4(23.5%)	4(23.5%)	1(6%)	1(6%)
03	协助农村垃圾分类工作者的服务设计	14(45%)	6(19%)	1(3%)	2(7%)	8(26%)
04	协助农村老年人垃圾分类的服务设计	9(35%)	7(27%)	5(19%)	0(0%)	5(19%)

概念类型数量的均值与极值统计图

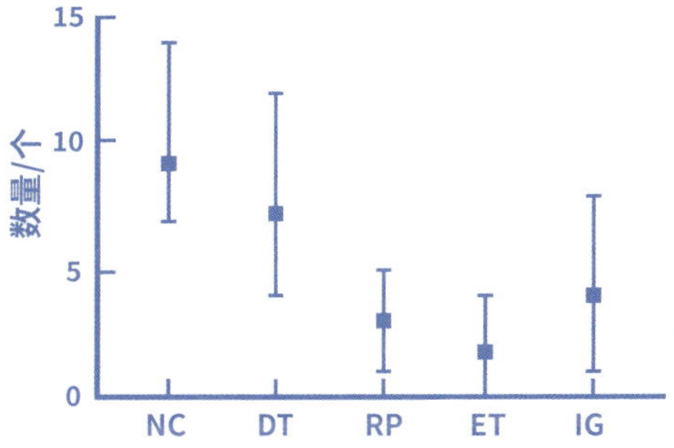

图 3-8　工作坊中使用 SDHC 生成的概念类型编码统计

三、使用服务设计启发式的认知活动模式

在第一章中，我们已经初步了解了设计的全流程，并认识了双钻模型等多个设计思维模型。而在设计过程中，还存在着更为具体的设计师的认知活动，比如行动、命题和反思。其中，行动是指设计师在设计概念或方案搭建过程中所做出的一系列行为，如搜寻需要的信息、列举可能的设计方案和制作产品或原型等。命题是指在设计任务中寻找相关目标，比如确定需求、设计问题的定义等。反思是指设计师结合具体的情境、展开的行为和产生的结

果等进行思考，如反思设计需求、反思设计问题和反思设计方案的可行性等。

通过分析服务设计启发式在实际使用中的过程记录和回顾性访谈，我们总结了服务设计启发式可以直接触发设计师产生的两类认知活动——行动和反思（图 3-9）。

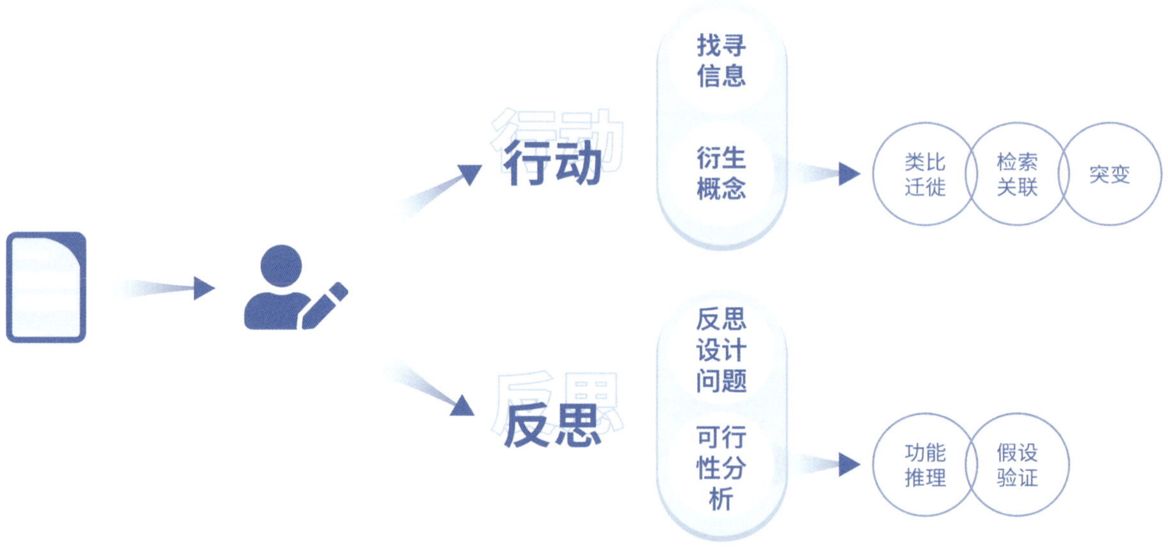

图 3-9　SDHC 直接触发设计师产生的两类认知活动

1. 刺激行动

服务设计启发式主要从找寻信息和衍生概念两方面激发设计师的行动。

在找寻信息方面，一些启发式卡片有助于引导使用者意识到当前所设计的服务中仍存在缺乏考虑的部分。例如，一组参与者在使用启发式“减去多余与消极”时（设计主题为“为盲人群体提供阅读介质转化服务”），意识到需要关注当前场景下客户有哪些消极问题，于是开始找寻信息，最终关注到了“在书籍连载（服务）等待过程中，需要缓解客户焦虑”的需求。

而在衍生概念方面，服务设计启发式能够通过类比推理的方式直接引出解决方案。例如，一组参与者受“建立反馈机制”的启发产生了两个想法(设计主题为“解决儿童在科技馆中施暴于 AI 机器人的问题”），一个是“在服务前的邀请短信中添加 AI 的留言来体现 AI 的友好”，另一个是“在服务过程中，AI 受到人类暴力时，展现痛苦等反应”。

而少部分参与者，会基于服务设计启发式产生“较远”的思维跨越，我们将此命名为“突变”。例如，一组以“维护动漫角色‘人权’的服务”为设计主题的参与者，在使用启发式“让客户提前感知”时，通过激烈的讨论，最终输出了“风格分区”的概念。

还有一些启发式卡片，则能够刺激使用者对过往的经验和知识进行联想，我们把这命名为“检索关联”。例如，一名以“公益宠物电商平台”为设计主题的参与者，在使用了服务设计启发式卡片后接受访谈时声称，“它（服务设计启发式）让我想起了其他的相似案例，我觉得，如果使用者本身有着很好的经验知识储备，或许可以更好地使用它”。

服务设计启发式刺激设计师概念衍生的方式正如参与者所形容的那样：“启发式就像是思维跳板，帮助我打开思路，然后（我的）思维像炸开一样，它提供了许许多多的信息点。”

2. 刺激反思

服务设计启发式刺激设计师的反思活动主要集中在可行性分析和反思设计问题两个方面。在可行性分析方面，他们在使用时将启发式卡片的内容视作某种设计标准 / 原则，并用来审视所设计的方案或产生的概念是否达到了这种标准 / 原则。我们发现，使用者的反思通常表现为“我们好像没有考虑到这个，这里是不是需要再考虑一下呢？”。例如，一组以“快时尚品牌试衣间排队流程优化”为设计主题的参与者表示：“……当我看到卡片‘把控信息量与信息尺度’时，我开始思考我们的方案中是不是有哪些信息不能被客户所看到……”进而，他们开始思考关于向用户展示信息的适度性问题。

而在反思设计问题方面，由于服务设计启发式或许提供了使用者原先完全没有关注到的部分，使用者进而开始思考这类问题的必要性，然后完善了已有的问题或定义了新的问题。例如，一组以“基于基因编辑时代的新生育模式”为设计主题的参与者，基于启发式“建立监督 – 惩罚机制”，思考在他们的方案中是否需要这类机制，从而意识到“基因编辑”中可能存在的犯罪行为，进一步提出了“政府或许应当构建监督 – 惩罚机制来有效避免犯罪和维护公平”的要求。

既然已经明确了服务设计启发式会带来两种直接的刺激结果——行动与反思，那么，使用者在实际利用启发式工具的时候，这些认知活动是否会出现一些常见的模式变化呢？在不同的模式下，参与者会如何利用服务设计启发式卡片呢？带着这些问题，研究团队通过对实际的启发式使用过程进行口语分析，进一步总结归纳了服务设计启发式引发的四种高频出现的认知活动模式：行动；行动—命题—行动；反思—行动；反思—命题—行动。在服务设计启发式的介入下，使用者们可以在几种认知活动间循环往复，最终刺激设计概念的生成和迭代。图 3-10 具体描述了这四种认知活动模式。

在这一小节，我们展示了关于服务设计启发式对设计师认知活动的影响方面的研究。研究的结果具体地显示了服务设计启发式作为一个“诱因”，促进设计师概念衍生的过程。服务设计启发式作为一种有效的替代经验，通过大量的“经验法则”的呈现，帮助设计师（尤其是新手）解决了与内存搜索相关的困难，并在一定程度上弥补了新手与专家在知识经验上的鸿沟。这种现成的知识，主要以支持类比推理的方式为设计师在进行概念构思时提供大量的“思想种子”，刺激设计师在生成概念的行为和反思方案可行性的行为之间反复，并在其中穿插找寻信息和问题再定义或细化的行为。服务设计启发式的介入，带来了更多的创新机会，同时也加速了方案的优化进程。

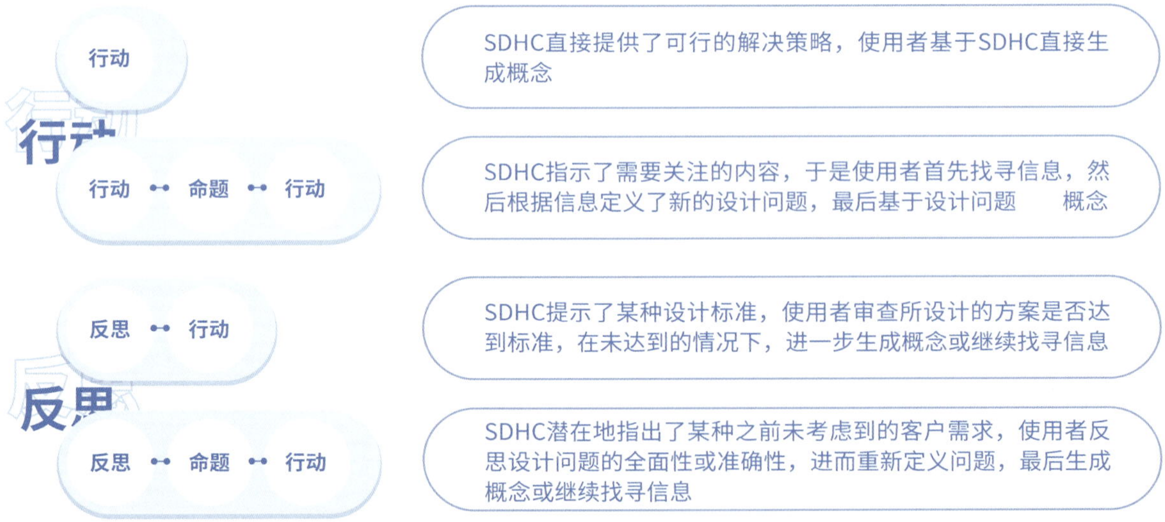

图 3-10　服务设计启发式引发的四种认知活动模式

第三节　创建自己的设计启发式

也许你和我们一样，已不满足于目前所整理的这 100 张启发式卡片，因为在创新实践的过程中，新的策略和经验在被不断总结和显现出来。这些策略知识应该如何被挖掘、验证、采用呢？这一节会介绍自主创建启发式卡片的开发方法。你可以尝试根据自己创新项目的实际情况，开发新的卡片，结合设计团队的实际需求，采取更加新颖合适的玩法来使用服务设计启发式工具，让灵感与创意源源不断。

一、设计启发式的提取方法

我们回顾了近几十年来工程设计、交互设计和服务设计等领域设计启发式工具的相关研究，对设计启发式的提取方法进行了系统的梳理和总结（表 3-2）。

表 3-2　设计启发式工具提取方法总结

设计领域	作者及研究时间	启发式名称	启发式提取方法
工程设计	W. J. Gordon 1961	Synectics	基于专家 / 用户研究：通过分析会议录音和实验数据来找到解决妨碍会议成功的障碍的方法
工程设计	A. F. Osborn & B. Eberle 1953 & 1971	SCAMPER	基于文献 / 案例研究：B. Eberle 根据 A. F. Osborn 提出的 83 个问题开发了该方法
工程设计	G. Altshuller 1946	TRIZ	基于文献 / 案例研究：通过对不同工程设计领域先前的技术创新（专利）进行广泛分析而发展起来
工程设计	V. Singh 2007	转换设计理论	基于文献 / 案例研究：通过对 85 项过去的专利、40 种自然界的类比和 100 种现有的多状态产品的分析，提取转换设计原理

续表

设计领域	作者及研究时间	启发式名称	启发式提取方法
工程设计	S. Yilmaz 等 2010 & 2016	77 设计启发式	基于文献 / 案例 + 专家 / 用户研究：通过分析过去屡获殊荣的创新产品与对 4 个实证研究示例的进一步分析识别启发式
工程设计	P. Cormier 等 2011	消费者差异启发式	基于文献 / 案例研究：通过研究产品类别和单个产品来确定如何解决不同类型的消费者差异的启发式方法
工程设计	M. N. Saunders 等 2011	机械创新启发式	基于文献 / 案例研究：通过对 197 种获奖产品进行分析，找出将这些产品与竞争对手区分开的特征
工程设计	A. Perez 等 2011	产品调整原则	基于文献 / 案例研究：通过对 46 种受生物启发的产品进行系统的研究得出设计启发式
工程设计	D. Hwang & W. Park 2015	可移植性设计启发式	基于文献 / 案例研究：通过分析现有产品和专利来确定设计启发式
工程设计	A. Blösch-Paidosh & K. Shea 2017	DHAM	基于文献 / 案例研究：通过对 275 种现有增材制造工件的分析得出设计启发式
工程设计	D. Hwang & W. Park 2018	DHSfX	基于文献 / 案例研究：通过分析现有产品和专利来确定设计启发式
工程设计	金小能 & 董华 2020	数字产品启发式	基于文献 / 案例研究：从 998 个红点获奖概念设计中提取
交互设计	J. Nielsen & R. Molich 1990	尼尔森评估启发式	基于专家 / 用户研究：通过对 77 名积极的工业设计师和工程师的调查，提取可用性问题并分类，得到启发式

续表

设计领域	作者及研究时间	启发式名称	启发式提取方法
交互设计	J. G. Powals 1996	格哈特瓦尔斯的认知工程原理	基于文献 / 案例研究：通过文献研究总结出设计启发式
交互设计	K. V. Mattila & M. Wäljas 2009	网页服务体验评估启发式	基于专家 / 用户 + 文献 / 案例研究：通过从用户的角度探讨 Web 2.0 服务的性质并回顾体验（服务体验和用户体验）的多学科性质后总结启发式方法
交互设计	N. Moraveji & C. Soesanto 2012	基于压力的心理生理学的 10 种设计启发式	基于文献 / 案例研究：通过对数十年来的压力源特性的研究总结出设计启发式
交互设计	D. Edge 等 2016	混合演示媒体的设计启发式	基于文献 / 案例研究：通过对现有的演讲系统、概念和推荐进行审查，总结设计启发式
交互设计	A. Aultman 等 2018	移动端增强现实游戏用户界面设计启发式	基于专家 / 用户 + 文献 / 案例研究：通过对可穿戴 AR（增强现实）技术的研究结果的分析和使用原型 AR 应用程序测试用户，得出移动 AR 用户界面设计启发式
服务设计	J. Zhang 等 2013 & 2015	TRIZ 用于服务设计	转化其他领域启发式工具：改进 TRIZ 方法以适用于服务设计
服务设计	G. N. Prabhu & S. Gupta 2014	用于节约成本的服务设计启发式	基于文献 / 案例研究：通过对实现节俭服务的案例进行分析来识别设计启发式
服务设计	U. Athvankar 等 2014	用于服务设计的模式卡	转化其他领域启发式工具：将已有模式卡用于服务设计领域
服务设计	A. Fedosov 等 2019	共享经济设计卡	基于文献 / 案例研究：通过回顾物理和数字人工制品的技术介导的共享实践，总结出共享经济设计卡的主题与内容

基于设计启发式相关的文献回顾，总体来看，设计启发式的提取方法通常可以总结为基于文献 / 案例研究、基于专家 / 用户研究、转化其他领域启发式工具这三种类型（图 3-11）。

1. 基于文献 / 案例研究的方法

基于文献 / 案例研究的方法是指通过分析成功设计案例的关键因素来识别设计师使用的关键设计策略。这种提取设计启发式的方法通常可概括为五个步骤（图 3-12）。

图 3-11　设计启发式的三种提取方法

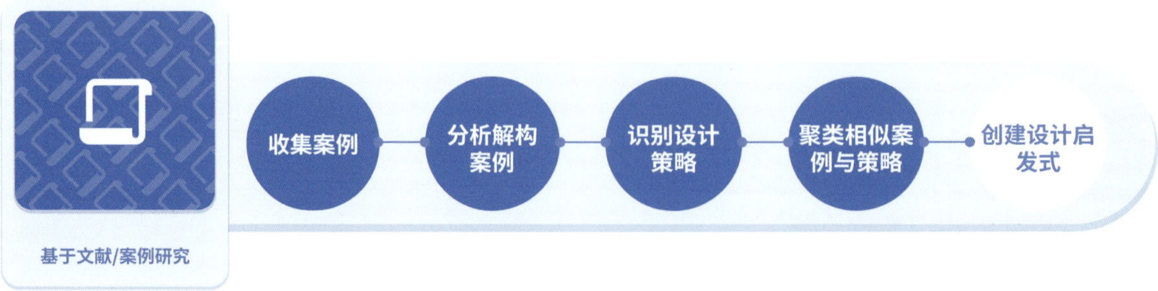

图 3-12　基于文献 / 案例研究的方法

这种提取方法的关键在于案例池的可靠性和识别标准的科学性。在案例池的可靠性方面，前文介绍服务设计启发式的开发过程时，我们已经梳理了相关的案例来源清单，包含与服务设计有关的权威机构、竞赛和提供服务的龙头企业，可供大家参考。在识别标准的科学性方面，虽然在创建服务设计启发式工具的过程中，我们制定了启发式内容在准确性、相关性和增益性方面的标准要求，但在个人启发式的创建过程中，由于认知模式、知识体系、文化背景、设计情境和面向领域的不同，我们认为这些标准的维度可以适当调整。更重要的一点是，新手设计师们要勇于迈出梳理实践经验的第一步，行动起来，并坚持不懈地在漫长的学习生涯中进行反思和总结。

2. 基于专家 / 用户研究的方法

基于专家 / 用户研究的方法是指通过观察和分析专家设计活动与用户对解决方案的反馈来识别设计启发式。其过程通常涉及实验法、访谈法、口语协议分析法等，需要开发者围绕专家或用户开展一定程度的数据收集，再根据其反馈进行定性分析，提取设计启发式（图 3-13）。羊柳等人提出了一种从概念设计中获取知识的方法，这种方法主要依靠从访谈中识别隐性知识。但往往专家在设计实践过程中使用策略的速度很快，且通常是以内在的难以用语言表达的形式，这使得他们自己可能都没有意识到他们已经在思想上使用了策略，也使得设计学习者识别专家的启发式策略存在较大的困难。

3. 转化其他领域启发式工具的方法

转化其他领域启发式工具的方法是指通过研究两个领域的关键差异来明确领域迁移的要素，进而对源工具进行改进以适配目标领域（图 3-14）。此种方法的优势和弊端都十分明显，一方面它提供了较快捷的方法来创建一个新领域的工具，但另一

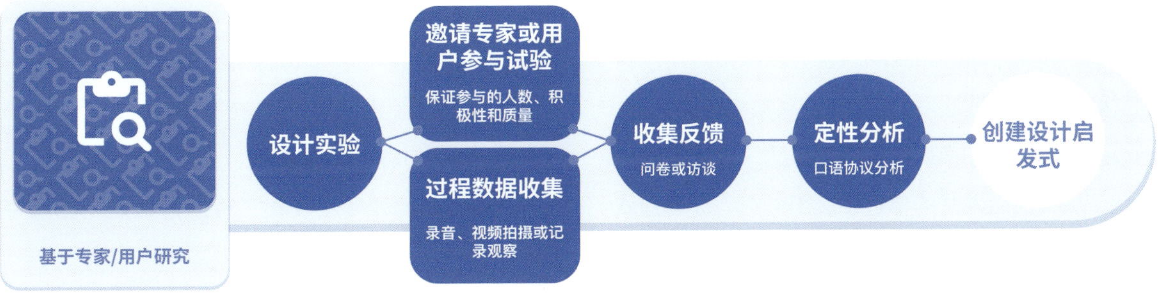

图 3-13　基于专家 / 用户研究的方法

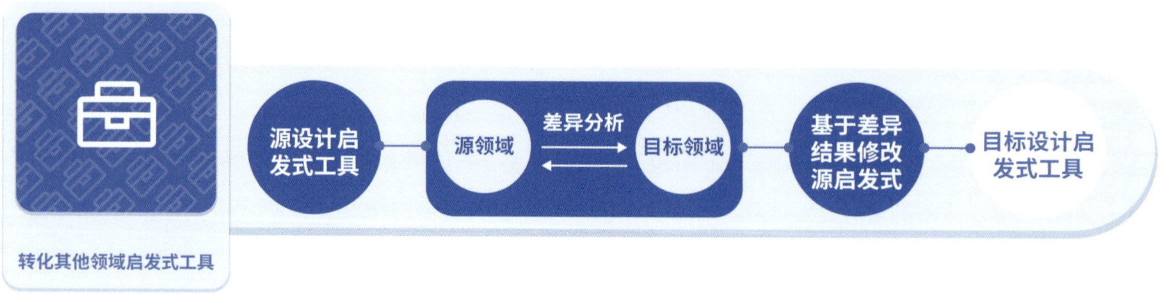

图 3-14　转化其他领域启发式工具的方法

方面，不同领域间的差异可能导致使用上的局限性。例如莫雷诺 · 格兰达斯（Moreno Grandas）等学者尝试了 Synectics、SCAMPER、TRIZ 这类启发式方法在服务设计中的跨领域应用，这些方法在一定程度上刺激了服务概念的出现和进化，然而它们最初是在工程中构思和开发的，其中的许多原则是为了解决技术问题而不是服务问题。服务设计与工程设计的领域差异导致了工具在跨领域转化过程中存在障碍和不完整性，因此服务的适用性受到限制。

总体而言，这三种启发式的提取方法各有优劣。

基于文献 / 案例研究的方法可以直接利用已有的文献和案例提取启发式，具有便利和高效的优点。通过对已有文献和案例的分析和总结，设计师可以快速了解设计启发式的特征和应用情况，提高提取启发式的准确性和全面性。当然，设计新手在提取过程中面临着文献和案例的范围和质量的挑战，但专业的数据库和搜索引擎在查找和筛选相关文献和案例的过程中应该有很大帮助。此外，提取过程涉及由具象到抽象的总结与提炼过程，这也是对设计师思维能力的一大考验。

基于专家 / 用户研究的方法可以通过专家或用户的经验和见解来提取启发式，具有较高的准确性和实用性。专家或用户能够提供具体的案例和应用场景，有助于设计师更好地理解和应用启发式。但专家或用户的时间有限，我们无法保证时刻都能与之进行足够的对话交流以提炼足够多的经验智慧。同时，用户的经验和见解存在主观性，因此设计师客观的判断与验证尤为重要。

转化其他领域启发式工具的方法是将已经存

在的启发式工具从其他领域引入设计领域使用，以解决设计问题。这种方法促进了不同领域之间的知识交流和相互借鉴，提高了设计的跨学科性和综合性。然而，在将其他领域的启发式工具应用到设计中时，需要考虑其是否适用于设计问题，是否需要改进；也需要注意不能盲目地将其他领域的启发式工具引入设计领域中，而忽略设计学科本身的特殊性和复杂性。

在实际的设计启发式资源库创建过程中，我们鼓励设计师融会贯通地运用以上提及的提取策略，或者根据自己的个人习惯和收集方式，挖掘独属于自己的设计启发式创建途径。在逐渐积累设计启发式的过程中，形式和数量或许已经不是设计师应该追求的核心重点，持续积累的习惯和在经年累月过程中的成长与感悟，或许才是真正宝贵的设计财富。

二、整理和分类设计启发式

目前，服务设计启发式的开发以自下而上的方式进行，这导致了服务设计启发式卡片内部关系的不确定性。在我们的观点中，非结构化的状态或许对于设计师们“偶然”的灵感迸发更为有效，所以在服务设计启发式工具的开发和发展过程中，我们并未尝试打破现在无序的状态，也并未为 100 张服务设计启发式卡片构建结构化的体系。

但在个人创建自己的设计启发式的情境下，随着启发式策略数量的增多，不得不承认的是，使用效率方面产生的负面影响是不可忽视的。最重要的是，这种合理体系的缺乏容易造成知识的碎片化，并不利于知识的传递与记忆。因此，我们希望在个人设计启发式构建的过程中，在保留高灵活度的同时可以兼具结构化的体系。这将有效地解决新手在使用设计启发式时的盲目性，提高使用效率并促进知识吸收，帮助个人更好地理解和应用它们。根据开发的相关经验，我们总结了四种设计启发式分类整理思路（图 3-15）。

①按照功能分类：将设计启发式按照它们的功能进行分类，如问题定义、需求分析、解决方案生成、评估等。这种分类方法可以帮助我们更好地理解每种启发式的作用和使用场景。

②按照来源分类：将设计启发式按照它们的来源进行分类，如专家知识、经验法则、案例分析等。这种分类方法可以帮助我们更好地理解每种启发式的背景和应用范围。

③按照领域分类：将设计启发式按照它们所适用的设计领域进行分类，如产品设计、用户体验设计、服务设计等。这种分类方法可以帮助我们更好

地理解每种启发式在不同领域中的应用效果。

④按照目的分类：将设计启发式按照它们的目的进行分类，如提高效率、提高用户体验、降低成本等。这种分类方法可以帮助我们更好地理解每种启发式的应用目的和效果。

在整理和分类设计启发式时，需要考虑多种因素，并根据实际需要选择合适的分类方法。这些分类方法并不互相排斥，而是可以相互补充和结合使用。在本书的第五章第二节中，我们会介绍一个围绕服务设计启发式的元宇宙工具开发案例，案例中的小组成员从他们的视角出发，为 100 张服务设计启发式卡片进行了细致的标签化处理，可供读者参考与借鉴。结合实际的设计问题和目标，想必还存在更多精妙、有效的整理分类角度，研究团队也期待使用者踊跃探索服务设计启发式的更多潜力和可能。

图 3-15　四种设计启发式分类整理思路

4

第四章 服务设计启发式的使用方法

要成功运用服务设计启发式这一工具，需要一系列前期准备工作和基础知识的支撑，这样才能真正激发其潜能。服务设计启发式不仅是一套理论框架或者操作步骤，更是一种需要设计师们综合运用各种设计资源、知识和策略的实践工具。在本章深入介绍服务设计启发式的多维应用之前，我们首先明确了一些关键前提和准备工作。正确的使用时机和充分的准备条件是服务设计启发式成功的基础。这意味着在实际操作前，你需要完成一系列详细的设计调研，以收集和分析关于目标用户、服务环境和其他相关方面的信息。

随后，我们详细讨论了如何运用这些信息进行基于服务设计启发式的概念衍生。深入解析启发式的应用步骤、模式、使用情境和组合类型，帮助你从理论到实践，全面掌握概念衍生的精髓。另外，我们还拓展了启发式方法在评估、审查和优化方面的潜力，探讨了如何借助服务质量评估和启发式方法进行服务的评价和持续改进，确保设计输出不仅有创新，而且可行和有效。

最后，本章还提供了将服务设计启发式和其他服务设计工具相结合的指导方法，帮助你充分理解和掌握这一工具，从而更有信心地进行设计创造，通过综合运用多种工具和方法，更全面地解决复杂的服务设计问题。本章旨在为你提供一个全面、结构化的指南，使你能够在实际工作中灵活运用服务设计启发式。无论你是在前期调研阶段，还是在概念衍生和后期评估阶段，这些启发式方法都将成为你不可或缺的设计伙伴。

第一节　使用的时机和前期准备条件

一、设计师使用 SDHC 的时机

服务设计是一个涉及探索（exploration）、创造（creation）、反思（reflection）、执行（implementation）且不断反复的非线性流程。在此过程中，设计师逐步解决设计问题。当前大部分的研究都指出，在这一过程中，设计师需要定义问题、生成概念以及评估方案。例如，迈克尔 · J. 弗

伦奇（Michael J. French）提出了一个包括问题分析、概念设计、方案实施和细节设计过程的模型；奈杰尔·克罗斯（Nigel Cross）描述了解决问题过程的四个构成阶段，即探索、生成、评估和沟通；菲利普·卡什（Philip Cash）等人使用活动理论提出了一个跨尺度（宏观、中观和微观）的设计活动分析框架；唐纳德·A. 舍恩（Donald A. Schȍn）以反思型实践理论为基础，定义问题与生成概念协同进化，即设计师既在定义问题中探索解决方案空间，又在探索解决方案空间中定义新的问题。设计师的行为被概括为“命名（naming）—框定（framing）—行动（moving）—评估（evaluating）”四个环节，其中还夹杂着一定的反思行为。在协同探索问题与方案的过程中，设计师在一定的认知问题框架下构思概念，旨在生成尽可能多的创意解决方案，以适应设计问题所规定的要求。当生成许多不同的设计概念以供后续评估时，构思阶段的创造力就得以提升。许多研究也证实了，概念衍生阶段是开发具有创新性的解决方案这一过程的关键步骤。

在设计师使用服务设计启发式的时机方面，通过对研究过程中使用的设计数据和流程进行回顾，我们整理了参与者自主选择使用服务设计启发式的实际情况。分析结果显示，参与的全部小组都选择在确定了大概的设计方向并有初步模糊的设计概念后使用 SDHC，即在方案“从 1 到 N”的阶段使用服务设计启发式。

为了挖掘背后的原因，我们在与使用者的访谈中进行了相关询问。访谈结果显示，当被问及“为什么一开始不使用”时，参与者都反馈了关于服务设计启发式本身描述的细致程度、作用方向以及使用语境的原因。图 4-1 节选了与部分使用者访谈时的对话内容。

这种反馈指出了服务设计启发式本身在描述上更倾向于激发设计师产生更具体的概念或对现有方案不足的识别，而不是协助确定设计的方向。这与我们关于服务设计启发式作用机制的研究结果是一致的：一方面，使用服务设计启发式产生的概念类型研究结果显示，使用服务设计启发式产生的概念与自发产生的概念存在密切关系，即都在处理同一个设计问题。即便是新的概念，也是提供了一种替代方案或是对概念的补足，而很少可能颠覆整个设计方向；另一方面，关于服务设计启发式引发的认知活动模式的研究也显示，它往往直接刺激使用者进行行动或反思的活动，而不是有关命题的活动，虽然过程中会导向对设计问题的完善，但极少会导致设计问题的重新定义。

综上所述，结合设计师自发使用服务设计启发式的时机和服务设计启发式的作用机制的研究，可以得出这样的结论：设计师自发使用服务设计启发式的时机是由服务设计启发式自身的特性所决定的，服务设计启发式工具更适合被用于促进概念方案“从 1 到 N”。尽管如此，我们仍在不断完善服

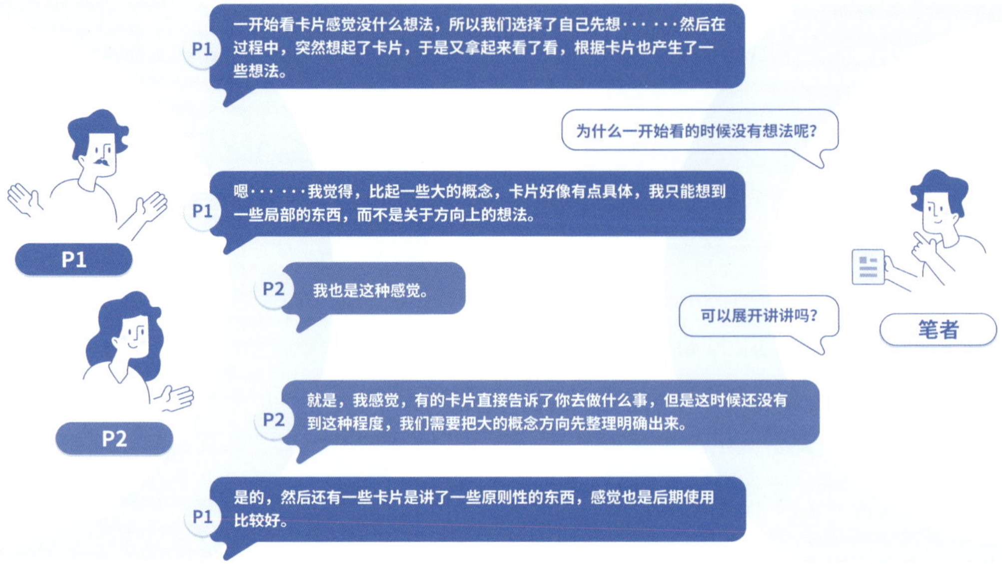

图 4-1　使用者访谈对话节选

务设计启发式工具的过程中发现了更多的“使用可能性”，因为没有规定工具的具体使用形式，较少部分的使用者在实践的过程中下意识地尝试了使用服务设计启发式进行设计概念的审查，即将启发式用于评估设计方案的可行性、有效性、完整性和新颖性，挖掘现有方案的不足并提出改进的方向。我们并不否认服务设计启发式在设计评估方面同样具有效用。关于这一方面的发现，在本章的第三节将进行更详细的阐述。

二、完成前期的设计调研

当然，在将设计启发式应用于概念衍生阶段之前，需要掌握一些基本的设计对象知识和情境知识，以便设计启发式更好地介入。设计对象知识包含对设计对象本身的理解和掌握，包括用户的特征、偏好、痛点、需求等方面。情境知识包含设计对象的所处场景、个人态度、普遍行为和文化背景。只有充分掌握这些内容，才有机会在受到启发式的相应刺激时，合理调用信息。这些知识有助于帮助使用者对对应的启发式策略作出更为正确的筛选和抉择。因此，在使用启发式工具之前，明确自己已经具备丰富的知识储备并且做好了充分的前期准备工作，对于保证概念衍生的效率和质量十分重要。本小节接下来会介绍几项具有代表性的设计调研方法，供大家参考学习，以帮助设计师们更好地完成前期的调查工作。

1. 日记 / 摄像研究（图 4-2）

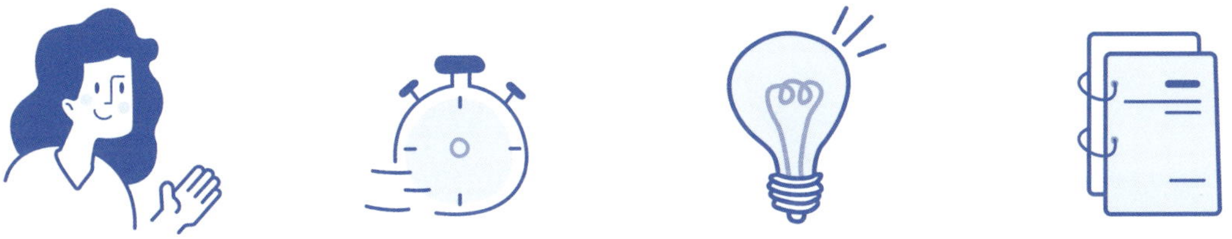

参与人员

对于参与用户要求较高，让用户充分了解该被调研产品的所有信息，**确保**用户可以**参与整个研究过程**

时间要求

时间跨度大，需要选取恰当的时间，应当确保获得所需的所有信息，同时时间跨度不宜超出用户的耐心值

工具特点

通过**写日记**或者**摄像**的方式**记录用户**最真实的日常行为活动，花费的时间与精力较多，但**用户数据的真实性**与**体验性**是其他调研工具无法比拟的

物料准备

- **研究指南**（包括研究时间节点、用户具体要求等）
- **记录工具**
- **记录指南**（录入详尽程度、录入内容）
- **用户访谈提纲**

图 4-2　日记 / 摄像研究

（1）方法介绍

日记 / 摄像研究方法是指团队要求被调研者通过写日记或者摄像的方式来记录服务介入后的日常生活，可以用来收集用户在一段时间内的行为、活动、体验的定性数据，为团队提供有关用户真实使用情境和行为的信息（图 4-3）。

日记 / 摄像研究与问卷调研、焦点小组等集中式调研方法不同，其数据采集过程耗时更长，且需要研究人员投入更多精力。然而，这种方法在获取真实、自然的用户数据方面具有不可替代的优势。

若需寻找相近的替代方案，田野调查可能是最接近的选择，但二者仍有显著差异。日记 / 摄像研究依赖用户自主记录信息；而田野调查则依赖研究团队的直接观察，因此能捕捉更多情境细节。然而，由于田野调查的实施条件（如合适的场景或可控的实验室环境）往往难以满足，研究人员转而采用日记 / 摄像研究方法，将数据采集场景转移至用户所处的自然环境中。这一调整不仅提升了研究的可行性，也增强了方法的实用性和适用性。

（2）注意要点

日记 / 摄像研究作为时间跨度比较大的一种研究工具，需要基于真实的用户数据来洞察用户行为，因此要注意以下一些重点来保证其最大限度地帮助团队获得用户数据。

图 4-3　日记 / 摄像研究过程示意

①恰当选取时间。

研究设定的时间应当能够确保获得所需的所有信息，但又不宜设置过长的时间。当研究的时间跨度超出用户的耐心值时，不但无法获取更多的信息，反而容易引起用户的反感，用户参与度也会随之下降，影响整体的实验结果。

②尽心招募用户。

日记 / 摄像研究需要更长的时间、更多的投入，当碰到用户中途因故退出、消极对待等调研事故时，团队重新开启该方法的资金和时间是有限的。因此，招募用户要十分谨慎。在招募用户时应当提前告知用户在实验中需要做到哪些投入，并把团队对于他们的期望同时告知，让用户充分了解该被调研产品的所有信息，确保他们可以参与整个研究过程。

③随时推动进度。

团队作为整个研究期间进度的把握者，不能将研究的主动权完全交给被调研用户，不能在与用户交接完调研相关事项后做“甩手掌柜”。团队相关人员应当与被调研用户及时互动，每日核查其进度，设置时间节点进行提醒；还需要及时调整用户的参与状态，解答用户在现阶段面临的问题，及时鼓励参与度低的用户。

④及时分析数据。

在获得数据反馈时，团队需要立即分析它们，避免间隔时间过长，导致用户对于细节的遗忘，从而影响最终的调研结果。

（3）如何实践 / 主要流程

步骤一：前期准备。

明确研究的目标以及需要通过日记 / 摄像研究对何行为进行长期观察，为参与调研者制定时间轴，并标明时间节点，以便后期团队成员推进整体进度。

步骤二：与用户沟通。

在研究正式开始前，与用户进行充分沟通，讨论研究中的细节，让用户了解研究期间的时间线及要求，做好充分准备。在研究正式开始时，确保每个用户都已经熟悉了研究流程以及要求。

步骤三：制作记录指南。

为用户选择合适的记录工具，并制作记录指南。但要注意，记录指南不能太具有引导性，防止用户将此作为参照模板而限制了自由发挥。记录指南应当包括录入详尽程度、录入内容等。

步骤四：追加访谈。

整个记录工作结束后，研究团队要整理每个用户的信息，罗列出一些有疑问的点，然后再组织用户进行访谈，询问关于日记/摄像的疑点，并聆听更多的细节，以此来丰富调研细节。

步骤五：讨论分析。

团队内集中讨论。日记/摄像研究时间跨度较大，因此会有大量的定性数据。团队需要评估每个用户在此期间的行为，结合研究目的，挖掘影响用户行为的因素。

2. 问卷调研（图4-4）

参与人员

团队无法直面用户，因此需要根据调研内容以及数据需求准确选定用户，**用户选择越精准，调研频率就会越低，调研结果的真实性也会越高**

时间要求

问卷时间尽量控制在20分钟之内，**6~12分钟**的问卷时间为佳

工具特点

问卷调研适用于需要**大范围数据的调研**，通过收集大量数据来验证某个假设或者为某个现象作出解释

物料准备

- **问题范围**（包括调研所涉及的功能以及希望通过问卷来解决什么问题）
- **调研问卷**
- **投放指南**（针对问卷内容制定合适的投放指南，尽量寻找配合度较高的用户进行投放）

图4-4　问卷调研

（1）方法介绍

问卷调研起源于心理学研究。早在19世纪末，欧洲各国的心理学家就开始使用问卷进行心理、精神、人格等方面的研究。后来，问卷又被众多社会学家运用到民意测验当中。如今问卷法已延伸至各个领域多学科、多场景的调研当中。问卷调研是一种定量研究方法，运用问卷中的一系列问题来收集信息，尤其是在网络与大数据十分发达的时代，可在短期内收集到大量的用户回复，具有极高的应用性（图4-5）。

由于其应用广，易操作，会让初步接触者认为做问卷调研是一项门槛低、学问浅的工作，而忽视

图 4-5　问卷调研过程示意

了问卷调研的价值。真正的问卷调研需要经过目标人群分析与分群、确定调研目标、规范投放人群量级以及多次的循环问卷设计等步骤，最后还需要定时地回收问卷进行调研分析。问卷调研不同于其他调研方式。问卷调研由于其独特的形式，团队无法直面每一个被调研者，更无法针对具体问题进行深层次探讨，因此问卷调研适用于需要大范围数据的调研，通过收集大量数据来验证某个假设或者为某个现象作出解释。例如：通过客户反馈来确定其业务价值或对产品的使用感受。

（2）注意要点

调研本身就是单独的学科，设计师并非社会学专业人员，调研对于设计师来说是过程，设计师能做的就是在每个调研阶段清楚自己的目的，有根据地设计每个调研问题。在整个调研阶段应当遵守以下原则，以完善自己的问卷调研过程。

①调研目标的明确性。

首先，调研问卷往往包含大量的问题，在设置这些问题时，往往会因为烦琐的问题而偏离最初的调研目标。其次，在调研问卷回收后，分析用户给出的回答时，可能会发现用户给出的回答与预期目标有出入，这个时候再去追问难免会增加工作难度，浪费人力物力，所以在最开始就应当明确调研目标。

做问卷调研的第一步是圈定一个大的问题范围，包括此次问卷调研所涉及的功能以及希望通过问卷来解决什么问题。做问卷调研重要的是通过问题循序渐进地让客户提供我们所想知道的信息，而不是思想被客户牵着走。假设我们的目标范围划定为了解用户对某一产品的态度，那么目标设为“用户对该产品的接受程度”会比“用户对于该产品的看法”要更明确。

②样本选择的精准性。

通常的想法是样本越多越具有参考价值，因此在预估样本数量时，每次都想越多越好。但回收的问卷是具有边际效应的，随着收到的问卷越来越多，反馈的数据的真实误差会逐渐趋于一致。并且问卷调研由于其低奖励与高耗时而打扰到用户，用户在频繁收到问卷时容易产生厌烦情绪。这种负面情绪会对调研的真实性造成影响，继而影响最终的调研结果。样本选择越精准，调研频率就会越低，调研结果的真实性也会越高。

③问卷设计的逻辑性。

在设计问卷的问题时，应当由浅入深、由具象到抽象、由浅表性问题到敏感性问题，不要让被调研者一开始就回答一些难以抉择的问题。如果问卷的开端就是复杂、烦琐的问题，很容易打击被调研者的积极性。应当向用户提出一些基础问题之后，再围绕着调研目的展开更深层次的提问。

对于问题的选项设计，应当既全面又客观，不要设置无法量化、统计的选项，比如尽量不使用“经常”“一般”“很少”等频率词，尽量使用“一周一次”“一周三次”这样具体的描述形式。

问卷时间尽量控制在 20 分钟之内，6~12 分钟的问卷时间为佳，不要抱有一次性完全了解客户的想法而设计过多的问题。

（3）如何实践 / 主要流程

这里要明确的一点是，问卷调研往往不仅是设计问卷这么简单，还包含调研问卷前后期的目标人群分析、量群考量、问卷分析等。

步骤一：确定调研目的。

深入了解需要调研内容的具体情况，先预设一个大的问题范围，明确主要是想解决哪方面的问题。接着可参考竞品进行竞品分析，通过分析竞品的解决办法，初步形成解决问题的思路。但这仅仅是团队的想法，还需要通过对预选用户的访谈来了解用户的想法，进一步帮助团队聚焦问题，逐步分析，直到找到明确的调研目标。

步骤二：投放问卷。

生活中我们经常会遇到各式各样的问卷调研，如游戏广告中的兴趣点问卷、企业发送至邮箱的服务满意度问卷、餐饮店结账时给出的调研二维码等。在问卷投放上，这里列举几种常见的投放途径。

a. App/ 网页内置问卷投放：这种方式回收量大，且可通过平台后台筛选精准投放用户群体，但活跃度低的用户群体无法触达。

b. 通过传统联系方式投放：可通过短信、邮件等方式投放，或者在相关聊天群内发起调研。使用这种方法时可以先预投放一轮，看回收率，如果不够理想可以考虑其他途径。这种方法门槛较低，回收率普遍比较低。

c. 通过第三方渠道投放：通过本身的渠道很难接触到低活跃度用户以及竞品用户，因此通过第三方渠道进行问卷投放是常规方式。这种方式投放范围广，回收率也较高。

在问卷投放的时间上，主要看回收率，没有特定的投放和回收时间，达到预期回收率即可停止投放。但如果调研内容与时间强相关，就需要注意投放时长。例如，晚上投放问卷后，经过一晚上的时间就达到了预期的回收率，这时一定要思考清楚再停止投放，因为此时间段上线的用户可能是出租车司机、便利店店员等夜班人群，此时的样本并不是全面的。

步骤三：编制问卷。

编制问卷应当参照上文问卷设计的逻辑性进行，在具体的问题设计上可以参考以下几类。

a. 基本信息：姓名、年龄、性别、地域等。

b. 使用信息：这类问题通常采用定性收集的方式，收集用户使用服务时的问题、建议、期望等。

c. 使用情况：这类问题通常采用定量收集的方式，收集用户的使用频率、使用习惯、知晓度、使用深度等信息。

d. 用户想法：这类问题通常采用定量收集的方式，收集用户的满意度、服务偏好、接受价格区间、功能期望等。

问卷编制后进行团队内的审核，检查有无遗漏、逻辑跳转是否合理、选项之间是否有交叉、问卷用语是否大众化、单选题是否有单一答案等。应当在团队内反复检查后再进行投放。

步骤四：分批投放。

a. 预投放：可以先对信任度和配合度较高的用户进行预投放，一方面是对问卷的回复有大概的了解，另一方面是根据回收情况及时地修改问卷中不合理的点。

b. 正式投放：根据之前确定的投放途径进行正式投放，在正式投放中也要注意及时查看回收信息，并进行及时的调整。

步骤五：分析结果。

a. 进行数据清洗：检查数据是否完整、是否有异常，排除用户不认真答题的情况，检查数据逻辑合理性，看回答中是否有前后矛盾的情况。

b. 进行样本加权：问卷调研大多是抽样调研，要想通过样本情况去推测整体情况，除需要考虑最小样本量外，还需要考虑样本代表性，选择一个最重要的影响因素进行加权。

c. 分析数据：统计各选项的数量、频率是最常用到的分析方法，将这些数据以图表的形式展现出来，可以直观地看出整体分布情况。接着通过分析差异，找到可能有关系的两个因素，然后将两个因素进行交叉统计，在两者中作出假设。最后根据两者的数据类型，选择合适的统计方法来验证假设。

一些注意事项如下。

a. 问卷编排：文本不容易描述的时候，可以考虑用图片，图片上要有清晰的视觉焦点。有些概念不容易描述的时候，可以先构建一个场景或例子，避开概念，帮助用户理解我们说的事情。如果有较长的题干，可以通过颜色突出重点词，引导用户的视觉焦点并防止阅读疲劳。

b. 问题设计：在进行问题设计时，应注意主动地规避用户不认真答题的可能性。例如在问题设计中设置测谎题，检查用户是否选择了错误答案。如“你最常用的外卖 App 是哪个？”，在选项中可置入“爱奇艺”等不相干的选项。测谎题应当简单，因为只是想检验用户答题的认真程度，而非考验用户的深层次的知识能力。除测谎题外，还可以采取同一个题目前后问两遍的方式，检查用户给出的答案是否一致。

3. 用户访谈（图 4-6）

● **参与人员**

用户样本量大，需要在确定筛选要求后，根据确定的筛选条件进行**用户招募工作。**用户招募一般分为三个渠道——人脉推荐、问卷筛选、外包招募

● **时间要求**

具体的访谈时间应当根据访谈内容、用户反馈情况即时进行调整，最佳时间应当**控制在一小时之内**

● **工具特点**

用于用户调研阶段，适用于较为**复杂的话题性场景，**与焦点小组不同，往往以**一对一的模式进行**

● **物料准备**

- **记录工具**（摄像机、话筒等）
- **研究指南**（注意受访者的筛选方式）
- **访谈大纲**（通常以半结构式访谈为主）

图 4-6　用户访谈

（1）方法介绍

用户访谈是极其重要的一种用户研究方法，用于用户调研阶段，适用于较为复杂的话题性场景，如收集用户观点和情感、对于用户复杂行为的剖析等。与同时涉及多个用户的焦点小组不同，用户访谈是以一对一的模式进行的（图 4-7），但也存在特殊情况下几个协调人轮流提问的情况。用户访谈从内容上来划分，可以分为非结构式访谈、半结构式访谈、全结构式访谈三种。非结构式访谈是指非正式的、随意的访谈，没有特定的问题也没有既定的答案，只需要让用户充分表达自己的观点即可，适合探索性的研究。全结构式访谈则有事先确定的访谈目的，必须按照顺序和既定题目来完成，适合目的明确的研究。但在日常使用中，使用最频繁的

图 4-7　用户访谈过程示意

还是以灵活性著称的半结构式访谈。半结构式访谈是介于非结构式访谈和全结构式访谈中间的一种访谈形式。半结构式访谈虽然有事先确定的目的，但在访谈中，团队也可以根据具体情况随时调整问题

的顺序或措辞，或者新增访谈的问题等，是一种相对比较灵活的访谈形式。

除按访谈内容划分的三种访谈形式外，由凯伦·霍尔兹布拉特（Karen Holtzblatt）开发出的著名的情境访谈法（contextual inquiry）也是较为常见的一种访谈方法。团队可以通过情境访谈来理解人们所处的环境，并实际观察到人们感兴趣的行为。这种方法有助于受访者将自己的体验及回忆传达给团队，规避了其他访谈方式中受访者只求结论不重过程的风险。但情境访谈法也是不完美的，它是一种自我报告式的研究，人们在提供信息时经常会无意识地扭曲、错误回忆或忽视重要事实。无论哪种形式的访谈，研究人员都需要具有敏锐的观察能力以及应变能力，同时也应该按照基本程序有条不紊地进行。

（2）注意要点

用户访谈是一门艺术，无论是进行可用性测试、焦点小组还是其他研究，都可以用到用户访谈。用户访谈不是简单地坐下来和用户聊天，它需要花费大量的精力和做好时间规划。如何才能进行一次成功的用户访谈，并尽可能多地从受访者口中获取信息？问题的设置以及提问的方式格外重要。在用户访谈过程中应当尽量遵循以下几点。

①直达深层需求。

在访谈前要始终牢记明确好的大方向，如该访谈是询问经历还是态度。之后，我们需要在访谈中深入地了解受访者的思考方式，切记不要被受访者所表达的内容迷惑，要透过受访者的叙述内容挖掘受访者真正的需求，注意受访者对于某一问题的回答的原因而不是结论。例如，当询问受访者“走进饮品店的需求是什么？”时，可能会得到“一张桌子或者一把椅子”的回答。更进一步询问原因时，会得知他需要坐下来，需要一个休息的地方。这样设计团队可以进一步思考帮助他“休息”的方法，而不是被原本预设的解决方案（椅子、桌子）所局限。

②询问过往经历。

访谈的过程中，团队需着眼于用户的过往经历，而不是对未来的希望。这是因为大多数对未来的问题都带有引导色彩，获得的信息往往偏主观性。而所询问的过往经历是受访者自身真实经历的、客观存在的，真实的数据往往能给设计提供最直接的帮助，且询问受访者过往经历往往能激发受访者对于设问环境的回忆，引导受访者叙述更多相关的经历与想法。例如，询问受访者“是否有按附近排名选择咖啡店的经历？”，要比询问受访者“是否期待有按附近排名选择咖啡店这一功能？”更好。

③抓住访谈细节。

良好的访谈要让受访者处于一个轻松的谈话环境中，而不是处于严谨刻板的环境中。受访者往往在叙述时会说出“经常”“偶尔”“总是”“往往”等口语化的词语，这样的词语具有概括性与抽象性，不会像精准数据一样直观地反馈给团队。因此，在访谈过程中要实时集中注意力，提高对受访者回答的敏感度。例如，当受访者提到“经常”时，虽然不能明确其具体频率，但可以理解为受访者的频率基本上超过了 80%。

④放平访谈心态。

一次成功的访谈，要求采访者拥有“我一无所知”的谦虚心态，而不是“我已了解全貌”的视角。“双轨对话”是经常在访谈中出现的情况，当你觉得你们的对话“进入了其他轨道”时，或者你不能完全了解受访者所说的时，不要犹豫，也不要主观进行判断，要请求受访者解释。另外一种访谈中常出现的情况是“沉默时间”，许多采访者由于缺少经验而陷入沉默，为了避免沉默时间延长，采访者往往会要求解释或进行询问，但受访者是需要足够的时间思考回忆的。因此要保持平稳心态，不要急于求成，给予受访者细致思考的时间，哪怕受访者叙述结束后，也不要立即追问，可进行眼神或肢体语言的肯定，表达对其叙述的兴趣，引导受访者说出更多相关内容。

（3）如何实践 / 主要流程

步骤一：定义具体的研究问题。

首先，与其他方式一样，需要一个引导性的问题或一组代表团队想法的问题。其次，应当明确进行该访谈的原因，是探索性研究还是验证性研究，弄清楚是为了了解什么问题而进行的此次访谈。

步骤二：编写研究方案。

根据研究问题，编写研究方案，包括研究内容、人员方法、用户招募、时间计划等。紧接着确定适合受访者的标准，不仅要考虑采访的对象，还要考虑采访的时间和地点。可以使用专家推荐、问卷筛选、外包招募等方式来选择受访者，进行用户招募时还要注意受访者配比、招募途径、酬劳预算等。

步骤三：编写访谈提纲。

罗列访谈中的重点问题，比如：如何熟悉你的受访者？你事先设定了什么样的期望？你如何开始，如何结束？访谈预计进行多长时间？访谈提纲应该是半结构化的，这样它们可以帮助你在访谈期间牢记访谈主旨，有需要的话，也可以灵活地调整相关问题。此外，还要就如何记录采访与受访者达成一致，必要时可签订相关许可协议书，以免在后期使用录音或录像时产生分歧。

步骤四：正式访谈。

在访谈过程中，问一些开放性和非引导性的问题。考虑使用特定的访谈技巧，来揭示潜在的动机。根据采访大纲进行循序渐进的访谈，谨记上文提到的访谈四大原则，且在你的采访中，尽可能多地收集客观的第一手原始数据。

步骤五：总结整理。

在访谈结束后立即记录访谈结果，总结分析并标记重要内容，例如现场笔记、照片、音频和视频等。对于每次访谈，都要写一个简短的总结，包括你的主要发现以及足以论证这些发现的原始数据。

步骤六：宣讲结论。

将访谈结果与其他团队成员进行分享，受访者的正面反馈可简化，重点点明相关负面反馈。基于访谈的总结内容，团队讨论后给出初步优化方案，并持续跟进。

一些注意事项如下。

a. 区分全结构式访谈与问卷调查：全结构式访谈有事先确定的访谈目的，必须按照顺序和既定题目来完成。听起来感觉与问卷调查十分相似，但其实不是，全结构式访谈包含的问题比定量问卷更加深入，更加具有针对性。问卷调查中，用户通常只需要给予“是”“否”等较为简单的回答；而在全结构式访谈中，在问题和问题顺序固定不变的前提下，用户可以自由地进行表述，并给出更加开放和深入的回答。

b. 注意访谈内容中个人隐私的保护：访谈内容繁杂且包含大量的个人隐私信息，因此需要确定相关的保密事项，比如个人隐私的保护、访谈内容的保密等。

4. 焦点小组（图 4-8）

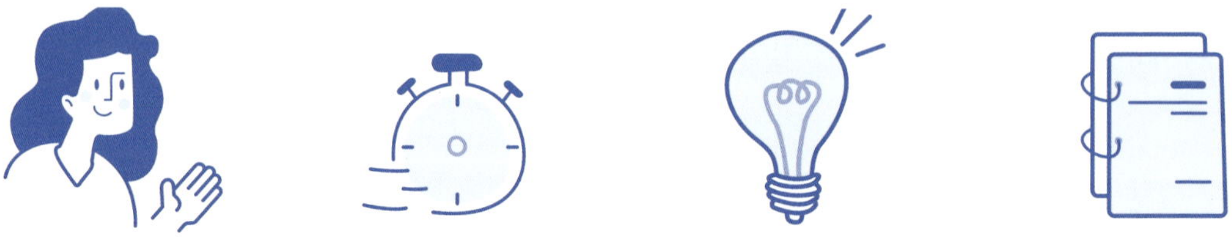

参与人员

注重用户讨论互动，因此在用户挑选上要注意**用户采样的比例均匀**，一般由专家用户与新手用户组成，通常将比例控制在2 : 8与3 : 7是比较合适的

时间要求

时间较为集中，一般以**1.5~2小时为佳**，有多组同时进行时应当协调每组进度

工具特点

作为一种定性研究方法，通过与**目标用户群体**进行**有效沟通**来获取其对产品、服务、营销活动或品牌的意见、感受和态度

物料准备

- **记录工具**（摄像机、话筒等）
- **研究指南**（明确焦点小组的具体研究问题，可以是对产品的意见、感受和态度）
- **访谈大纲**

图 4-8　焦点小组

（1）方法介绍

焦点小组（focus group）作为一种定性研究方法，通过与目标用户群体进行有效沟通来获取其对产品、服务、营销活动或品牌的意见、感受和态度。这种方法类似于用户访谈，也是与用户进行沟通的重要方法，但又区别于用户访谈，其具有活跃的小组氛围，更能促进用户之间的沟通联系，从而激发用户的思维（图 4-9）。焦点小组常见于商业用途，着重于产品前期研发的调研阶段，在服务设计前期信息收集的进程中同样具有极高的使用价值。

焦点小组可帮助深入探索一些团队了解不多的研究问题，帮助团队快速了解用户对某一服务、产品、功能的感受，进而诊断新品中潜在的一些重要问题，丰富研究主题的背景信息，促进团队对于研究问题假设的确定。但作为调研工具，它也存在难以避免的缺点。其一，被选中的调研用户由于地域、年龄、生活、性别等差异因素的影响，会对访谈主题提出不一样的看法，样本不够全面或者样本过小时会产生偏差，并不能广泛代表群体态度。其二，由于访谈是处在小组这样一个团体环境内，难免会出现群体效应，想法不够坚定的被调研用户可能会受到从众心理影响，给结果带来偏差。所以，在小组访谈结束后可能需要通过“定量验证”来进行结果确认，避免出现以上情况，影响整体调研结果。

图 4-9　焦点小组过程示意

（2）注意要点

焦点小组属于访谈类调研工具，作为访谈类的定性调研工具，对于访谈对象、访谈流程等问题要求是较为严格的。如不注重这些细节，焦点小组很容易与普通的访谈混淆，而达不到预期的效果。

①被调研用户的挑选。

被访谈用户作为调研对象，是调研信息的主要来源。无论采用哪种调研方式，都要对参与访谈的用户进行筛选，更何况是注重用户讨论互动的焦点小组。在用户挑选上，首先要注意用户采样的比例均匀，这也是最基础的要求。要顾及目标用户的每一个典型，从多维度考虑用户挑选标准。其次，也要注意专家用户与新手用户的比例。通常将专家与新手比例控制在 2 ：8 或 3 ：7 是比较合适的，专家太多会抑制新手的发言，而专家太少则专业支撑力度不足。最后，作为焦点小组最重要的核心元素——氛围，决定了我们必须排除情绪太过于高昂或者低落的用户。情绪持续处于高昂状态的用户容易跳脱访谈内容，而情绪低落的用户则容易使整个访谈氛围变得消极沉闷。

②访谈提纲的准备。

访谈提纲是整个访谈的核心，在访谈中起着举足轻重的作用，是需要团队花时间反复琢磨的一个部分。一份合格的访谈提纲应该覆盖调研对象的全部内容，在话题的设置上需要做到前后松、中间紧，合理营造访谈氛围。在具体的访谈话题上也应当张弛有度，尽量做到难易交错，体现访谈的节奏感。

③讨论方向的把握。

在访谈过程中，焦点小组的主持人承担了重要的责任，保障访谈活动的顺利进行。在实际情况中，主持人应当营造舒适的小组氛围，帮助组员快速进入访谈状态。在访谈中，主持人要始终保持中立的态度，可以适当补充自己的看法，但补充的目的是提醒大家忽略的点而不是表达自己的真实想法，避免引导用户往某个方向偏移，同时要确保访谈内容不偏离访谈主题。

④整理归类的完善。

在访谈结束后，应对访谈内容进行整理。在整理的过程中，为了使访谈内容系统化、完整化，往往需要补充一些观点或内容来完善访谈纪要。在整理后可以将访谈纪要发送给每个小组成员，请他们核实访谈纪要中他们的观点是否与访谈时所说的相同，因为记录员也有可能没有完全理解小组成员所述。

（3）如何实践 / 主要流程

步骤一：准备环境。

准备好焦点访谈的测试室，主要包括摄像机、话筒、白板等硬件设备，保证整体环境的舒适性，使被调研者能快速地进入讨论环境。

步骤二：定义特定的研究问题。

明确焦点小组的具体研究问题，可以是用户对产品、服务、App、营销活动或品牌的意见、感受和态度。

步骤三：设定访谈大纲。

需要依据自己对设计条件的信息需求设定访谈大纲。将自己想了解的信息以问题的形式逐条罗列即可。

步骤四：预访谈。

小组成员根据明确好的话题进行模拟讨论，测试该主题与访谈大纲的可行性，检查其是否存在漏洞，问题是否安排合理。

步骤五：正式访谈。

每个访谈小组需要 8~12 个参与者，但也可以根据焦点小组的访谈内容具体决定。如果用户都比较类似，典型用户差别较小，可以考虑缩减参与人数。但最好的做法是在访谈之前将用户分好类。按照三角测量的方法，至少有第二个焦点小组作为第一个焦点小组的对照组，便于后期分析对比，了解更多真相。

访谈过程中除摄像机外，还需委派一名记录员，在大家讨论的过程中及时理解并记录组员所述。

步骤六：会后总结。

开完访谈会，要抽出几个小时对会谈的笔记进行整理、归类和重新组织内容，并对其中重要的部分进行补充和完善，然后形成逻辑清晰的结构化的访谈纪要。可以通过与组员核对访谈纪要或参考录像来补充细节。

5. 文化探针（图 4–10）

参与人员

设计师通过参与者的日常生活和反馈来了解用户需求和文化背景，参与人员涵盖了**设计师、用户和其他干系人**

时间要求

取决于项目的**规模和复杂程度**，整个过程可能需要数周或数月，通常包括**准备阶段、数据收集阶段和数据分析与解释阶段**

工具特点

工具**多样**，包括日记、照片、地图等，这些工具的设计通常是**开放性**的，旨在鼓励参与者自由表达和**互动**，并且简单**易用**，无须进行专业培训

物料准备

- **指导手册**
- **记录工具**（日记本、相机等）
- **互动物料**（地图、贴纸等）

图 4–10　文化探针

（1）方法介绍

文化探针（cultural probe）是一种有效的设计调研工具，旨在通过收集用户在日常生活中的体验、行为和情感等信息更深入地了解他们的文化背景、生活习惯、需求和观点。这个方法最早由设计师比尔·盖弗（Bill Gaver）、托尼·邓恩（Tony Dunne）和埃琳娜·帕琴蒂（Elena Pacenti）在1999年提出。与一般的问卷调查或面对面访谈不同，文化探针通过一组特定设计的物料和任务，鼓励参与者在他们自己的日常环境中进行自我记录和反思（图 4–11）。

这一方法强调从用户的日常生活和实际情境中获取信息，在物料和任务设计方面有很大的自由度，可以针对特定的研究目标和用户群进行定制并鼓励用户积极参与。文化探针方法用来收集行为、情感、文化和社会层面的多维度用户数据，有助于

图 4-11　文化探针过程示意

揭露传统方法难以获取的深层次需求和文化特点，为设计和创新提供丰富的素材和灵感。由于是在用户的日常环境中进行，所收集到的数据通常更能反映用户的实际需求，提供更真实和详细的反馈。文化探针方法考虑到了文化和社会背景，因此特别适用于跨文化或多文化环境下的设计研究。

（2）注意要点

虽然高开放性是文化探针作为用户研究方法的一项优点，但这也要求研究时要细致入微地规划和执行，必须注意其中的各项细节才能充分发挥文化探针在用户研究和设计中的潜力。使用文化探针方法时，必须注意以下几个要点，以增强研究的效果。

①明确的目标和用户。

模糊或过于广泛的目标会导致探针设计缺乏针对性，从而使收集到的数据可能不具备参考价值。为了确保研究目标明确且具体，应当选择与研究目标高度相关的参与者。用户群体的选择需要非常仔细，以确保数据的质量和可用性。

②物料设计。

在探针的使用物料方面，首先需要注重设计的易用性，目的是便于用户理解和使用，不需要研究人员过多的指导和干预。其次要具备触发性，物料应在恰当的时机激发用户的思考和反馈，而不仅仅作为孤立的记录工具。另外，物料的多样性也同样重要，使用多种不同类型的物料（例如日记、相机、地图等）可以为研究提供更全面的信息。

③数据收集、管理和分析。

在对探针的数据进行收集时，特别是涉及敏感信息时，需要注重隐私和伦理，确保遵守隐私和伦理规范。另外，研究人员也需要进行持续的监督。虽然用户主要在自己的日常环境中进行记录，但适当的监督和跟进可以提高数据质量。调研来的数据通常是多维度和多层次的，因此需要研究者开展多重角度的解读和分析。需要注意的是，根据定性数据的特征，应避免将其过度量化或过度概括。

（3）如何实践 / 主要流程

步骤一：定义研究问题。

在开始文化探针的实施之前，需要明确研究的目的和问题，以便为后续的工作提供指导。这些问题可能涉及用户行为、文化背景、价值观、需求等方面。

步骤二：确定参与者。

文化探针需要参与者自己记录日常生活中的体验和行为，因此需要在相关人群中招募参与者，要求他们能够记录和分享自己的体验和感受。根据研究目标，确定适合的参与者群体。考虑参与者的年龄、文化背景、职业等因素，以确保数据的多样性和可靠性。参与者的人数通常不宜过多，以便更好地掌握每个参与者的情况。

步骤三：设计探针物料。

设计师需要根据研究问题和参与者的特点，设计出相应的探针工具，包括日记和记录本（用于记录感受、活动）、相机或摄像机（用于捕捉生活瞬间）、地图、标签和贴纸（用于地理或空间标注）、提示卡或问题卡（用于引发思考或行动）等，以便参与者能够记录自己的体验、情感和行为等信息。这些工具需要具有可操作性、可靠性和启发性，以增强探针的有效性和参与度。

步骤四：进行用户培训。

在正式启动研究前，要举办一个简短的会议或培训，向参与者解释研究目的，以及告诉他们如何使用探针物料。随后，将设计好的探针物料分发给参与者，并明确时间框架，让参与者在规定的时间内完成任务，并要求他们使用工具记录自己的日常行为和体验。

步骤五：收集、整理、分析和解读数据。

收集参与者返回的所有探针物料，包括照片、日记、地图标注等，确保数据的完整性和准确性。文化探针收集到的数据通常是非结构化的，需要设计师进行归纳、整理和分析，以获取有价值的信息。可以采取的方法包括：定性分析（ 阅读、观察和理解所有收集到的数据）、主题编码（识别数据中的主题或模式）、多维度解析（考虑文化、情感、行为等多个维度）。设计师需要从收集到的数据中找出用户的关键问题、需求和价值观等信息，并将其转化为设计灵感和解决方案。

步骤六：验证和完善数据。

文化探针是在用户日常生活中进行的调研，难以稳定地控制数据的质量和普适性。因此，如有需要，设计师可以通过其他方式来验证和完善数据，例如辅助使用前文提到的用户访谈、焦点小组等形式。

第二节　基于 SDHC 的服务设计概念衍生方法

设计启发式具有极高的易学习性和易用性。为了更好地掌握或者教授其使用方法，协助使用者识别使用情境以及促使更丰富和灵活的思维转变是关键。在这一节中，我们主要介绍在此方面的初步研究，并且提供构建自上而下的使用方法的框架，挖掘不同的服务设计启发式使用情境以及多样的组合类型。

一、服务设计启发式的“四步使用法”

在多次实践并研究了 SDHC 的自发使用过程后，开发团队根据 SDHC 的作用机制和特点，在结合文献研究的基础上提出了基于 SDHC 的服务设计概念衍生方法，如图 4-12 所示。SDHC 的使用阶段为设计活动中的概念衍生阶段。首先，在使用时机方面， 通过对设计师自发使用 SDHC 的时机与模式的分析，开发团队判断 SDHC 介入的恰当时机是设计师已经定义好设计问题并梳理了大致的服务框架（包括可能的服务环节、利益相关者、功能方向等）之后。这些基础将为 SDHC 的使用提供明确的情境（以自上而下的方式使用），最大限度地避免了偏离主题或者难以将零散的概念系统化的问题。在使用模式方面，设计活动进展到这一阶段所确定的内容为使用者判断 SDHC 的适用性

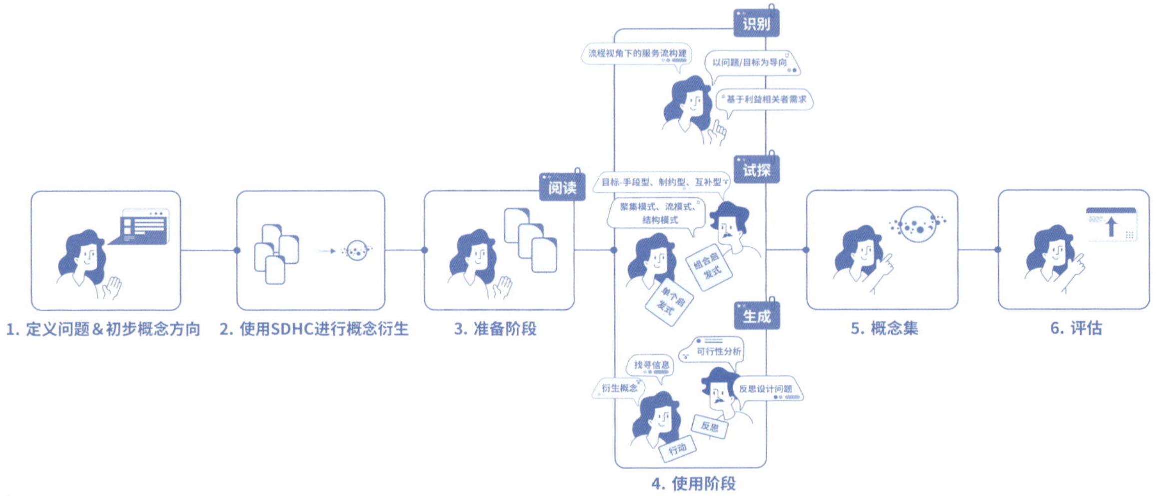

图 4-12　基于 SDHC 的服务设计概念衍生方法

提供了有效依据，避免了新手常常出现的过于依赖直觉的判断。

在 SDHC 的使用流程方面，阅读、识别、试探和生成是借助服务设计启发式产生想法的核心步骤，我们称其为服务设计启发式的“四步使用法”，如图 4-13 所示。

1. 阅读

这一步骤的目的在于初步认识并理解 SDHC。设计师可以在使用前先大致浏览 SDHC 的目录，挑选合适的对象，深入阅读未理解的启发式，包括其中的释义与案例内容。此次阅读将帮助使用者构建对 SDHC 内容的初步印象，可以有效提升后续使用过程的效率。

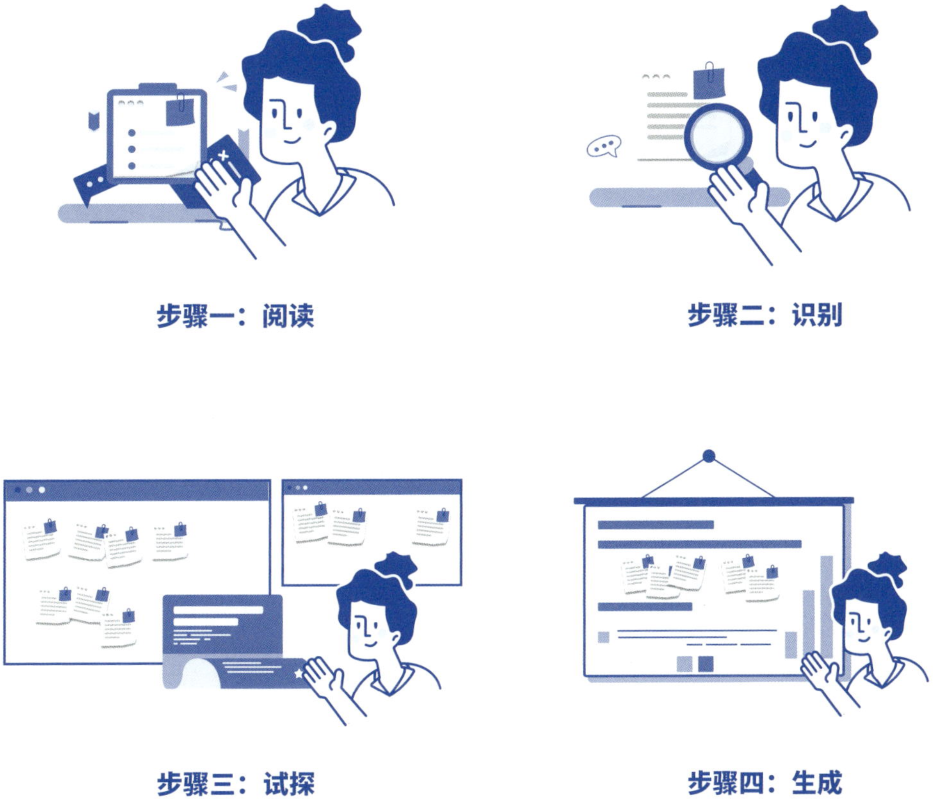

图 4-13　服务设计启发式的“四步使用法”

2. 识别

识别指的是明确 SDHC 的使用情境。虽然在实践过程中，不乏使用者依靠直觉判断每一个启发式对于解决问题的适用性，然后基于启发式展开联想。这种直观而简单的思考方式容易辅助设计师迅速生成众多想法，并为解决方案的构思提供大量备选想法，但这些想法是非结构化的，对于缺乏经验的新手来说，容易出现想法过于零散且依附于初步概念的风险。锚定一个 SDHC 可发挥作用的情境，筛选合适有效的启发式策略并灵活地运用到方案中，然后再进行下一步骤的“使用启发式试探”是很有必要的。在识别使用情境方面，我们提出了三种可能的方法。这三种方法分别是：以问题与目标为导向；基于利益相关者需求；流程视角下的服务流构建。本节后文将对以上三种类型的使用情境进行详细的阐述。

3. 试探

在试探过程中，使用者需要尝试性地在锚定的情境中探索可能的服务设计启发式，并判断启发式的适用性。对于适用的启发式，设计师可以利用其快速生成想法，而不适用的则可以放置一边。我们建议设计新手可以结合头脑风暴的方法，以“点”对“点”的方式使用 SDHC；而熟练的使用者，也可以在使用过程中尝试从组合的视角，通过结合不同启发式构建服务功能和完整的系统流程。前一种方式更有利于快速产生大量备选方案，而后一种方式则能够让概念更加系统化。

当然，这两种方式并不是仅有的试探方法。在本节的最后部分，开发团队会分享 SDHC 启发式组合使用的方法以及类型的相关经验。本章的第四节将介绍服务设计启发式和其他服务设计工具结合使用的多种途径。我们强调这些多样策略的目的，是鼓励设计师在借助工具构建概念的过程中保持灵活使用的意识，尽可能在试探过程中根据启发式本身与设计情境来探索更多新颖的概念关系。

4. 生成

生成是“四步使用法”中的最后一步，也是构建具有创造力的设计方案的核心步骤。设计师需要在生成的过程中基于 SDHC 产生想法，这里的想法包括由启发式刺激衍生的设计灵感，同时也包括对方案的反思。生成通常发生在试探的下一瞬间，因此，在概念产生后，应当迅速进行记录。正如前文所提及的，生成的过程也涉及想法或概念之间的关联构建。在整个概念衍生的过程中，“试探”与“生成”两个步骤来回交替，反复发生，并夹杂着不确定的构建概念或想法的关联行为。

在所有步骤执行完成后，设计师将进入设计评估阶段。诸多与设计认知模式和设计思维相关的文献已经指出，概念衍生过程是发散（生成）与收敛（反思）行为不断交替的过程。显然，SDHC 在进行思维收敛的过程中也有潜力为设计师提供支持，这一部分的内容将在本章第三节进行详细的描述。

二、设计师使用 SDHC 的模式

在开展实践和研究的过程中，我们观察到所有的小组在刚开始接触服务设计启发式时，都选择一张一张地阅读卡片内容。虽然我们并未提供详尽的使用指导，但卡片所提供的内容同样直接地刺激参与者产生了想法。其中，参与者在使用 SDHC 前是否有初步的服务框架，会导致两种不同的使用模式。

第一种模式，是直觉的自下而上的使用模式，也是最普遍的使用模式（图 4-14）。这种模式通常出现在没有初步服务框架的组别，即无方案的类型与有零散概念的参与小组中。参与者以直觉的非分析性的方法使用启发式进行联想。这种直觉的方式有时会结合头脑风暴的方法。参与者往往选择在筛选卡片的同时写下相应想法，并在浏览了所有卡片后，讨论每个想法的可行性。根据访谈，采用直觉模式的参与者表示，他们会将每个服务设计启发式与设计主题进行相关性的匹配。而在相关性的判断上，参与者并没有任何可依据的标准，而是以直觉上能否产生想法作为判断依据。当所有小组成员都无法产生想法时，该启发式就会被放弃。通常，每张启发式卡片的直接思考时间在 10 秒左右。

这种模式以“点”到“点”的方式直接启发思想，即一个启发式激发使用者产生一个（有时是多个）概念。它的好处在于可以支持使用者探索更广的解决方案空间，但也带来了后续收敛概念方案上的困难，即使用者由于概念生成过程本身的随机性和盲目性而难以在后续阶段构建衍生概念之间的关联，这与使用者使用 SDHC 时缺乏针对性有关。凭借

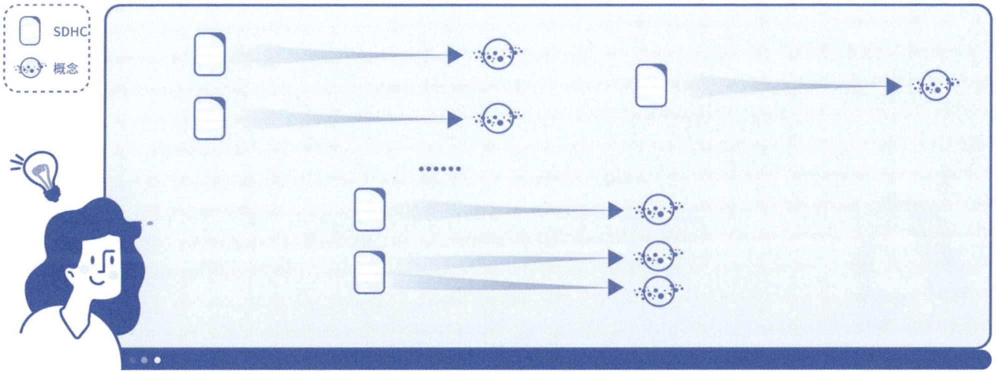

图 4-14　直觉的自下而上的使用模式

直觉来使用 SDHC，本质上是潜在地将当前设计主题或背景等宽泛的语境作为 SDHC 应用的上下文，由此出现了在缺少约束的情况下思维的无限发散。这对于初期概念衍生是有利的，但随着方案的推进，思维过于发散反而带来了困难。因此，厘清 SDHC 使用的更明确且更具有针对性的情境是必要的。

第二种常见的模式，是约束的自上而下的使用模式（图 4-15）。这种类型来源于当使用者在使用前有了初步的服务框架时，参与者因为有了更明确的使用情境而对每个启发式的适用性有了更准确的判断。此类参与者在访谈中形容道："它们像很多叶子，我们在有一个服务的'树干'时，可以很快地把这些叶子填充进去。"该比喻揭示了这样的使用过程：使用者将每个启发式卡片放到已有的服务流程的环节中进行尝试，思考启发式在该环节是否解决了问题或协助使用者达成了设计目标。

在实践中有个别小组在测试前梳理了利益相关者地图，他们站在不同的利益相关者视角来思考每个服务设计启发式是否提供了满足利益相关者需求的可能办法。这种使用模式同样为 SDHC 的使用提供了明确的约束范围，即使用情境。这种情境的确定对于使用 SDHC 进行概念衍生有了更明确的指示，使得它能够更好地契合当前方案，而未出现脱离主题的状况（图 4-16）。

在两种由于使用前状态差异导致的使用模式之外，某些小组还出现了启发式组合使用的模式，如图 4-17 所示。其中，从结果层面来看，组合使用模式包含三种类型。第一种类型为聚集模式，即几个启发式共同刺激使用者产生了一个想法。例如，研究中有参与者提到"让隐形的服务被看到"和"把控信息量与信息尺度"这两个启发式，他们声称"它们是相互约束的，一个告诉了你上限是什么，一个

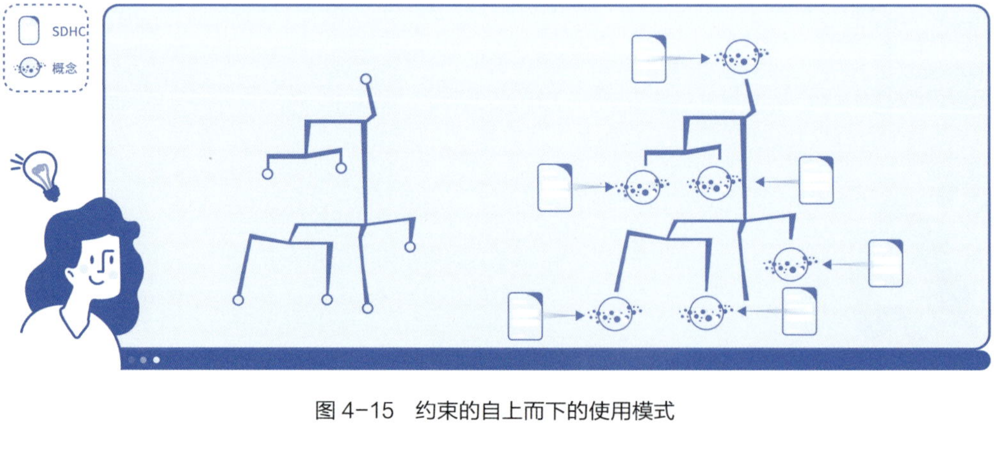

图 4-15　约束的自上而下的使用模式

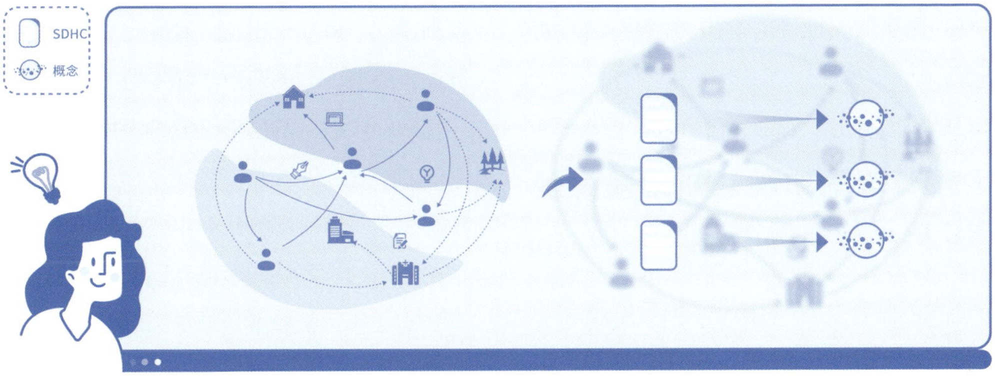

图 4-16　基于利益相关者发散思考的使用模式

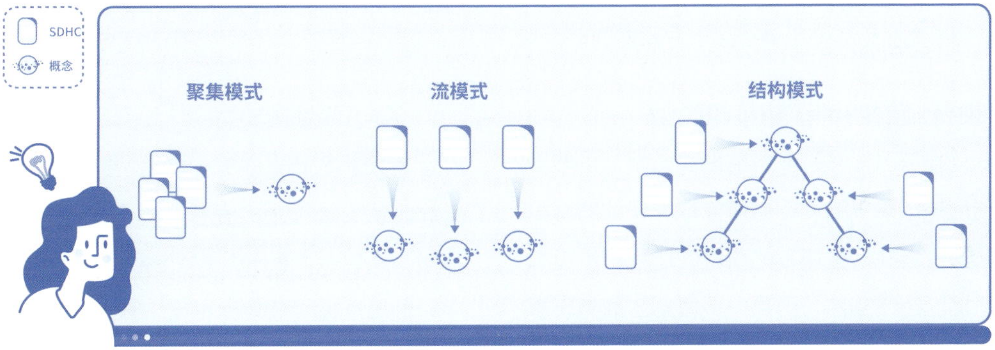

图 4-17　服务设计启发式卡片组合使用的模式

则在说下限，让你开始思考这个信息的度应该是什么样的，哪些可以告诉客户，而哪些需要隐藏”。第二种类型和第三种类型分别为流模式和结构模式，这两种模式揭示了启发式的流程顺序关系和层级结构关系。例如，参与者将“塑造仪式感”“让隐形的服务被看到”“让客户提前感知”进行组合，构想了一个“以‘星球’为视觉意象的 App 接触点，并设计 App 能够读取客户的使用数据来制作成饼状图，让用户知道自己在产品中的收获。并且，在 App 的使用过程中，客户的时间消耗被具象化地展示”。这暗示了启发式卡片之间可能存在一些内在的联系。这种内在的联系似乎并不容易被确定，随着设计问题和服务场景的转移，某些关系可能会被打破又重组。虽然这些映射关系并不稳定，但正因如此，SDHC 的使用灵活性也大大增加。在后续章节中，我们将更深入地讨论 SDHC 内部启发式的关联类型。

三、设计师的四种认知策略类型和 SDHC 的三种使用情境

设计启发式作为一种与上下文相关的指令工具，在特定的设计问题中才适用。它通过向系统引入一种有意的变化来产生设计方案，因此使用哪种启发式很大程度上取决于当前问题的上下文。选择合适的认知策略类型和使用情境是十分重要的。

1. 设计师的四种认知策略类型

解决问题并产生多种多样的解决方案（可能导致新的创造性结果）的过程通常被称为设计的构思阶段。这一过程并不是简单的线性的过程，也没有明显的严格的活动顺序，而是一个概念生成与反思往复发生（在生成中筛选舍弃，又有新的生成），进而不断缩小解决方案空间，直到最终输出方案的过程。已开展的许多研究都证实了这一观点，例如斯图尔特 · 普尤（Stuart Pugh）指出，设计过程是规律性地在概念生成和评估中往复进阶以获得令人满意的设计结果的过程；贝拉 · H. 巴纳锡（Bela H. Banathy）则认为，设计过程的本质是不断迭代；奈杰尔 · 克罗斯将整个设计过程描述为在持续交替的发散和收敛中逐渐聚拢为单个解决方案；双钻模型则定义了发现、定义、发展和交付四个阶段的设计过程模型，以展示思维的发散与收敛。而在这些“发散—收敛”的循环往复过程中，设计师呈现出不同的策略。科琳娜 · 克鲁格（Corinne Kruger）和奈杰尔 · 克罗斯的研究主要关注设计师在设计过程中使用的不同认知策略。他们通过分析设计师的工作方法和思维模式，总结出以下四种策略类型：问题驱动型（problem-driven）、解决方案驱动型（solution-driven）、信息驱动型（information-driven）和知识驱动型（knowledge-driven）（图 4-18）。

（1）问题驱动型

在这种策略类型下，设计人员致力于定义问题，主要收集与需求和约束有直接关系的信息，聚焦于解决一个特定问题或一组问题。这种方法通常开始于对问题的深入分析和理解，然后基于这个理解寻找解决方案。问题驱动型设计师常常通过识别和明确问题来界定他们的设计范围，并可能在解决问题的过程中持续地对问题重新进行定义和调整。

（2）解决方案驱动型

解决方案驱动型的设计师重点在于产生各种各样的解决方案，但设计问题仍然可能模糊不清。并且仅当某些解决方案需要信息时，设计师才会收集

图 4-18　设计师的四种认知策略类型

有关主题的十分具体的信息。这种类型的设计师通常从一个或多个可能的解决方案出发，然后试图找出哪个解决方案最适合解决问题。这种策略更多地关注解决方案本身，而不是问题。设计师可能有一个或多个现成的解决方案或想法，并通过不断迭代和测试来验证这些方案的有效性。

（3）信息驱动型

信息驱动型的设计师会耗费大量时间阅读设计任务与收集信息。类似问题驱动型的设计师，这类设计师尝试尽可能严格地定义设计问题，同时也致力于信息的收集。这种策略类型的设计师重视收集、分析和使用更全面的信息。他们通常在开始设计之前会进行广泛的研究，包括市场调查、用户访谈、竞品分析等，以获取尽可能多的信息。设计的各个方面都是基于这些详细的信息来决定的。信息驱动型设计师相信足够的信息可以形成更好的设计决策。

（4）知识驱动型

知识驱动型设计师会将他们已经拥有的知识作为操作的基础。在解构设计问题时，设计师需要将已有知识与相关类似问题的知识进行比较。只有当这种知识有缺漏时，设计师才选择收集新信息。他们可能没有收集大量新的信息，但会运用自己已经拥有的知识和经验来解决问题或创建解决方案。这种策略通常用于设计师非常熟悉的领域，或者在时间和资源有限的情况下使用。

同时，科琳娜·克鲁格和奈杰尔·克罗斯的研究指出了问题驱动型策略对于产生高质量、高创造力的解决方案最有利。采用解决方案驱动型策略的设计师虽然具有较高的创造力得分，但在方案质量上得分较低。这一结论表明了在设计前期清晰明确地定义问题的重要性。并且，研究结果进一步显示，问题驱动型设计师并不会产生更少的解决方案，这与设计师同时探索问题与方案的空间的观点相吻合。

通过回顾关于设计概念衍生的过程与设计师思维模式的文献，可以得出以下结论：概念衍生过程是设计师在发散思维与收敛思维的不断交织中推进解决方案生成的过程。其中，问题驱动型策略能够支持设计师较好地产出令人满意的解决方案。这为本书所研究开发工具的应用方式探索和后续工具策略的拓展提供了强有力的理论支撑。

2. SDHC 的三种使用情境

前文的分析已经指出 SDHC 的高效使用依赖使用者对于使用情境的识别，即寻找到一个明确的情境来应用服务设计启发式。因此，基于前文的一系列研究结果，我们提出了以下三种 SDHC 使用情境的确定方法，并提供了对应的可以引导讨论的材料示例。

（1）以问题与目标为导向

以问题与目标为导向的使用方法是以问题驱动（problem-driven）的设计策略和目标驱动（goal-driven）方法为支撑而提出的。在设计过程中，本质上设计问题与设计目标是相互转化的关系。以问题与目标为导向的使用方法指导使用者首先识别需要解决的设计问题或需要达成的设计目标，鼓励使用者将问题与目标不断拆解和细化，然后以某一个具体的问题或目标为基点，接着使用启发式进行试探。在试探过程中，使用者通过判断每个服务设计启发式对解决问题或达成目标的有效性来筛选出可用的启发式，并产生想法（图 4-19）。

（2）基于利益相关者需求

基于利益相关者需求的方法是在服务设计的原则之一——共同创造（co-creative）的基础上

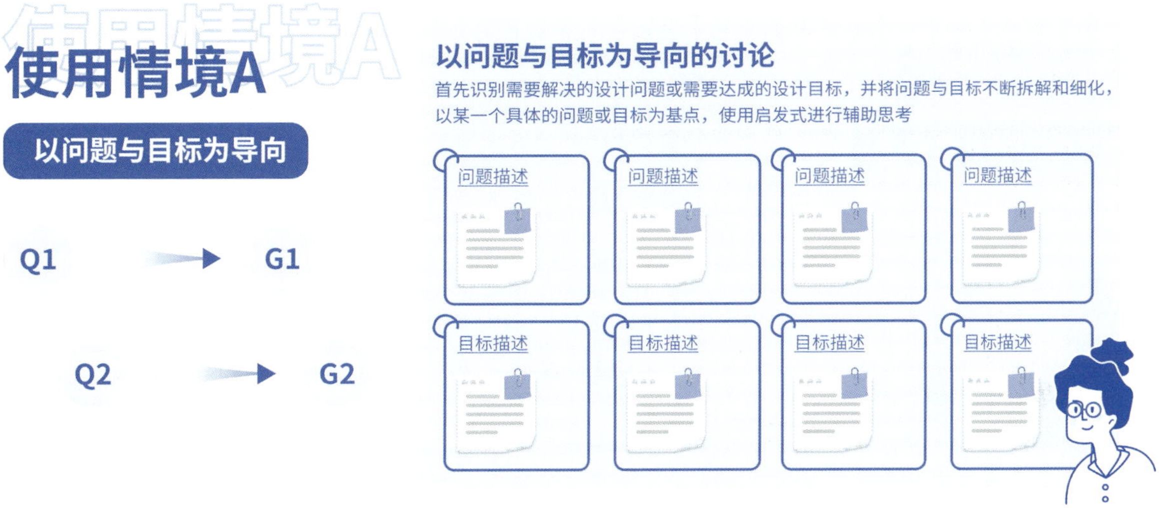

图 4-19　以问题与目标为导向的讨论模式

提出的。一个服务中，常常会存在多个利益相关者。共同创造正是指向了服务设计应当考虑不同利益相关者的需求，来实现共赢、平衡局面的目标。因此，基于利益相关者需求的方法是以各个利益相关方的利益为约束，来判断一个服务设计启发式是否会提升或损害相应的利益（图 4-20）。在实际操作中，主要有两种实现方式。一种是协同设计（co-design），即邀请主要的利益相关者共同使用启发式来构思概念。这种方式适用于有充分条件和众多利益相关者共同参与的情况。另一种方式是基于利益相关者的角色扮演。在对利益相关者进行充分了解的基础上，设计师（团队）可以分饰不同的利益相关者角色，站在所扮演角色的视角来考虑启发式的可用性。

（3）流程视角下的服务流构建

流程视角下的服务流构建的方法是以服务流程为使用情境提出的，并将服务流程中的不同环节视为 SDHC 的作用点。一个服务流是多个服务活动的合集，具有一定的顺序性与关联性。使用 SDHC 在流程视角下构建服务流，聚焦于指导使用者更多地关注服务的全局、客户的旅程，而不是单个接触点。同时，在这一过程中，使用者需要更主动地去构建 SDHC 与其产生的概念之间的关联（图 4-21）。

总而言之，以上提供的适用于服务设计启发式的三种使用情境各有特点。以问题与目标为导向保

使用情境B

基于利益相关者需求

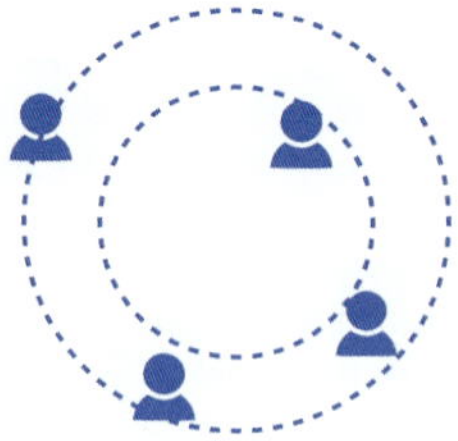

基于利益相关者需求的讨论

一个服务中，常常会存在多个利益相关者，服务设计应当考虑不同利益相关者的需求，来实现共赢、平衡的局面。可以采取利益相关者角色扮演的方式，站在所扮演角色的视角来思考和使用卡片

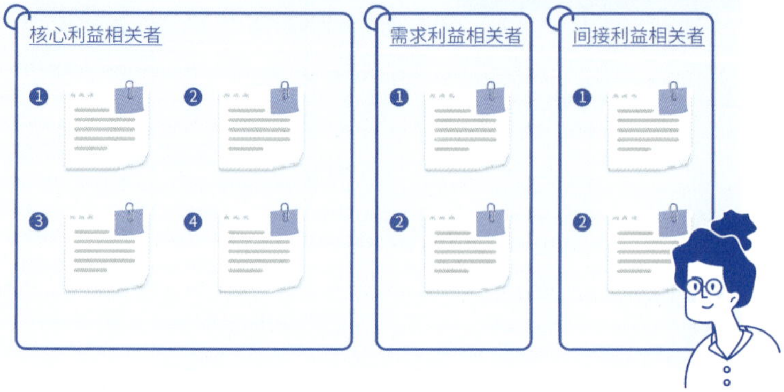

图 4-20　基于利益相关者需求的讨论模式

使用情境C

流程视角下的服务流建构

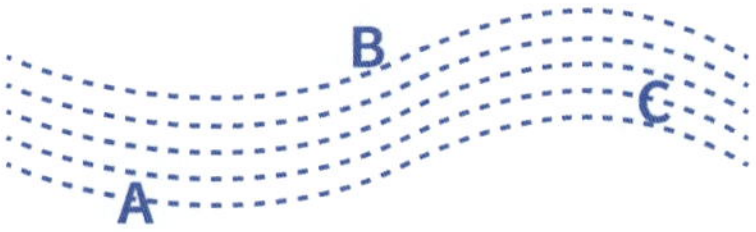

围绕服务流构建的讨论

完整的服务流程包含不同的时间节点和对应的环节。服务流是多个服务活动的合集，具有一定的顺序性与关联性。在流程视角下构建服务流需要更多地关注服务全局、客户的整个旅程和接触点，思考卡片适用于服务的哪个阶段

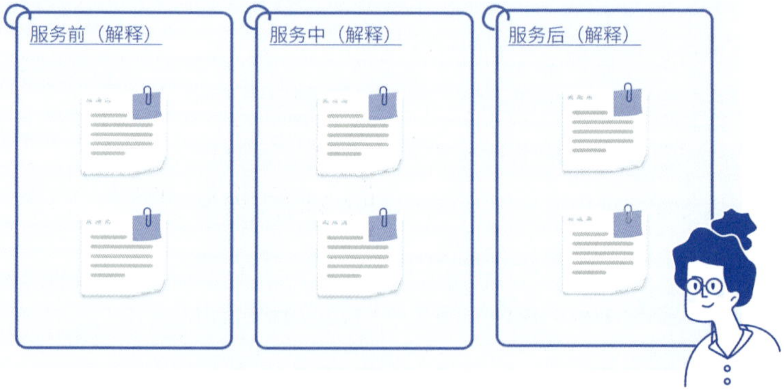

图 4-21　流程视角下的服务流构建的讨论模式

证了概念衍生的过程精准地围绕一个或多个特定问题，或者达成一个明确的目标；基于利益相关者需求的方法保证了服务涉及的多种不同的需求和期望都能够被完整地考虑；流程视角下的服务流构建关注到了流程的每一个环节，确保它们都能高效地支持整体的服务系统。我们建议使用者按照项目侧重点、所涉及的利益相关者、当前的流程以及方案的特点等多个因素进行合理的策略选择和使用。选择合适的方法不仅能提高服务设计的质量，还能确保更有效地利用时间和启发式资源。当然，我们也乐于见到更多大胆的尝试和创新出现，拓展 SDHC 更多使用情境的可能性。

四、服务设计启发式的组合使用类型

在前几章中，我们已经涉及了服务设计启发式的基础元素、应用时机和前期准备工作，以及如何在概念衍生过程中更好地发挥其作用。随着对这些启发式方法的日益熟悉，在逐步深入的使用过程中我们也发现，当启发式策略或方法以恰当的组合形式出现时，往往能够激发出更多新颖的想法。接下来我们将解锁启发式组合的巨大潜能，通过开展研究的一系列发现和具体案例，深入探讨如何有效地组合不同的启发式方法，以迎接更为复杂或特殊的设计挑战。

正如上文所提到的，设计启发式是由特定的案例所决定的，这导致了每个启发式在特异性和目的上各不相同。在实际使用中我们发现，SDHC 的内部可能存在具体的关联，这些映射关系并不唯一，随着设计问题和服务场景的转移，某些映射关系可能会发生改变。这样的好处在于不同的 SDHC 可以组合使用，并根据组合的特定效果，用于达成不同的目的。组合的方式扩大了 SDHC 应用上的灵活性，增加了概念衍生的可能。于是在本书研究中，我们尝试总结并解释三种 SDHC 的拓展组合使用类型。

研究团队对实际使用过程中多个小组的卡片使用情况，包括被使用的卡片序号、使用方式、产生的想法、产生的作用、使用时长等进行了详细的整理和分类。表 4-1 展示了整理过程中的数据示例。除常见的单张卡片使用情况之外，每个小组均自发生成了卡片的组合使用形式。

我们结合德尔菲研究的专家反馈和 SDHC 的性质及其特点，以及对设计师自发使用的 SDHC 组合的分析，尝试概括几类常见的卡片组合的作用。这些卡片组合往往被用于以下内容：构建具有时序性的服务流程；共同启发了某个新的想法；存在着一定限制关系被格外作为把控尺度的警示。

根据组合使用的情况分析被组合使用的卡片内容，我们提取了组合卡片之间的映射关系，最终总结了三种启发式的组合类型——制约型、互补型、

表 4-1　小组卡片使用数据示例

使用方式	卡片编号	产生的想法及关键词
单张使用	98	富余的通话时间、流量可兑换虚拟材料
组合使用	43、79、23	收集、兑换、完成任务、游戏化、获得奖励、实现社会价值
组合使用	05、81	实现自我价值、品牌形象和影响力
组合使用	56、16	接触并参与服务、情境、互动
组合使用	47、55、22、52	年度报告、信息可视化、帮助用户了解回忆中的自己
单张使用	15	面向服务的提供者、人性化
单张使用	59	让服务的提供者幸福、幸福的传递、更好的服务
单张使用	48	加强与家人和朋友的联系
单张使用	24	促进不同家庭之间的交流
组合使用	73、80	用户自主记录
组合使用	35、68	用户之间建立亲近感、乐于分享、行为触发
组合使用	87、63	共享、弥补服务的缺陷、情感联系、讲故事
单张使用	84	为用户设定目标、记录 / 回忆 / 分享、最终成就
组合使用	21、88、57	老人（书信）、中年人（BP 机）、青年（OICQ）
组合使用	66、92、78、76	透明开放的服务流程、信任感、满意度
单张使用	72	保留客户信息，提升用户忠诚度、黏性

续表

使用方式	卡片编号	产生的想法及关键词
单张使用	39	“PK”、荣誉称号
单张使用	02	借鉴小游戏的经典元素
单张使用	36	鼓励用户分享套餐选取攻略
单张使用	58	试用体验

促成型（表4-2）。

制约型指两个启发式在内涵上相互对立，指向不同的设计方向。这种组合类型更倾向于引导设计师进行反思活动，从对立的两个视角考虑概念的可行性，进而促进方案在复杂情境下实现平衡（图4-22）。例如同时使用“把控信息量与信息尺度”与“展示潜在信息”，往往促使设计师反思对信息展示程度的权衡。

互补型指两个启发式可以相互补充和促进，共同构成服务系统中的某一功能或服务流。这种组合类型通常发生在相同类型的启发式之间（“目标—目标”或“指南—指南”）。设计师通过这种组合于所锚定的设计问题和相应服务场景中构建关联（图4-23）。例如使用者通过组合使用互补型的“加入奖励机制”与“服务纪念”两个启发式卡片，来帮助构思更为完整的概念，避免遗漏其中的关键环节。

表4-2　启发式的组合类型

组合类型	组合关系	示例
制约型	指两个启发式在内涵上相互对立，指向不同的设计方向	20. 把控信息量与信息尺度 67. 展示潜在信息
互补型	指两个启发式可以相互补充和促进，共同构成服务系统中的某一功能或服务流	79. 加入奖励机制 47. 服务纪念
促成型	指两个启发式互为“达成目的”与“实现手段”的映射关系	70. 提供个性化服务 72. 记录客户信息

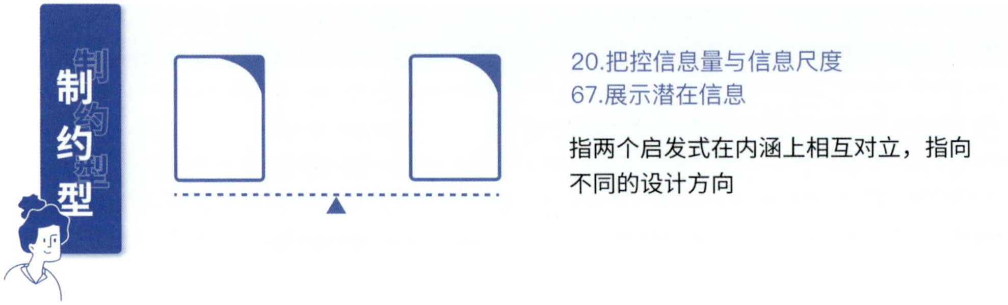

图 4-22　制约型服务设计启发式组合

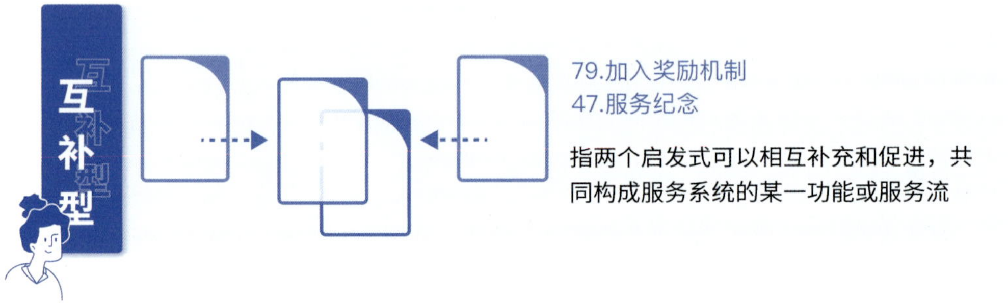

图 4-23　互补型服务设计启发式组合

而促成型的两个启发式互为“达成目的”与“实现手段”的映射关系，一项指向目标的启发式或许可以在不同的设计情境下找到多个指向实现手段的启发式作为解决方案，而这同样也会衍生出整合、评估、平衡等设计活动（图 4-24）。例如启发式“提供个性化服务”与启发式“记录客户信息”分别属于目标型启发式与指南型启发式，使用者常将两者进行配对从而衍生概念。

根据不同的组合类型，启发式本身也可以开发不一样的使用方法，帮助新手更好地利用卡片，并增添讨论过程的趣味性。这些不同的组合策略也带来了多样的使用方法和教学模式。当然，组合模式的应用并不是一成不变或者唯一的，它需要设计师根据具体的设计问题和目标，灵活地调整和组合。我们的目的并非为新手设计师提供规范的工具和模板，而是为了更好地教他们如何“玩转”这些工具，且能根据实际的使用场景、设计项目和需求作出适应性的改变和调整，创造出真正有效、高效的个性化使用形式。

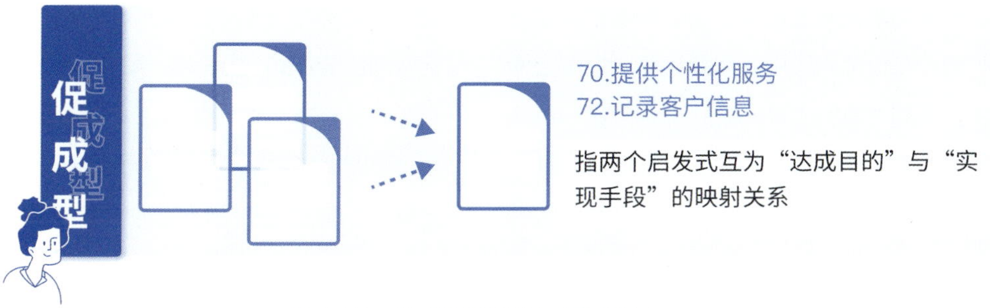

图 4-24　促成型服务设计启发式组合

第三节　使用 SDHC 进行评估、审查和优化

在服务设计的旅程中，设计的实施并不是终点，而是一个循环过程的开始。确保服务体验持续优化和改进是至关重要的，这也是本节要探讨的主题。服务设计启发式不仅是一个生成新概念和解决方案的工具，同样具备参与现有服务质量评估、审查执行情况和指导优化的潜力。

我们将探讨服务设计启发式中存在的多样刺激类型。这些刺激有助于从不同角度反思服务设计是否满足了用户的需求，是否达到了设定的目标等。这一点尤其重要，因为服务设计是一个多维度、跨学科的领域，一个完善的评估体系需要包括多种不同类型的指标。启发式工具同样能以恰当的方式介入服务质量的评估和优化过程中，将设计调研过程和解决方案合理地匹配起来。基于服务质量评估的启发式优化设计方法将是我们讨论的另一个核心话题。通过量化和定性的分析方式，我们能更精确地掌握服务的不足之处。这样，启发式不仅可以作为设计阶段的指导原则，也能作用到设计的评估和优化阶段。

一、启发式存在的多样刺激类型

在设计和创意中，创作过程往往以一种模糊且混乱的方式发生。设计思维的相关理论认为设计是分析、综合、评价和交流的永恒循环，以实现从抽象的思想和想法到具体的模型、产品和服务的迭代。设计漏斗理论将设计过程描述为通过不断的发散和收敛来实现概念的选择；英国设计委员会提出的双钻模型认为设计过程包括发现、定义、发展和交付四个阶段 吉斯·多斯特（Kes Dorst）和 奈杰尔·克罗斯通过一系列协议研究证实，创造性设计涉及一个探索阶段，在这个阶段中，问题和解决方案空间不断演化，直到（暂时）被一个“识别问题—解决方案”配对的紧急桥梁固定为止。结合以上设计思维模型的研究内容以及 SDHC 在实践过程中的特征，我们判断 SDHC 会对解决方案空间和设计问题空间都造成影响，并且存在发散和收敛两个方面的刺激作用。在不同的使用视角下，SDHC 不仅能够启发生成更多的设计概念，还能够引起使用者对设计问题的发现与反思。

设计启发式通过现成的知识以支持类比推理的方式为新手进行概念构思提供大量的“思想种子”。我们归纳了 SDHC 的四类刺激方向：启发解决域、启发问题域、反思解决域、反思问题域（表 4-3）。刺激启发解决域时，由于 SDHC 直接提供了可行、可借鉴的解决策略，使用者可以基于 SDHC 直接生成概念。刺激启发问题域时，SDHC 往往指示了需要关注的内容（之前未深入思考的用户需求、问题、现象、触点、视角等），于是使用者首先找寻信息，然后根据信息定义了新的设计问题，最后基于设计问题产生概念。当 SDHC 提示了某种设计标准、原则时，往往会刺激反思解决域，使用者会审查所设计的方案或者目前的服务是否达到这些标准，在未达到标准的情况下，进一步产生概念或找寻信息，

表 4-3　SDHC 的刺激类型及示例

刺激类型	定义	示例
启发解决域	SDHC 提供了可行、可借鉴的解决策略，使用者基于策略直接生成概念	“建立反馈机制”启发产生了两个想法：①在服务前的邀请短信中添加 AI 的留言来体现 AI 的友好；②在服务过程中，AI 受到人类暴力时展现痛苦等反应
启发问题域	SDHC 指示了需要关注的内容，使用者通过找寻相关信息来挖掘新的设计问题	“减去多余与消极”让使用者意识到需要关注当前场景下客户有哪些消极问题，通过找寻信息，最终挖掘了“在书籍连载（服务）等待过程中客户焦虑”的设计问题
反思解决域	SDHC 提示了某种设计标准、原则、限制，使用者审查所设计的方案或者目前的服务是否达到了标准	“把控信息量与信息尺度”让使用者思考目前的解决方案中是否展示了太多的信息，反思哪些信息被客户看到容易引发不安情绪
反思问题域	SDHC 潜在地指出了某种之前未考虑到的内容，使用者反思当前设计问题的全面性和准确性	“建立监督－惩罚机制”让使用者思考在方案中是否需要这类机制，从而意识到“基因编辑”中可能存在的犯罪行为，进一步提出了“政府或许应当构建监督－惩罚机制来有效避免犯罪和维护公平”的要求

得到设计需求。有的 SDHC 也潜在地指出了某种之前未考虑到的客户需求，进而刺激了反思问题域，使用者反思设计问题的全面性和准确性，进而重新定义或优化问题，最后产生概念或找寻信息。

整体数据显示，启发解决域（48.9%）在使用过程中最为常见，其次是反思解决域（24.4%）与启发问题域（21.4%），反思问题域（5.3%）在使用过程中出现的频率最低。实践证明，擅长用 SDHC 探索设计问题空间的小组，可以生成更有益的设计方案，并有效避免 SDHC 使用过程中问题空间与解决方案空间的脱节。虽然启发式的刺激作用会受到设计情境以及使用者的背景、思维模式和学习风格等因素的影响而产生变化，但在实践过程中，部分启发式卡片仍表现出较显著的刺激倾向。例如 13 号启发式“平衡多方利益”以及 28 号启发式“明确服务范畴 / 边界”在使用过程中展现了较强的反思解决域刺激倾向。76 号启发式“降低服务不确定性”让使用者可以关注到目前设计场景中的不确定要素，引发相关的信息搜索，进而启发设计问题。部分启发式还额外具有转换使用者讨论视角的作用，例如 10 号启发式“关注非目标客户”和 15 号启发式“帮员工建立同理心”。

某些启发式在使用过程中只呈现出一种类型的刺激，我们将其归为单一刺激类型，这类卡片在引发某一种类型的刺激时程度较为强烈。而另一些启发式，在不同的设计主题下和不同参与者使用时，表现出多重的刺激属性，这类卡片的刺激可能性并不唯一，受到设计情境、讨论模式、参与者经验和思维风格的影响，呈现更加多元的变化。我们将使用过程中常见的 SDHC 刺激偏好进行了整理（表 4-4），设计师可以根据实际使用过程中的阶段和需求，进行有目的的选择和倾向性的思考。

每个启发式都提供了一个转换现有概念的起点，由于启发式的性质和它们在设计过程中提供的特定转换方法，我们可以灵活应用启发式更主动地、动态地构造新的解。这也为卡片的使用方式提供了新的思路，相比于在开放的环境下随机地使用卡片产生想法，在适当的时候有意识地调整 SDHC 出现的时机，以及对外部刺激的力度和方向进行控制，可以帮助新手更好地管理两个空间。具有相同刺激倾向的卡片反复出现，有利于加强在此维度上的探索深度，而不同刺激倾向的卡片出现则意味着引入了新的元素，从而切换任务和设计空间，使焦点转移，有助于激发讨论，这对于把控设计团队的讨论过程十分有效。当然，如何针对特定的问题调控不同刺激属性的卡片出现，根据上下文发挥每张启发式卡片的最大效用，并提供在可能的设计空间中的导航，还需要根据设计师的使用经验和习惯进行适当的主观调整。

表 4-4　SDHC 的刺激偏好总结

类型	刺激偏好	SDHC
单一	启发方案	01. 利用熟悉的人 / 事 / 物 ;02. 加入趣味元素； 04. 添加自然元素 ;26. 数据驱动服务变化
单一	启发问题	09. 关注服务前后的客户需求和行为 ;30. 转移消极注意力； 76. 降低服务不确定性 ;65. 设计铺垫
单一	反思方案	13. 平衡多方利益 ;80. 自我服务； 28. 明确服务范畴 / 边界 ;68. 为客户提供行为触发点
单一	反思问题	10. 关注非目标客户 ;59. 首先让服务提供者幸福
多重	反思问题 启发方案	90. 沉没成本 ;07. 关注客户的动态需求； 32. 分流客户 ;12. 权衡标准化与人性化
多重	反思方案 启发方案	67. 展示潜在信息 ;20. 把控信息量与信息尺度； 16. 变传递为参与
多重	反思方案 启发方案	11. 服务流程自动化 ;66. 让隐形的服务被看到； 60. 非目标场景迁移 ;31. 多元化接触点

二、基于服务质量评估的启发式优化迭代方法

在设计过程中，如果能将服务接受者的需求最大化地考虑进设计创造的过程，那么最终呈现的结果将更符合用户的期望，这要求服务设计师准确地理解用户痛点并将其转化为设计元素应用于服务中。以上恰恰也是服务设计教学的一个薄弱环节：缺乏支持设计调研的有效指导方法。这导致了初学者在参与服务实践的过程中往往以直觉和经验引导设计结果，概念衍生过程与问题探索阶段的脱节进一步造成了设计产出与问题之间缺乏联系。企业中的体验迭代往往从评估现存问题开始，逐步解决问题，再发现问题，最终形成闭环。高校的设计课堂同样需要为学生提供相似的经验，以保证其在参与工作前了解实际的设计流程。

服务质量的概念源于有形产品质量的概念，被克里斯蒂安 · 格罗鲁斯（Christian Grönroos）界定为用户对预期的服务和感受到的服务之间差异的感知。基于服务质量差距模型和被广泛认可的 SERVQUAL 方法，我们改良了量表维度使其适用于设计领域、更易上手并利于新手针对设计主题进行修改以开展服务质量评估。我们额外关注了评估

维度和问项与 SDHC 所提供的专家策略的映射关系，这些关系可以成为贯穿调研分析、问题发现和概念衍生过程的纽带，有效地串联服务质量评估结果和启发式策略，通过较强的对应性帮助新手生成有效的服务改进决策。

我们在一次“服务设计与商业模式”课堂中教授了将启发式与在线服务质量评估相结合的设计迭代方法，并对教学模式进行了统一的更新（图 4-25），辐射到设计流程的评估、调研、探索、创造、反思等多个阶段，形成了有序指导的体系化的教学内容与流程。

首先，基于围绕服务质量评估的研究，我们开发了一套指导评估用户在线感知服务质量的工具表 4-5），目的在于帮助使用者根据各自的设计领域和需求生成具有针对性的评估量表，为产出结构化的服务质量评估问题提供多级指标和维度解释，并给出相应的内容示例。使用者需要利用工具提供的内容（普适性），有针对性地提出围绕自己设计主题的问项（特异性），评估问项，再进行样本调查和数据的统计分析。

初始的测量工具涉及四个大的板块：安全性、可用性、移情性、补救性。安全性指的是用户感知到服务系统不受入侵和个人信息受到保护的程度，以及规避风险并采取措施的能力；可用性指的是服务系统在进行人机交互的过程中对用户的友好程度，以及用户在特定的环境中达成特定目标的有效、高效以及直观程度；移情性指的是给予用户友好的关心和个性化的服务，让每个用户感到自己的特殊性和被重视程度，以及在了解和满足用户实际需要方面的努力程度；补救性指的是针对服务系统中可能导致服务失误或已发生失误的任一环节所采取的特殊措施的能力。在开发过程中，我们是从宏观的角度出发的，因此工具本身在针对具体的行业时，各项指标内容可能并不全面和具有针对性，使用者可以根据自己的调研结果增添新的指标或者删减觉得不适配的指标。同时，对应的示例也仅仅代表二级指标下举例说明的部分评估内容，而非全集，设计师需要根据自己的实际情况作出调整。

图 4-25　SDHC 与在线服务质量评估相结合的教学模式

表 4-5　用户感知的服务质量评估测量工具

一级指标	维度解释	二级指标	问项示例
安全性	用户感知到服务系统不受入侵和个人信息受到保护的程度，以及规避风险并采取措施的能力	隐私性	对用户的个人及关联账户信息进行保护
			防止使用时用户行为信息、浏览轨迹、地理位置泄露
		系统安全性	对安全系统进行更新与维护
			有效阻挡病毒的攻击和入侵
			系统主动地查找，积极发现和处理潜在隐患
			系统维护在线交易和账户安全
		感知安全性	对在线交易流程进行全面的验证
			感受到足够严密的系统安全防护
			在服务平台提供账号密码时感到安全放心
		提示性	对使用业务存在的风险进行提示
			提醒用户关于其权益的事宜
		规避性	感知风险后阻止用户继续操作
可用性	服务系统在进行人机交互的过程中对用户的友好程度，以及用户在特定的环境中达成特定目标的有效、高效以及直观程度	功能性	服务平台的功能可以达成用户的所有目标
			服务平台具有用户期望之外的创新功能
		易学性	功能操作符合用户的使用习惯
			用户容易掌握平台各个功能的操作
		易操作性	交易的操作过程简单顺畅，易于理解
			帮助和提示操作的信息全面具体
		高效性	信息组织良好，服务、数字资源等相关度高的信息分类合理
			导航清晰，用户可以迅速定位需要的产品或服务

续表

一级指标	维度解释	二级指标	问项示例
可用性	服务系统在进行人机交互的过程中对用户的友好程度，以及用户在特定的环境中达成特定目标的有效、高效以及直观程度	有形性	展示潜在的信息，例如服务的进度
			有良好的应用形象，页面具有视觉吸引力，给人深刻的印象
		规范性	服务平台用语、功能、操作保持统一
			服务平台界面符合设计规范
移情性	给予用户友好的关心和个性化的服务，让每个用户感到自己的特殊性和被重视程度，以及在了解和满足用户实际需要方面的努力程度	关怀性	用户感受到来自服务的特殊关心，如节日慰问、生日祝贺等
			提供分析与指南，帮助用户快速上手
		个性化	针对不同用户需求，提供个性化的服务或回应
			记录用户个人习惯，帮助用户了解自己
			为用户提供个性化的智能推荐服务
		增值性	进行适当且丰富的宣传营销和优惠活动
			拓展延伸多样的使用场景
		情感化	在服务过程中帮助用户实现自我价值
			服务让用户感到有归属感、成就感
		适应性	主动感知用户的使用偏好并作出适应性调整
			支持用户在设置方面进行自主选择
补救性	针对服务系统中可能导致服务失误或已发生失误的任一环节所采取的特殊措施的能力，不仅包括对失误的实时弥补，也涵盖对服务补救需求的事前预测与控制，以及对客户抱怨和投诉的处理	前瞻性	预先将服务失败的可能原因等信息传递给用户
			为常见的误操作提供补救的机会
		主动性	提供畅通的全天候求助和建议渠道
			鼓励用户抱怨并反馈服务问题，以改进服务

续表

一级指标	维度解释	二级指标	问项示例
补救性	针对服务系统中可能导致服务失误或已发生失误的任一环节所采取的特殊措施的能力，不仅包括对失误的实时弥补，也涵盖对服务补救需求的事前预测与控制，以及对客户抱怨和投诉的处理	补救及时性	快速展开紧急修复工作，努力纠正服务失误
			回应积极并处理成功，平均等待时间少
			智能 / 人工客服转换与响应及时
		补偿性	为服务出现的问题提供补偿
			当服务失误产生时，提供便捷的退换途径
		补救专业性	让用户感觉舒适，规范申诉流程
			投诉渠道提供优质、专业的反馈
			咨询服务态度热情，耐心周到

我们推荐使用者采用问卷的方式进行服务质量评估，李克特量表是广泛应用于社会与行为学研究的一种测量格式，适用于态度或意见的评估。典型的李克特量表由一组测量某一个相同特质或现象的题目组成，每一个题目均有相同的重要性。每一个单一的题目，包含了一个陈述句与一套量尺。量尺由一组连续数字组成，每一个数字代表一定的程度，用以反映受测者对于该陈述句同意、赞成或不同意、反对的程度。例如，在一个传统的 5 点李克特量表中，量表数值为 1（非常不同意）、2（不同意）、3（无所谓同意或不同意）、4（同意）、5（非常同意）。数值越大，代表同意程度越高。受测者依据个人的意见或实际感受来作答，每一题的数值相加后得到该量表的总分，代表该特质的强度。为了结果统一，我们在课堂中采用 7 点李克特量表的形式。

值得注意的是：第一，评估的题目不宜过长，以精简、易于阅读为原则，测验的量表长度越长，题目的字数越多，对于受测者的负担越重。第二，题目必须适合受测者的阅读与理解能力，否则受测者可能无法以其个人的情况，或依循研究者预设的方向来回答。第三，题目必须保证受测者能够作答，受测者只能告诉我们他自身的体验感受，但不一定了解设计，不宜询问他不知道的答案。第四，询问受测者愿意提供的正确且有效的答案，对于敏感信息的询问，一定要先取得受测者的信任。第五，尽量使用正向的提问方式，避免歧义和模糊不清。在问项中避免同时出现正向和反向的提问方式，要保持统一。

在完成评估问卷的设计和收集后，获取到的问卷数据需要经过统计学的检验并符合信度 / 效度要求。我们建议将问卷结果导入 SPSS（社会科学统计软件包）进行数据挖掘和分析，使用描述性统计、方差计算、相关性分析和因子分析等方法尝试寻找与服务质量相关的评估结论，并输出统一的服务质量评估分析报告。

在此之后，需要将调研结果转换为相应的设计解决方向和机会点。在这一阶段，我们要求设计团队详细地讨论分析调研结果，并根据优先级对服务问题进行重要度排序。随后，引入服务设计启发式卡片工具，匹配对应的服务质量评估问题，用以寻找可能的设计机会和方向。我们设计了相应的画布（图 4-26），用以匹配设计转换的过程。画布包括评估维度、机会洞察和根据卡片产生的想法三个

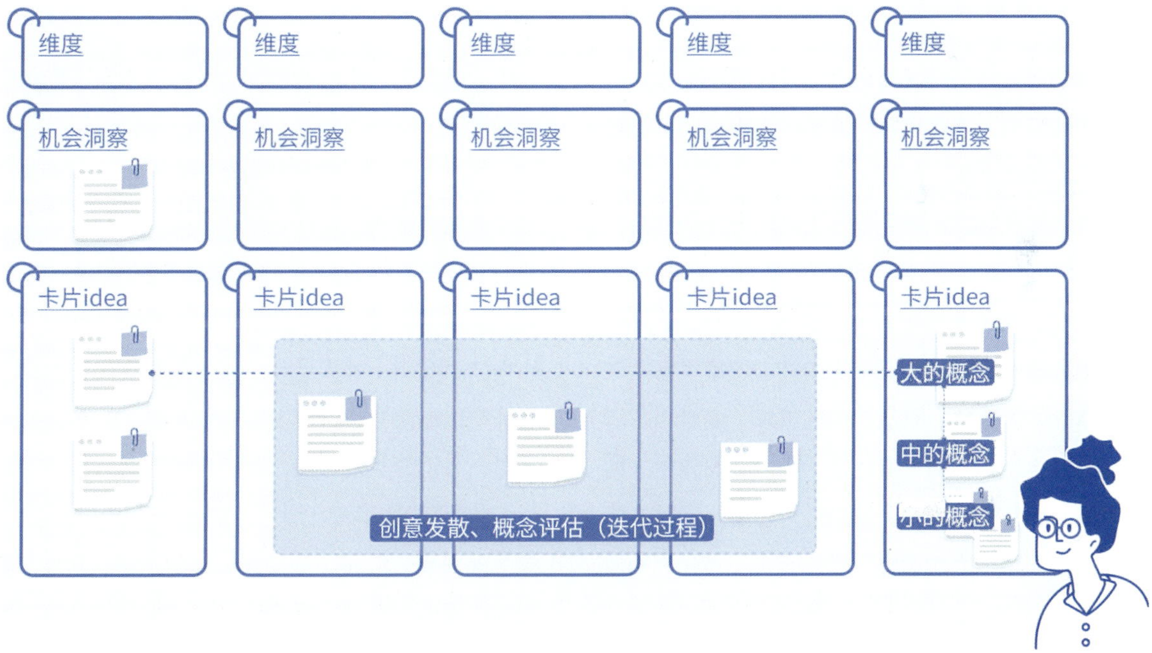

图 4-26　基于服务质量评估的 SDHC 讨论画布

部分，使用者需要从调研过程输出的服务质量问题出发，寻找相应有效的服务设计启发式工具，一一对应地找到解决方案和创新办法。

这项工作尝试将原有管理学领域中的“服务质量评估理论模型”应用到设计领域，探索了对迭代设计的概念衍生过程使用服务设计启发式具有效用的设计调研方法。在保留高灵活度的同时，引入服务质量的理论观点，用以构建结构化的启发式使用策略，有效地针对现有服务设计启发式使用过程中出现的设计空间与问题空间脱节的痛点，形成了体系化、有序化的更为完整的教学内容与流程，使原有的教学范围得到了必要的延伸和拓展。

第四节　启发式与其他服务设计工具和方法的结合

在服务设计的广阔舞台上，设计启发式作为一把锐利的宝剑，需要与盾、枪和战术等其他工具和方法配合使用才能发挥最大效能。本节将重点讨论如何将启发式与其他服务设计工具和方法相结合，从而在分析和解决服务问题时更加全面和精准。

以利益相关者地图为例，这一工具专注于不同利益相关者间的相互作用和需求。它梳理了各方在服务体验中的角色，以及他们的需求、痛点和影响力。通过绘制利益相关者地图，我们不仅能更好地理解服务体验的多维度、复杂性，还能为启发式的应用提供一个有力的语境。具体而言，当我们知道哪些利益相关者最关键，以及他们的需求和痛点在哪里，我们就可以更准确地判断哪些启发式策略最适用，以及明白如何调整这些策略以满足不同角色的需求。

换言之，启发式并不是孤立存在的解决方案，它需要在具体的语境和场景中才能发挥最大效用。把启发式与其他服务设计工具和方法相结合，能让我们从多个角度、多个层次来观察和解决问题，进而构建更完善、更人性化的服务体验。我们整理了七种可以和服务设计启发式有效配合的设计方法和工具，分别是头脑风暴、用户画像、利益相关者地图、商业画布、同理心地图、故事板、用户旅程图。接下来，我们将通过一系列实例和步骤，带你了解如何将服务设计启发式与这七种工具和方法有机地结合在一起。

一、头脑风暴（图 4–27）

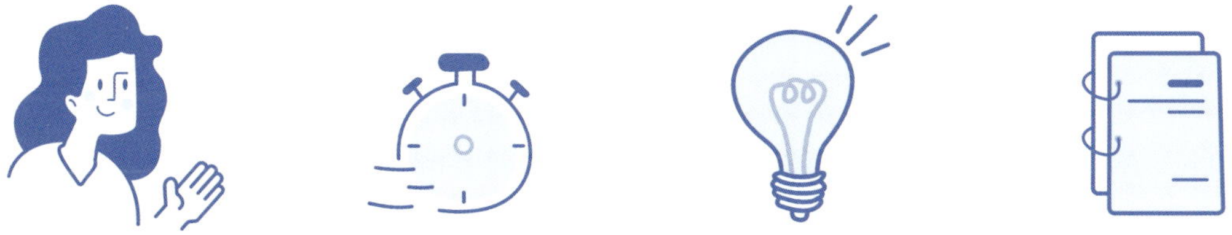

参与人员

每次参与头脑风暴的人数控制在**4~8人**为宜，可邀请跨界成员一同开展。头脑风暴的前提是**数量成就质量**，因此尽量挑选**配合度高、发散度广**的用户进行

时间要求

时间一般为**20~60分钟为佳**，可根据发散情况调整，尽量**鼓励**参与成员**高效发散**

工具特点

可适用于设计过程的**任一阶段**，所受限制较少，鼓励参与者提出的任何想法，**保证产出大量新的创意**

物料准备

- **记录工具**（摄像机、话筒等）
- **主题有关资料册**（需要提前发送给参与人员）
- **评估指南**（目前用得较多的是象限评估法）

图 4–27　头脑风暴

1. 方法介绍

头脑风暴可理解为无限制的自由讨论与联想，适用于设计过程的任一阶段，所受限制较少。参与者在使用头脑风暴的过程中，只需要根据简单的原则与程序，进行设计想法的高效发散。而这个简单的原则就是不要过早地否定任何创意，这一关键点保证了参与者在头脑风暴过程中产生许多想法的同时，也保持了高效、非评判、高度发散的模式。头脑风暴的前提是：数量成就质量。因此该方法鼓励参与者提出任何想法，允许他们暂时忽略设计要求等方面的限制，以保证最后能产出大量新的创意。基于传统的头脑风暴，还衍生出了两种新的头脑风暴模式：书写头脑风暴和绘图头脑风暴。虽然媒介不同，但它们都需要遵循不要过早否定任何创意的原则，以及数量成就质量的前提。

在进行头脑风暴的过程中，使用 SDHC 可激发创新想法的产生，使得想法更为具象。由于 SDHC 来源于实际案例，这也使得在头脑风暴中产生的想法在具有发散性和创造性的同时，更具可行性。

2. 注意要点

头脑风暴多由一组团队成员参与，人数控制在

4~8 人为宜，时间一般为 20~60 分钟，也可以设置主持人 1 名、记录员 1 名。此外，还可邀请与设计主题相关的跨界人员（将交付产品服务的用户、服务人员、管理者、提供商等）共同参与，他们拥有不同的知识基础与理论背景，可以丰富头脑风暴的视角。头脑风暴可以帮助团队成员针对某一设计主题，快速了解组内其他成员的想法与态度。在进行头脑风暴的过程中需遵循以下原则。

①延迟评判。

对别人提出的任何想法都不能否定，同时也不允许自我批判。从心理层面调动每一个参与者的积极性，防止出现一些“扼杀性语句”与“自我扼杀性语句”，让参与者充分放松，以帮助他们进入头脑风暴的状态。在一个积极的讨论氛围中，集中于想法的发散与提出，才能实现头脑风暴数量成就质量的前提。

②自由发言。

头脑风暴提倡参与者可以畅所欲言，可以表达他们的任意想法，营造积极的氛围，随意思考，任意想象，自由发散（图 4-28）。

③鼓励再次补充与改进。

鼓励参与者从其他参与者的想法中得到启示，基于其他参与者的想法进行补充与改进，提出更好的想法。

④追求数量。

依旧保持数量成就质量的前提，保证参与者高效快速地产出大量创意，而不是否定他人的想法。

⑤遵循小组利益。

参与头脑风暴的成员一律平等，不强调个人的成绩与提出想法的数量，应以小组的利益为主，理解他人的贡献，支持并鼓励每个人提出的任意想法，激发所有参与者自由发言。

图 4-28　头脑风暴过程示意

3. 如何实践 / 主要流程

步骤一：明确主题。

定义好设计的主题，并拟写一份主题相关参考情况的说明，随后挑选参与头脑风暴的人员，并制作好头脑风暴流程及时间分配的计划表。邀请参与人员时，可以考虑邀请跨界的、多角度的、多背景的参与人员。最后需要将设计题目提前发送给参与人员。参与人员需要提前阅读大量关于头脑风暴主题的资料，以保证在头脑风暴的进程中有足够的知识基础，支持自身快速高效地提出多个想法，保持高效发散。

步骤二：热脑铺垫。

提前为参与者准备热脑活动，帮助参与者打开思路、活跃思维，快速进入头脑风暴的状态。并同时发放 SDHC，发放方式任意，可每人发放一套卡片，或每组每人发放不同卡片等，并给予一定的时间让参与者快速了解手上的卡片。

步骤三：畅谈阶段。

头脑风暴正式开始，主持人写下设计主题并说明头脑风暴原则，营造一种自由活跃的氛围，帮助参与者打破思维固化。参与者从头脑风暴主题出发，自由畅想，勇于提出想法。记录员记录下参与者的每一个想法，无论大小。

在此基础上，参与者可根据手上的卡片提出与设计主题相关联的任意想法。以下提供两个参与思路：从卡片所包含的启发式内容主体或卡片背面的案例中，解析该张卡片可以用来解决什么样的设计问题；在已有设计问题的情况下，可判断卡片和设计问题之间的关联性，并参考启发式内容和卡片案例快速提炼设计问题解法。

步骤四：整理评估。

一旦生成许多创意，需要将所有创意列在一个清单里，随后需要参与者一同筛选创意。筛选创意时，需要借助一个设计标准，筛选出最有意思或最具前景的创意。目前用得较多的是象限评估法，横纵轴设定为不同的设计标准，由参与者共同来评估，将创意放置在坐标轴的不同位置，以达到筛选创意的目的，最终对所有的创意进行归类。同时，参与者可以进行深层次的思考，针对已形成的创意进行再次讨论与补充。

步骤五：聚合思维。

选出令人满意的创意或创意组合，形成方案或进行下一轮头脑风暴。

二、用户画像（图 4–29）

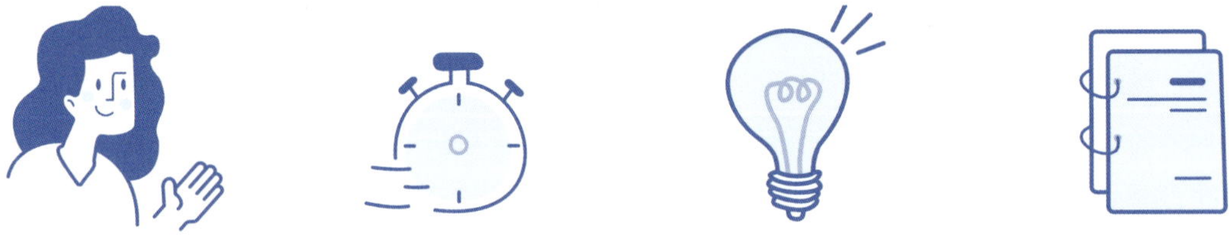

参与人员

一般需要**3~5个用户角色的资料**，以保证信息的充足性以及效率性

时间要求

时间跨度大，明确目标用户阶段需要进行大量的访谈和问卷调查等来收集用户信息。用户画像形成后需要依据不同的发展阶段**定期更新迭代**

工具特点

主要用于设计开发的**需求分析阶段**，帮助设计团队准确**定位到目标用户群体**以及**触及他们最核心的痛点**，帮助创造一个更好的用户体验模型

物料准备

- **潜在用户探寻指南**
- **目标用户群体的关键信息**（用统一的媒介记录，便于团队后期抽象化目标用户）
- **目标用户轮廓**
- **故事板**（包含用户、场景以及情节）

图 4–29　用户画像

1. 方法介绍

用户画像又称人物原型，软件开发先驱艾伦 · 库伯（Allen Cooper）与他的同事们在 20 世纪 80 年代创建了第一个用户画像。用户画像用来表达特定、现实的人物用户模型，并以此来广泛地指出新设计的需求，用于设计开发的需求分析阶段，帮助设计团队准确定位到目标用户群体以及触及他们最核心的痛点。用户画像不仅代表特定的用户，也需要集中性地体现所有目标用户群体的需求、偏好、行为等特征。

该方法最初用于单个用户模型构建，但单个用户模型无法解决用户的多样性和差异性问题，因此在之后的不断发展完善中以集体为单位的用户画像方法逐渐成为新兴趋势。较完善的用户画像一般是通过大量的定性和定量研究而创建的，在创建时要尽量避免刻板印象的影响。用户画像通常代表一群具有共同兴趣、共同行为模式的人。一个用户画像并不是一个真实的用户，而是一个虚构的用户或“假设的原型”。用户画像把抽象的用户具体化为一个个特征，当我们在设计中作一些感性的判断时，会提醒我们产品最终面对的用户日常使用状况以及其中的挑战是什么。目前的用户画像都是从情境数据中创建的人物角色，是某个人的特征、背景和故事的映射，所以每个用户画像都有着特定的用户类型特征。

SDHC 中包含与“人”或目标用户相关的卡片，如“关注非目标客户”“帮助客户了解自己”“首先让服务提供者幸福”等。以上卡片均包含与用户相关的信息，设计师可直接使用以上策略挖掘用户的需求。除此之外，还存在逆向使用 SDHC 的方法，由作为解题思路的卡片反推问题，又从问题中找寻恰当的目标人群。

2. 注意要点

在每个项目中，用户画像需要包含 3~5 个人物角色，以保证信息的充足性以及效率性。前期主要通过定性研究、用户访谈、用户观察、情境地图等方法收集目标用户（群）相关信息。基于前期工作，建立对于用户的行为方式、行为主旨等的理解，然后总结目标用户（群）的特点，并依据相似点将用户群进行分类，最终为每种类型建立一个人物原型。用户画像应遵循以下原则创建。

①寻找潜在用户。

首先应当找出潜在用户群体，可从不同领域探究，通过定性研究、用户观察、问卷调查、线上或线下用户访谈等方法进行研究。寻找潜在用户工作是奠定整个用户画像基调的前提，一定要确保团队全员参与，使目标与诉求相统一。

②瞄准目标用户。

整理从上述讨论过程中获取的数据并加以分析，团队全员参与讨论以明确方向、维度以及目标群体，尤其是确定核心问题：目标用户是哪几类群体？在用户画像的制作过程中，团队应集中精力去共创一个精确的、合适的目标用户轮廓。

③抽象化目标用户。

根据讨论研究结果进行排布，找出所有目标用户的差异，并根据不同用户之间存在差异的原因进行合理假设。之后对不同目标用户的形象进行抽象化，补充人物角色不同的属性，完善人物角色模型。

④创造合理场景。

场景与用户是不可分割的共同体，场景中的用户是场景的主角，所以在用户画像建立后需要创建合理的场景来支撑用户的使用真实性。一般使用故事板等方式将目标用户的关键使用场景具体化，团队带着目的性构建角色故事场景以及故事内容。

⑤更新迭代。

一个好的用户画像可以在用户体验研究中为团队做出贡献。最后应将完整的用户画像以及故事板打印出来，置于团队的核心视觉点，引导团队进行思考，并在后续的讨论设计过程中，依据不同的发展阶段定期更新迭代用户画像（图 4-30）。

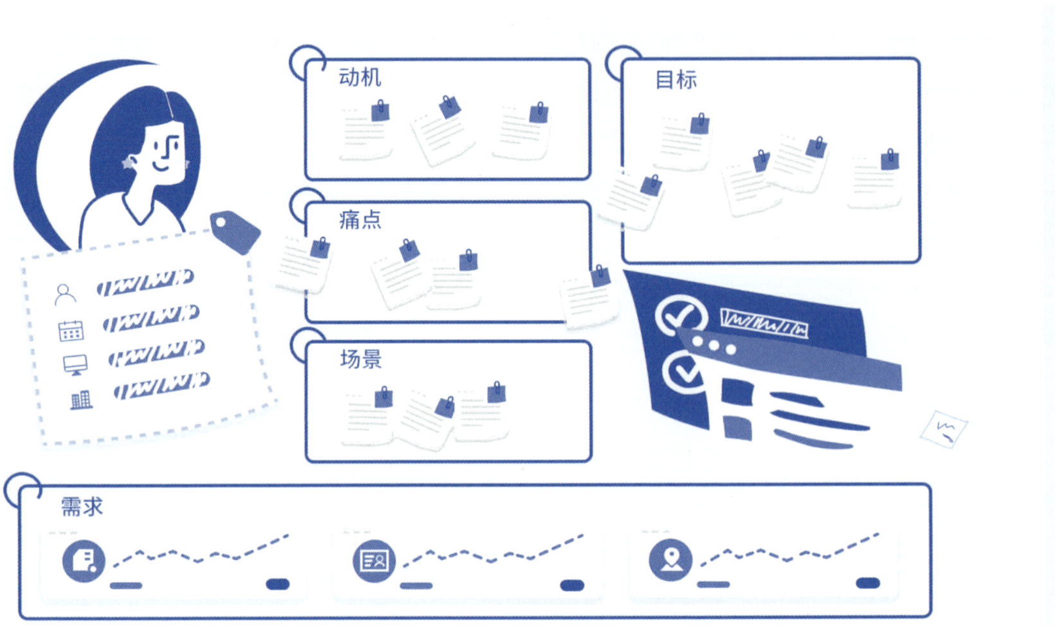

图 4-30　用户画像分析过程示意

3. 如何实践 / 主要流程

步骤一：明确目标用户。

首先通过使用流程中提到的原则明确目标用户，在寻找潜在用户阶段，目前使用最广泛的方法是问卷调查和用户访谈。问卷调查获取信息的速度更快，但信息较为抽象；用户访谈虽信息丰富，但消耗的时间是问卷调查的数倍。因此，可以使用讨论组（group discussion）的技巧将受访者分组，允许他们自由交谈关于主题的想法，并详细记录他们的话语以及想法，之后根据团队明确的方案方向来确定一个精确的、合适的目标用户轮廓。这里的用户轮廓要具备目标群体的真实的共同特征。

步骤二：原型形象化。

在筛选、聚焦了符合设计所需的用户特征，并找到共性后，接下来需要找出差异。找出所有目标用户的差异，对目标用户群体进行大致的描述及划分。大致划分后，将每个目标用户按话语、想法、行为、感觉等适当的维度总结其差异点，形成用户画像的初稿。当人物原型所代表的性格特征变得清晰时，可以将他们形象化。具体的实践流程如下。

①使用打印的关键图片、写出相关关键词、进行可视化音频或视频记录来收集大量与目标用户

（群）相关的信息，并展示收集到的关于研究角色的物品和数据。

②对收集的信息进行整理分析，筛选出最能代表目标用户（群）且最与项目相关的用户特征。根据研究数据信息来定义目标用户群和用户特征。将以上信息与 SDHC 相关联，构建用户画像雏形。

③创建 3~5 个人物角色。在创建过程中注意时不时退后一步，检查创建角色的真实性。具体创建过程如下。

a. 为每一个角色人物命名。

b. 使用同一媒介记录人物角色，如使用同样的纸张，并确保信息清晰表达。

c. 运用文字和图片表现角色及其背景信息，在此可以使用用户调研报告中的用户语录。

d. 增加角色真实性和独特性，丰富其个人信息，如年龄、教育背景、工作、家庭状况等。

e. 细化每个人物角色的主要需求和目标。

步骤三：后期完善。

建立故事板来完善用户画像，用讲故事的方式来丰富用户画像细节。基于理解用户目标以及动机的要求，团队应当围绕以下明确目标进行故事板构建：体验使用情境、发现用户问题、寻找解决方案等。构建人物故事场景应包括用户、场景以及情节，可参考 19 世纪德国剧作家古斯塔夫 · 弗赖塔格（Gustav Freytag）提出的叙述七要素：阐述（exposition）、煽动事件（inciting action）、上升的动作（rising action）、高潮（climax）、下降的动作（falling action）、决议（resolution）和结尾（ending）。

后续可将用户画像作为参考，从 SDHC 中选择相关的卡片，将两者结合起来，便可开始设计过程。根据用户画像中的信息和启发式卡片中的指导，尝试生成新的设计概念、解决方案或改进现有服务。

注意事项如下。

①每个角色应当具有其独特性，所以要引用最能反映人物角色特征的用户语录，但也要注意切勿沉浸在用户研究结果的具体细节中。

②注意用户画像的视觉化表现。有视觉吸引力的人物角色在设计过程中往往更受关注和欢迎，使用率也更高。

③注意原型抽象化。创建人物角色时可将设计师关注的焦点锁定在某一特定的目标用户群上，而非所有的用户。创建人物角色时最常见的误区是创建“理想化客户”，而不是真正在现实中需要找到的客户。

三、利益相关者地图（图 4-31）

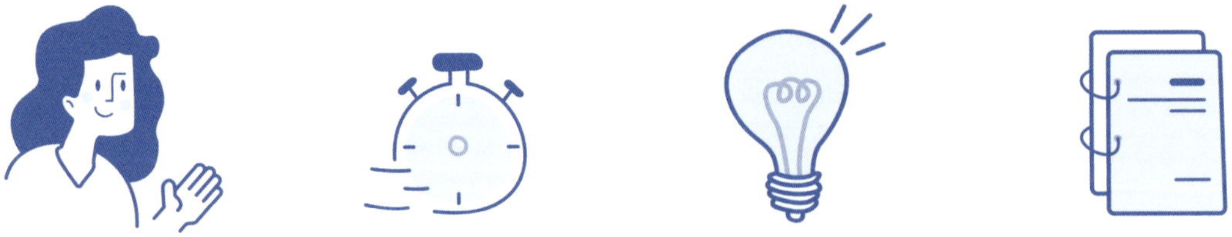

参与人员

主要参与者为**项目内部人员**，用户主要**提供相关信息**，确保利益相关者地图的真实性

时间要求

没有特定的时间要求，和**项目周期关联性强**。数据和信息有所变动时，需要及时修改利益相关者地图

工具特点

一种可视化的方法，**清晰明确地展示利益相关者之间的关系**，帮助识别存在的合作或问题，以创建新的关系链或改变已有关系来解决相关问题或创造新的机会与价值

物料准备

- **记录工具**（白板、便利贴等）
- **利益相关者排序指南**（多用同心圆的模型进行排序）
- **可视化工具**（如条件允许，最好进一步可视化，便于后续迭代、修改）

图 4-31　利益相关者地图

1. 方法介绍

在服务设计领域，利益相关者指的是会受该项目影响，或会影响该项目的个人、团体、组织。利益相关者可以是与项目有直接关系的，也可以是没有直接关系但有间接关系的，这两者都会对项目产生影响。而利益相关者地图，则是一种可视化的方法，将利益相关者之间的关系清晰明确地展示出来。同时，利益相关者地图也是一种商业工具，旨在阐明项目中的诸多角色及其关系，根据利益相关者与项目的关联性、对项目的影响力等，将利益相关者的重要层级进行排序，以找出项目中核心的某个或多个利益相关者。

总的来说，利益相关者地图有助于了解是谁参与了项目，揭示项目中不同利益相关者间存在的关系，帮助识别彼此间存在的合作或问题，以创建新的关系链或改变已有关系来解决相关问题或创造新的机会与价值。

与用户画像类似，在利益相关者地图中同样可使用 SDHC 中具有用户属性的卡片并与之直接建立关联，或通过其他无特定用户属性的卡片中包含的特征寻找与之相对应的利益相关者。

2. 注意要点

当设计师试图深入了解服务中利益相关者的目的与各方价值关系网络时，或是明确服务的流程关键点，避免突发事件对服务带来的影响时，可以使用利益相关者地图，以更明晰地获知是谁参与了服务，以及他们之间的关系（图 4-32）。

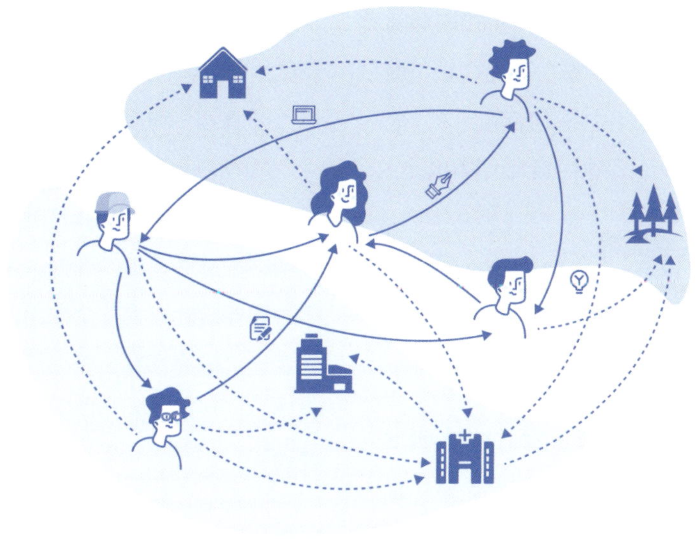

图 4-32　利益相关者地图关系网络示意

利益相关者地图不仅可以在项目前期帮助设计师清晰定义，了解不同利益相关者的关注点、诉求、期望等，还能在调研阶段全面地了解项目的内外环境。而在落地阶段，也有助于完善整个项目的逻辑关系。通过对利益相关者关系的可视化，可以清晰地获知从不同的角色中能获取哪些资源或经济支持等。常见的利益相关者主要包含如下十种角色。

①供应商：向企业销售产品，并依靠此赢利的个人或组织。

②管理层：是企业的所有者之一，有运营企业的决策权。

③投资方：外部的供应商。

④债权人：更关心企业的运营状况。

⑤社区：可以理解为一个具有共同地域、文化、利益或价值观等特征的人群集合体。

⑥组织：某一特定领域的员工组织，用于保障工资及工作条件等。

⑦员工：企业或组织的内部成员，根据不同的职责和分工，共同推动企业或组织的各项业务运转。

⑧政府机构：企业运营的主要利益相关者。

⑨顾客：企业的目标用户，购买企业产品的消费者。

⑩媒体：企业宣传或投放广告的媒体公司等。

另外，情境知识也是不可或缺的一环。了解服务所处的文化、社会和经济环境，能让你更准确地定位问题和构思解决方案，避免文化失误或者忽视重要的利益相关者。情境知识和服务对象知识共同构成了一张复杂而又细致的“地图”，在这张“地图”上，启发式方法就像是你手中的“指南针”和“放大镜”，帮助你在复杂的设计问题中找到出路和焦点。

3. 如何实践 / 主要流程

在绘制利益相关者地图时有许多模型可以使用，但都有一个较为类似的使用流程，具体步骤如下。

步骤一：聚焦分析主题。

确定分析项目的核心问题，写下利益相关者地图的核心主题。根据主题收集相关的数据，做足桌面调研、市场分析等前期工作，以保证对利益相关者的思考更加全面与具体，比如获取用户画像、用户旅程图、服务蓝图等。

步骤二：列举利益相关者名单。

列举出与分析项目有关的所有利益相关者，可进行头脑风暴，去思考一些潜在的利益相关者，以保证所列举的利益相关者尽可能全面。该阶段也可以邀请一些利益相关者参与，丰富思考的角度，以提高利益相关者列举的丰富性。可以使用列表或者便利贴来记录所列举的利益相关者名单。

从 SDHC 中挑选与设计主题相关的卡片，或从 SDHC 中筛选可能成为解决方案要素的卡片作为备选。根据卡片包含的启发式本身或案例，从中归纳或选取与设计主题相关的利益相关者。

步骤三：利益相关者分类。

按照列举出的利益相关者名单，结合分析主题及具体内容等，对利益相关者进行分类。

步骤四：利益相关者排序。

根据获取的相关数据，按照利益相关者对项目的影响力的大小，对其进行排序。多用同心圆的模型进行排序，由内到外，重要程度逐步降低。排序时需要给参与者一个排序标准，或让参与者自行商定一个排序标准。较为简单的排序方式是以用户为中心，从用户的角度去评判每个利益相关者的重要性。

步骤五：标注利益相关者。

可以将各个利益相关者的诉求或目的标注在对应的角色下，方便设计师在解决相关问题时，清晰地看出各个利益相关者的差异，以及他们能够提供的资源和帮助，以实现高效解决问题的目的。

步骤六：关系绘制。

可以在利益相关者地图上，用连线的方式标注出利益相关者之间的关系，以可视化的方式明晰项目内部角色的关系网络，甚至可以标注出利益相关者之间的价值网络，以看出利益相关者的交换价值及其目的。

步骤七：迭代。

检查利益相关者地图，观察是否缺少某些数据，可以进行补充与完善。同时，当遇到一个周期较长的项目时，随着一些信息的更改，也需要及时更新利益相关者地图。

四、商业画布（图 4-33）

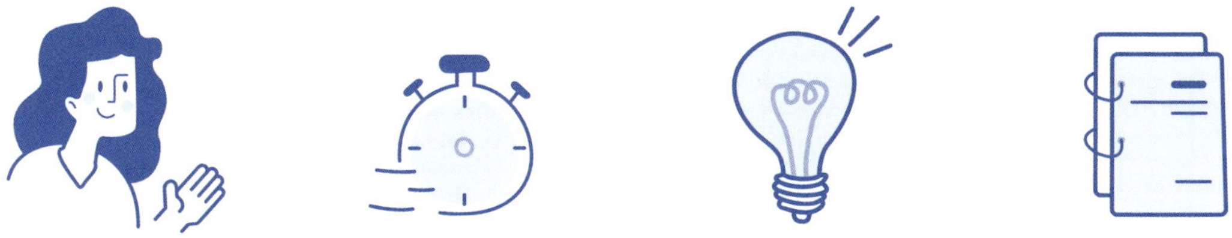

参与人员

- **每组3~5人**

商业画布的许多板块与其他服务设计工具密切相关，例如服务蓝图、利益相关者地图等，在以上工具资料的基础上，**可以减少用户参与度**

时间要求

- **45~60分钟**

时间跨度大，团队可以在商业画布中起草初步的商业模型，随后**根据发展途径**规划与推出的新商业模式，**及时迭代**新的商业画布

工具特点

- **理解目标商业模式**

用于**评估概念方案的商业模式合理性，**可应用于设计开发的各个阶段，也可以用于分析企业现有商业模式中存在的商业元素及其优劣势

物料准备

- **记录工具**（白板、便利贴等）
- **商业画布**（用不同的颜色代表不同的客户群体，便于多类用户对比）

图 4-33　商业画布

1. 方法介绍

商业画布，又称商业模式图，是用来讨论商业模式概念的一种工具图，用于评估概念方案的商业模式合理性，可应用于设计开发的各个阶段，也可以用于分析企业现有商业模式中存在的商业元素及其优劣势。商业画布由九个基本板块组成，涵盖了客户、产品、渠道、服务、成本、收入等方面（图 4-34）。商业画布有利于使用者描述和使用商业模式，可以同时制作多张，便于使用者构建新的商业模式方案与产品或服务的发展路径规划。通过商业画布将商业模式中的元素标准化，使用者可以共同创建与整理产品或服务的商业模型中的关键成分，看清有关的经济、环境等影响因素，对此进行迭代测试与调整改进。因此，商业画布可以帮助使用者对已有的概念方案进行评估与完善，同时对设计创意进行调整与规划。商业画布也为使用者提供了一个新的思考视角，帮助使用者从商业的角度来看待概念设计的合理性，并适时地进行调整。

将商业画布和设计启发式卡片配合使用，可以更好地将设计与商业模式和商业创新相结合，帮助设计师构想出符合商业目标和商业模式的创新解决方案，并促进企业或项目的成功。

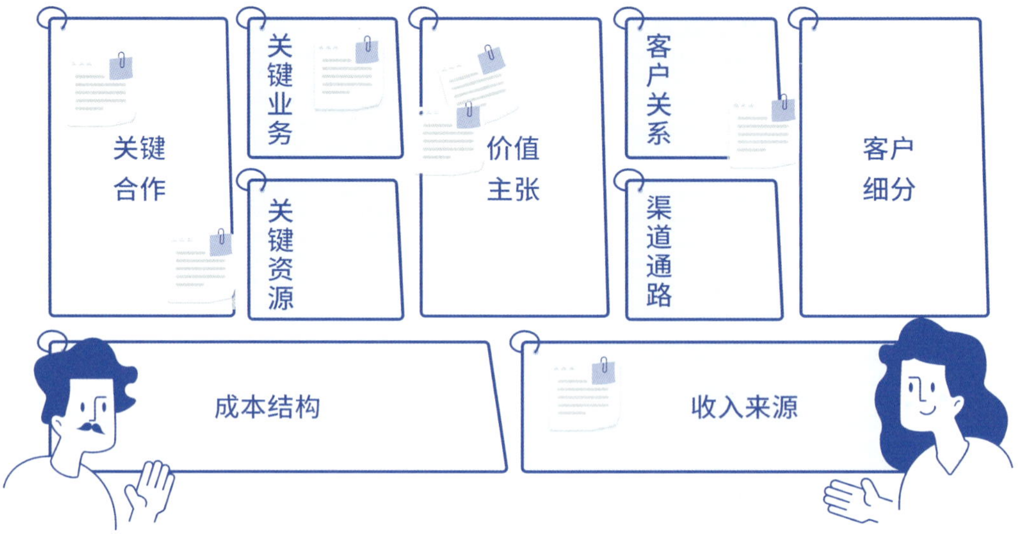

图 4-34 商业画布的基本板块

2. 注意要点

商业画布由九个基本板块构成，每个板块都有其特定的功能，我们可以使用箭头表示它们之间的联系。团队可借助商业画布，对设计概念的商业模式进行分析与讨论，以激发团队的创造力。在使用过程中，可将商业画布打印在纸上，以便团队所有成员参与商业画布的讨论。

商业画布的九个板块如下。

①客户细分（customer segmentation，简称 CS）：一个或者多个核心用户群体。

②价值主张（value proposition，简称 VP）：总结产品或服务为客户提供的价值及其定位。

③渠道通路（channel，简称 CH）：描述与客户联系的渠道，以及突出用户最偏好通过哪些渠道建立联系。

④客户关系（customer relationship，简称 CR）：阐明公司及客户群体之间最期望建立的关系。

⑤收入来源（revenue stream，简称 RS）：识别商业模式的潜在收入来源及主要途径。

⑥关键资源（key resource，简称 KR）：资金、人才、技术、渠道等所需的关键资源。

⑦关键业务（key activity，简称 KA）：通过执行一些彰显价值主张的关键活动，实现商业模式的运转。

⑧关键合作（key partnership，简称 KP）：描述公司运营所在的系统及商业链路上的合作伙伴。

⑨成本结构（cost structure，简称 CS）：创造产品或服务所投入的资金、人力等，概述最重要的成本因素。

值得注意的是，商业画布的使用一般不需要从头开始，商业画布的许多板块与其他服务设计工具密切相关，例如服务蓝图、利益相关者地图等。

商业画布是一种讨论商业模型概念的综合性的视觉工具，有助于设计团队对其中的各种商业元素进行分析与迭代调整。设计团队可以在商业画布中起草初步的商业模型，随后根据发展途径规划与推出的新商业模式，及时迭代新的商业画布。

3. 如何实践 / 主要流程

填写商业画布前，需要先进行一些准备工作。首先整理邀请人员名单及时间规划表，随后准备好商业画布的模板。商业画布的填写一般按照如下流程进行。

①供应内容：价值主张。

②业务内容：关键业务、关键资源、关键合作。

③客户：客户细分、渠道通路、客户关系。

④财政：成本结构、收入来源。

填写画布中上面的七个方框，可以参考其他服务设计工具的信息来填写供应内容（价值主张）、客户（客户细分、渠道通路、客户关系）和业务内容（关键业务、关键资源、关键合作）这三大板块。

填写画布中下面的两个方框，可以通过业务内容板块来识别成本结构因素，通过客户板块来寻找潜在的收入来源因素。一旦有了成本结构和收入来源，就给它们加上数字并估计成本和收入。

根据商业画布的分析结果和设计需求，选择与设计过程相关的 SDHC。这些卡片可以是关于创新方法、用户体验、设计原则、设计思维工具等方面的指导。将商业画布的板块和选择的卡片相结合，在设计过程中应用它们。思考如何通过设计、如何借助启发式的帮助来改善商业模式的各个要素，以提供更好的价值主张、建立良好的客户关系、开拓有效的渠道等。

注意事项如下。

①使用便利贴：使用便利贴可以帮助使用者专注于更重要的方面，并且减少商业模式中细节元素的丢失。

②与多类客户群体合作：在一张商业画布上，用不同颜色的便利贴记录面向不同客户群体的价值主张，为一个客户群体选择一个颜色，整张商业画布会更加丰富与清晰。

③对比竞品与市场：商业模式还需要从市场、趋势、行业等多个方面去分析与规划，可以为核心竞品制作商业画布，用于分析自己的优劣势，更利于对产品或服务进行相应的调整与未来规划。

五、同理心地图（图 4-35）

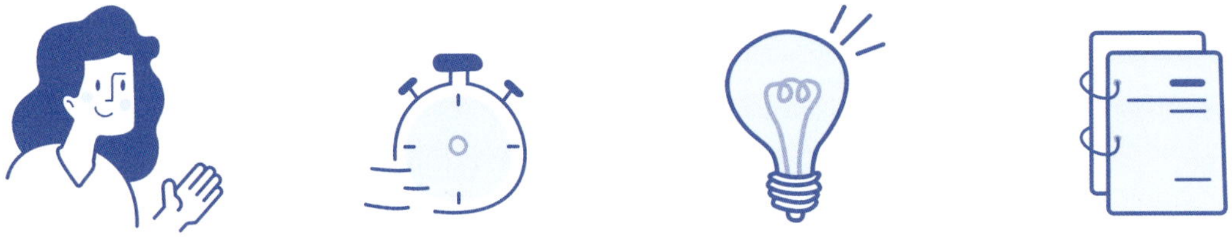

参与人员

参与人员一般为团队内部人员，**可单独进行构建，也可以小组或者团队的形式进行**，将多人的思考理解相结合，将会更加有益

时间要求

单人内容产出时间应该控制在**5~10分钟**，多人讨论情况下应当按照进度调整时间

工具特点

可以**捕捉用户的行为与态度**，与用户画像相辅相成，是为了帮助设计师更好地了解用户，最终实现改善用户体验的目的

物料准备

- **记录工具**（白板、便利贴等）
- **同理心地图模板**（四个象限分别标记：所想、所做、所说、所感）
- **可视化工具**

图 4-35　同理心地图

1. 方法介绍

同理心地图是一种关于“用户是谁”的可视化工具，它可以捕捉用户的行为与态度，并可以被广泛使用。同理心地图与用户画像相辅相成，两者都是为了帮助设计师更好地了解用户，以最终实现改善用户体验的目的。为用户的需求考量是服务设计师的必修课，同理心地图可以很好地帮助设计师增强同理心映射，更加深入全面地了解用户，纠正对用户的误解，了解驱动用户行为的因素，挖掘用户自己都未曾发觉的潜在需求，实现“以用户为中心”的设计原则。简单地说，同理心地图可以帮助设计师“进入”用户的大脑，将用户的所想、所做、所说、所感绘制下来。

将同理心地图与设计启发式卡片结合使用，可以帮助设计师在设计过程中更加关注用户的需求、情感和体验。

2. 注意要点

同理心地图是一种既可以单人使用，也可供不同团队协作的服务设计工具，它将用户的行为态度等外化，以便设计团队实现对用户需求的全面理解，帮助设计师完成更有利于用户服务体验的设计决策。使用同理心地图时，可以与项目的利益相关者等共同完成，以更全面地建立对用户的了解。同时，同理心地图对于设计初学者来说，也是一种很好的练习工具，可以帮助初学者增强同理心映射。而在团队使用时，结合他人的想法与自己的思考，则会更加有益。同理心地图的使用过程还需遵循一个规则：一张同理心地图仅绘制一个用户，始终维持 1 ： 1 映射，专注于为特定用户构建同理心映射。

同理心地图包含以下几个板块，地图的中心是

图 4-36　同理心地图分析框架

用户，四周有四个象限，分别是所想、所做、所说、所感，最底层还包含了痛点与收获，均是围绕着中心的用户定位的（图 4-36）。接下来对四个象限的内容进行详细说明。

①所想。

捕捉用户在整个服务体系中的想法，问问自己：什么对用户来说是重要的？试图理解用户的行为，思考用户有什么样的渴望或需求，分析用户看到或感知到了什么，是否会对其行为产生影响。

②所做。

记录用户实际的行为、操作等。比如：用户实际是怎样做的？用户的行为是怎样的？用户的态度是怎样的？

③所说。

捕捉用户在采访或测试中说出的真实想法。也就是：用户说了什么？

④所感。

这个象限主要是记录用户的感觉。在整个服务体系中，是什么导致了用户感觉的变化？用户关心的是什么？用户的感觉是好是坏？

3. 如何实践 / 主要流程

①确定目标用户。

需要确定映射的是一个用户还是一个角色，需遵循一个用户一个同理心地图的原则。定义用户，有利于设计团队更专注地聚焦于用户本身，最终达到创建更好的产品或服务的目的。

②收集材料。

将在此之前的调研数据分发给参与者，并准备好同理心映射所需要的物料，例如纸、笔、便利贴等。在开始绘制之前，给予参与者足够的时间了解调研数据并进行研究思考。

③开始绘制。

在绘制之前，团队可以通过用户访谈等定性研究方法，来收集足够的用户数据，以推动同理心地图的创建。参与者需要从一开始定义好的目标用户角度思考，将想法记录在便利贴上，完善所想、所做、所说、所感四个象限的内容，使用时建议将所感象限放置在最后填写，这样会更有利。

随后可根据同理心地图中的用户洞察情况和用户需求，选择与设计过程相关的 SDHC。这些卡片可以包括关于情感设计、用户体验原则、用户参与和共创等方面的指导。之后，将同理心地图中的用户洞察情况和选择的设计启发式卡片结合起来，开始设计过程。关注用户的需求、情感和体验，借助启发式卡片提供的指导，探索创新设计概念和解决方案。

④分类讨论。

将参与者的便利贴汇总到一个团队的同理心地图上，浏览每张便利贴的内容，结合自身的思考与团队成员的想法，以更全面地消化团队数据，构成更精准全面的同理心映射。团队可以根据小组成员的输出进行讨论，去同存异，讨论小组成员想法存在的差异，让成员对用户的理解达成共识，并及时调整同理心地图中不合理的地方。

⑤痛点与收获。

在团队成员对用户的理解达成共识之后，可以开始有关痛点与收获的思考，仍需要站在目标用户的角度去思考。思考完成后，仍将成员的便利贴汇总到一起，对便利贴进行分组与聚类，随后进行更改调整等。

六、故事板（图 4–37）

参与人员

参与人员一般为**团队内部人员**，可以根据不同的使用场景调整

时间要求

根据**项目**不同的**时间需求**来选择故事板类型，可以通过**调整文字、图片详细程度**来控制时间

工具特点

在服务设计领域，故事板是一种视觉叙事形式，可用于服务设计的**多个阶段**，展示服务设计流程中的**场景**及多个**服务触点**

物料准备

- **用户画像**
- **用户旅程图模板**
- **记录工具**（白板、便利贴等）
- **故事板框架**

图 4–37　故事板

1. 方法介绍

故事板是故事镜头的插图，是一个强大的信息传递工具，由多张连续的图片组成，图片按一定的顺序被排列在一起，以显示一个完整的故事情节。

故事板原意是用于表示电影拍摄流程的草图，表达视频创作者的创意。而在服务设计领域，故事板是一种视觉叙事形式，可以是图片或草图，展示服务设计流程中的场景及多个服务触点，还包含了每个触点中用户的行为、情绪等，帮助设计师洞察用户在全流程中的体验变化。

故事板主要由一张张图片构成，组成一个叙事的序列。每张图片代表对服务流程中一个关键节点的描述，因此每张图片应最好包含情境和用户行为、环境、情绪状态的文字描述。故事板可以清晰地呈现用户和服务流程的接触顺序，以及其中的场景变化和用户状态的转变。故事板以可视化的形式，将一个事件快速高效地传达给阅读者，也能让阅读者快速地理解设计师想要传达的核心，在故事中感受到强烈的参与感（图 4-38）。

故事板、用户旅程图、用户画像三者的关系十分密切。用户画像侧重于对用户信息的更笼统的表述，而故事板和用户旅程图都能帮助设计师发现方案中存在的问题，其中故事板能够生动清晰地将服务场景及其中的问题彰显出来。将故事板与 SDHC

图 4-38　用户故事呈现过程示意

结合使用，可以帮助设计师在设计过程中更好地传达和探索用户体验和用户故事。

2. 注意要点

故事板是一种情境表达形式，也是设计团队沟通的良好工具，同时，它可以帮助设计师直面用户的需求，捕捉和理解用户在服务流程中遇到的困难，以便更好地为用户服务。故事板是从用户的角度去定义服务的流程和场景，它也可以用于服务设计的多个阶段。故事板主要由以下三类元素构成。

①一个具体的服务系统流程的情境。

②描述这个流程的视觉元素。

③表达用户状态、行为、情绪或对话的文字。

同时，使用故事板时，设计师需要代入用户的角色，不断地询问自己接下来是怎么样的，以推进故事板的搭建。故事板的使用有如下优点。

①视觉效果更易理解。

故事板的情境叙事特点，可以降低设计团队的沟通成本，提高信息传达效率。

②服务流程清晰化。

故事板可以保障设计团队都能理解服务的全流程，减少团队的理解差异，且在初期将设计概念可视化。

③提高效率。

故事板可以帮助设计师整理概念，发现设计过程中是否存在遗漏，以尽快解决问题，是一种快速高效的自检方式。

④易更改。

使用故事板的过程中，若发现问题可以快速迭代，更改的成本较低。

3. 如何实践 / 主要流程

步骤一：收集数据。

可以先确定项目的主题，随后围绕主题提前收集故事板搭建所需要的用户数据。收集的过程中，可以采取一些相关的用户研究方法，以保证搭建过程的流畅度。

步骤二：定义用户和情境。

明确定义故事板围绕的核心用户以及情境，做好基础规划，避免故事板存在多重走向。在定义用户的过程中，也可以结合用户旅程图等，思考和观察两者之间是否存在出入。这一阶段主要是对关键信息的整理和定义，是搭建故事结构的基础。

步骤三：脚本编写。

规划故事板中的主要情节以及需要突出的步骤，并整理共有多少画面。可用简易的文字表达每个画面想表达的主旨，并创建好相应的时间顺序。这一步骤可以帮助设计者理清思路，避免在后期视觉元素的添加步骤中反复更改，以提高搭建故事板的效率。这一步骤的核心就是搭建好整个故事板的框架，在故事脚本的编写过程中，不用过多地在意视觉效果。

步骤四：添加视觉元素和文本。

当有了故事板的脚本并确认了故事的流畅性之后，就可以着手对空白框架进行填充。首先加入对应的视觉元素以丰富故事板的情境，保证故事板的信息传达更加准确。随后加入相应的文本，以加深对用户状态、对话、情绪的描述，进一步丰富故事板。一个好的故事板，应该让受众即使不阅读文字也能大概读懂设计师想要传达的含义。

步骤五：迭代。

将故事板应用于设计的其他阶段，应用的同时不断收集反馈与意见，可对故事板进行更新迭代。重复使用故事板和 SDHC，以进行迭代和改进。在每个迭代循环中，参与者可以收集用户反馈，更新故事板，并使用启发式卡片来寻找新的创新点和改进机会。这种持续的循环可以帮助设计师不断优化其设计，使其设计更加符合用户需求。

从以上内容可知，结合故事板和 SDHC，可以根据用户故事来模拟用户与产品或服务的交互过程。在这个过程中，参与者可以使用 SDHC 提供的提示、问题和案例，来评估用户体验的各个方面，并发现可能存在的瑕疵或改进点。根据故事板和故事演绎的结果，使用 SDHC 中包含创新思维、用户参与、可持续性等方面的创新方法和设计原则，来生成创造性的解决方案。将这些启发式卡片与故事板结合使用，可以帮助参与者提出以用户为中心的更加全面的解决方案。

七、用户旅程图（图 4–39）

参与人员

参与人员一般为**团队内部人员**，需理解用户**需求**、**期望**和**痛点**，涉及多个用户、场景和设备

时间要求

没有特殊的时间规定，但是有明确的服务目标、用户群体和服务流程，设计师可以使用文本、图表和视觉元素等方式来呈现，后续需要不断**迭代更新**

工具特点

具有**易于使用、可视化、共享和协作、数据支持、多平台支持和自定义功能**等优势和特点，有助于更好地理解用户体验和优化产品或服务设计

物料准备

- **记录工具**（白板、便利贴等）
- **用户旅程图模板**
- **可视化工具**

图 4–39 用户旅程图

1. 方法介绍

用户旅程图是一种以用户为中心的设计方法，其目的是帮助设计师更好地理解用户的需求、期望和痛点，并通过设计、优化服务流程来提升用户体验和价值。用户旅程图从整体上描述用户与产品或服务的交互过程，通常涉及多个用户、多个场景和多台设备。在用户旅程图中，设计师可以描述用户在每个场景中的情境、行为和反应，并进一步分析用户在每个场景中的需求、痛点和期望，以帮助设计师优化产品或服务设计。用户旅程图具有易于使用、可视化、共享和协作、数据支持、多平台支持和自定义功能等优势和特点。这些优势和特点使得设计师可以更好地制作和优化用户旅程图。将用户旅程图与 SDHC 结合使用，可以实现以用户为中心的更细致的设计过程。

2. 注意要点

用户旅程图具备时序性，它以时间为轴，清晰地展示了用户在不同触点和阶段的体验。它不仅可以描述用户的行为，还可以描述用户的感受、观点、痛点和愉悦点，支持设计师从用户、业务和技术等多个角度来考察问题。以下整理了使用用户旅程图的注意要点，遵循这些注意要点有助于更好地使用用户旅程图，更有效地理解用户体验，从而更准确地定位问题和机会，为产品或服务的改进提供有力的指导。

①定义目标和范围。

在开始制作用户旅程图之前，设计师应明确希望解决的特定问题或优化的体验部分。这会帮助设计师集中注意力，并确保图表的内容与目标紧密相关。

②多层次分析。

用户旅程图不仅包括用户在不同触点的行为，还应该包括用户的感受、观点、痛点和愉悦点。

③持续更新。

用户旅程图的制作不应是一次性的工作。由于用户需求、技术和业务环境可能会发生变化，所以定期更新用户旅程图是十分必要的。

④简明扼要。

尽管绘制用户旅程图要全面，但也要避免让它变得过于冗长。用户旅程图应该简明扼要，让团队成员能够快速把握关键信息。

3. 如何实践 / 主要流程

使用用户旅程图，首先需要明确服务目标、用户群体和服务流程。然后，设计师可以使用文本、图表和视觉元素等方式来呈现服务旅程，以展示用户在使用服务过程中的情境、行为和反应，并标注出服务的每个阶段和细节（图 4-40）。

以下是使用服务设计旅程图的流程步骤。

步骤一：明确服务目标和用户群体。

明确服务目标和用户群体，包括用户的年龄、

图 4-40　用户旅程图各阶段示意

职业、需求、期望等方面，以帮助设计师更好地理解用户需求。

步骤二：绘制用户旅程图。

在白纸或数码平面上绘制用户旅程图，包括用户的情境、行为和反应，以及服务的每个阶段和细节。可以使用文本、图表和视觉元素等方式呈现，以便更好地展示服务的过程和用户的需求。

步骤三：识别用户需求和痛点。

通过分析用户旅程图，识别用户的需求和痛点，包括用户在服务中遇到的问题、期望和体验等，以便设计师更好地优化服务流程。

步骤四：改进服务流程。

根据用户需求和痛点，设计师可以对服务流程进行优化和改进，包括优化服务环节、增加服务体验、提升服务效率等。

步骤五：测试和优化。

在设计服务的过程中，需要不断测试和优化服务流程，以确保服务的持续优化和改进。可通过不断反复使用用户旅程图和 SDHC，进行迭代和改进。收集用户反馈，更新用户旅程图，并使用启发式卡片寻找新的创新点和改进机会。

SDHC 可能包含与用户参与、可用性、信息传达等方面相关的启发式评估准则，因此还可进一步结合使用 SDHC，对用户旅程进行分析和评估。使用卡片中的提示和方法，检查每个旅程阶段的用户体验，发现潜在的问题或改进点。基于用户旅程和 SDHC 的分析结果，生成新的解决方案。与之前的使用方式类似，启发式也可以帮助设计师思考如何改进用户体验、增加产品或服务的价值。使用者可以根据每个阶段的需求，来设计特定的交互点、功能或服务。

在这一节中，我们深入探讨了如何将服务设计启发式与其他服务设计工具相结合，以实现更全面、更精细的设计输出。设计是一个复杂的活动，涉及多方面的考量和决策。服务设计启发式虽然是强大的概念启发工具，但它并不是唯一的选择。将它与其他方法和工具（如头脑风暴、用户画像、用户旅程图等）相结合，可以帮助设计师更全面地理解问题，更有效地生成解决方案。

每种设计工具都有其特定的优势和局限性。理解如何将启发式有效地融入更广泛的设计工具箱中，可以极大地提高设计师在服务设计项目中的适应性和效率。设计师不应依赖单一的工具或方法，而要灵活地适应项目的具体需求和挑战，选择最合适的工具组合。这样不仅有助于设计师更系统地解决问题，还可以让设计师更深刻地理解用户需求和行为模式，从而创造更有影响力的服务体验。

总之，服务设计启发式不是孤立的，它可以和许多其他设计工具和方法共同“作战”，以更全面、更细致的方式解决问题。在设计的复杂世界中，这种多工具、多角度的方法不仅是一种好的实践，也是一种必要的实践。在设计旅程中，愿你能灵活运用这些工具，创造出令人印象深刻的服务体验。

5

第五章
拓展服务设计启发式工具包

在前面的章节中，我们主要探讨了服务设计启发式卡片的基础应用。服务设计启发式卡片是一种出色的、能激发创新和深入思考的工具。然而，作为一种设计思维工具，其潜能远不止于此。所以，在本章中，我们将更为全面地探讨这一工具的拓展使用方法和材料，以便在更多元、更复杂的环境和需求下，仍能发挥其最大功效。

在第一节，我们将探讨基于服务设计启发式卡片的基础内容所开发的多样玩法和使用机制，以适应不同的设计任务和团队动态。“玩法”一词的使用在这里并非轻率，我们在设计的过程中强调了工具使用的效率和解决问题的有效性，同时也考虑到了使用者在自由探索和趣味方面的需求。在第二节，我们将介绍围绕不同的使用场景所开发的服务设计启发式工具包，包括纯线上的、线上线下混合的，以及基于增强现实的游戏化版本等。这些开发工作不仅符合使用者多样化的需求，而且适应多变的工作环境，让设计团队在任何情况下都能轻松地运用启发式方法。另外，我们还探究了在元宇宙环境下如何延展服务设计启发式的用法。元宇宙作为一个全新的、高度数字化和社交化的环境，提供了前所未有的设计机会。在这样一个充满可能性的新领域，启发式卡片如何发挥其潜能？我们通过相关课程产出的实践案例，提供了一些具备前瞻性的思考。

在本章的最后一节，我们准备了一些面向其他领域的设计启发式工具集合。虽然这些工具起初是为不同设计领域所构想的，但它们的应用并不会受限于此。从产品设计到包容性设计，从交互界面到社会创新，这些优秀的设计经验和思维策略总有其通用性和可借鉴之处。总而言之，这一节的目的在于打破常规，拓宽视野，并充分展示服务设计启发式工具在多学科和跨界背景下的巨大潜能。

我们相信，不论你是一名经验丰富的设计师，还是一个刚入行的新手，本章都将为你提供有参考价值的创新解决方法。

第一节　多样的玩法和使用机制

在完成对服务设计启发式卡片的基本开发和概念衍生方法的研究之后，我们开始思考卡片工具具体的使用过程，致力于探索更多可拓展的趣味玩法与适宜的使用机制，以便让初学者根据自身的思维偏好、团队风格、设计背景等，自由选择合适的方式来使用服务设计启发式卡片。这项工作是我们带领湖南大学设计艺术学院 2019 级 36 名研究生组成的 10 个设计团队在“服务设计思维与策略”课程中的尝试。以下节选课程中的一些优秀作品进行介绍，希望为广大读者提供服务设计启发式工具的新的使用思路参考。

一、四张联想卡

1. 玩法介绍

尽管服务设计启发式提供了激发不同设计活动的讨论材料，为切换不同的思考视角搭建了有效的桥梁，但对于新手来说，合理地运用启发式的刺激作用并掌握快速恰当的思维活动模式仍旧富有挑战。对专家经验的过度信任和使用情境的不明确，往往还会带来盲目模仿启发式所指示的设计方案的恶劣后果。为了更好地帮助使用者发挥服务设计启发式卡片的最大潜力，该组同学借鉴认知心理学领域关于联想的研究成果，开发了四张联想卡工具包（图 5-1）。通过总

图 5-1　四张联想卡

结归纳适用于 SDHC 的四种联想方法，结合“正向”和“逆向”的思维棋子指示思考的维度，来促使同学们更好地完成思维的切换，从而系统地勾勒服务方案。

2. 设计思路与目标

联想是一种心理活动，它使我们能够通过一个特定的人、事物或概念自然地想到其他相关的人、事物或概念。简单来说，如果你看到一只猫，你可能会联想到宠物、家或者某个与猫有关的场景。这种联想活动有一系列心理学上的解释和规律，通常被称为联想律。联想律最早可以追溯到古希腊时代，哲学家柏拉图初步描述了“相似律”和“接近律”。接近联想是指，当我们看到或想到某物时，通常会联想到与它在时间或空间上接近的事物，进而产生某种新设想的思维方式。如节日与礼品（时间）、河与船（空间）。相似联想则是说，相似的事物或概念容易引起我们的联想，或将形似、义近的事物加以类比而产生的联想，如蜈蚣与耕作机。亚里士多德进一步提出，使用这些关系有助于回忆。17 世纪，英国心理学家约翰 · 洛克（John Locke）首次使用了“联想”这个词，他强调习惯是促成观念联结的重要因素。这实际上为现代心理学中的“频因律”或“多次律”奠定了基础，即相同或相似的事物多次出现，更容易形成联想。后来，哲学家大卫 · 休谟（David Hume）在确认“相似律”和“接近律”的基础上，进一步提出了“因果律”，即一事物往往会让人联想到与其在逻辑上有因果关系的另一事物。例如：早上看到地面潮湿，会想到可能是昨天夜间下过雨。另外，还有一种常见的联想类型是对比联想，指的是对性质和特点相反的事物产生的联想，如黑与白、冰与火。

基于以上关于联想（图 5-2）的研究基础和素材，我们整理了服务设计启发式策略可以通过联想触发创造的四种形式（图 5-3）。

图 5-2　四种联想类型

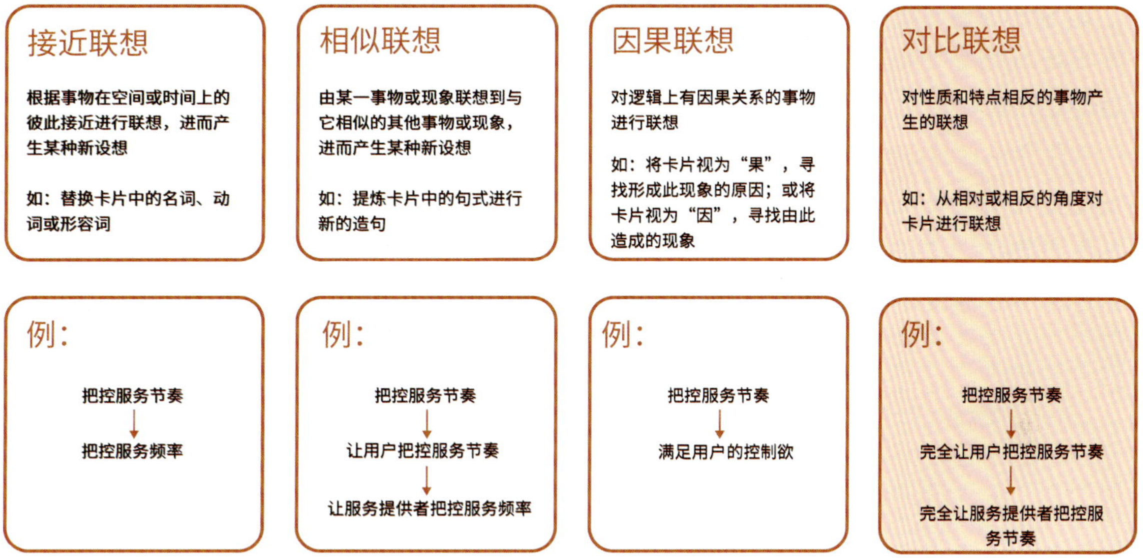

图 5-3　服务设计启发式可以通过联想触发创造的四种形式

①接近联想：尝试替换 SDHC 策略中的名词、动词或形容词，根据事物在空间或时间上的彼此接近进行联想。将卡片中的名词、动词或形容词替换为空间或时间上接近的词，例如，由“把控服务节奏”联想到“把控服务频率”。

②相似联想：由 SDHC 提供的某一事物或现象联想到与它相似的其他事物或现象。提炼卡片中的元素进行相似联想，例如，由“把控服务节奏”联想到“让服务提供者把控服务频率”。

③因果联想：根据逻辑上的因果关系产生联想。将 SDHC 视为“果”，寻找形成此现象的原因；或将 SDHC 视为“因”，寻找由此造成的现象。例如：由“把控服务节奏”联想到“满足用户的控制欲”。

④对比联想：从相对或性质和特点相反的角度进行联想。例如：由“完全让用户把控服务节奏”联想到“完全让服务提供者把控服务节奏”。

四张联想卡工具包的侧重点在于从认知的角度引导新手进行推理，帮助他们解读和使用信息，以产生新的解决方案概念、判断和决策；通过提供触发创造力的多种联想形式，为学习者开启更丰富的思维模式和视角，辅助他们从定义不清的设计问题进展到高质量设计解决方案。

3. 使用流程概述

在基于四张联想卡工具包开展设计讨论时，我们建议由 3~5 人组成一定规模的设计团队，历经开始、筛选、发散、收敛和结束五个步骤完成整个讨论。在此过程中，小组可以使用思维分区和正负向棋子标志物来明确正向或逆向思维，提醒使用者当前思考的角度，并促使设计师全面地筛选卡片，避免遗漏可能的创意。在联想卡片的辅助思考下，团队还可以利用流程表格，梳理设计点之间的时间、空间关系，细化和补充设计点，以提高思考效率，避免偏离设计主题的情况发生。可以利用工具包中提供的筛选印章统一小组内的不同意见，强化亮点并淘汰不够优秀的设计想法，进一步筛选和收敛创意。四张联想卡工具包的具体使用流程如图 5-4 所示。

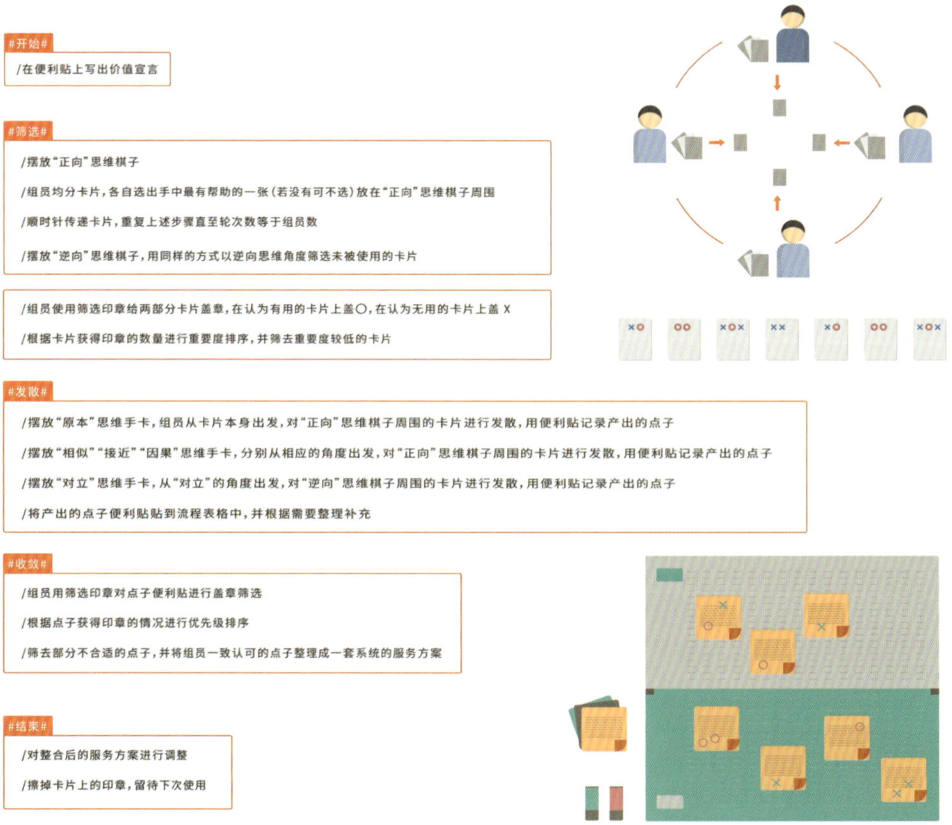

图 5-4　四张联想卡工具包使用流程

4. 工具包材料

整个工具包主要包含思维手卡、思维棋子、筛选印章、流程表格、便利贴本五项材料（图 5-5）。工具包内包含五类卡片，分别是“原本”卡片（启发式的最初内容），以及四类联想卡片（“对比”卡片、“因果”卡片、“相似”卡片、“接近”卡片）。两颗思维棋子分别代表正向思维和逆向思维，使用时将相应思维棋子放在桌上，将筛选出的卡片放在棋子旁边。每对筛选印章包含 O 和 X 两枚印章，O 代表有用，X 代表无用，在筛选卡片和点子时使用。流程表格是为了将点子便利贴集中起来，并根据需要进行整理补充，同时梳理流程，勾勒服务系统轮廓。便利贴本用于对使用卡片时产生的点子进行记录。

图 5-5　四张联想卡工具包材料说明

二、生机卡牌

1. 玩法介绍

在思维外化和沟通的过程中，团队往往会陷入一些不一致意见的讨论中。另外，新手团队在实际使用服务设计启发式工具时，常常出现思维太过发散、丧失边界的现象。卡片庞大的数量和对单张卡片价值判断的困难造成了使用者在使用阶段出现偏差，容易陷入细枝末节之中，或者过于看重卡片策略的内容而迷失了最初定义的价值主张。性格过于强势的参与者往往容易形成单人主导的讨论和发散，从而忽视性格内向的参与者的反对意见。为了解决这一问题，我们尝试通过重新定义参与讨论的学生团队中的各种身份，明确不同角色相应的职能，使学生以更适当的方式展开协作，重新聚焦于项目讨论的目标。

2. 设计思路与目标

生机卡牌是基于服务设计启发式卡片开发的，适用于两人及两人以上团队进行讨论或头脑风暴的创意工具（图 5-6）。设计的初衷是开发者关注到新手团队在自由使用服务设计启发式卡片时，往往无法快速形成默契并达成统一的协作模式，无效推进方案的矛盾普遍存在甚至延续到课程结束，团队中的每个成员在过于发散的思维中无法快速收敛，于是开发者考虑通过开发一项新的玩法指南去重新明确团队中的角色、关系和职能。生机卡牌工具包通过规定明确的讨论流程和职责内容来保证讨论的规范性。团队中的成员被重新定义为主牌人、副牌

图 5-6 生机卡牌

人的身份，并按照轮流发言的方式进行主持。生机卡牌有休眠和复苏两种功能牌，用以应对讨论过程中过于激烈的意见冲突或者长久的沉默，避免持续不恰当的讨论。

开发生机卡牌的目的在于重新塑造角色以及团队成员的关系，帮助新手更好地形成共同设计的协作模式。生机卡牌规定了参与者对应的工作内容，以此避免过于强势的单人主导、搭便车或者怠惰的情况产生，还运用了一些暂缓讨论和后续复盘的技巧来规避新手经常出现的讨论停滞困境。这些创新的机制和规则调动了每个参与者的积极性，促进了参与者之间的正向互动，让基于团队合作的创意讨论充分发挥了作用。

3. 使用流程概述

首先，设计团队需要根据前期的调研和讨论明确整个方案的目标并填写价值宣言画布，在保证大家达成共识的基础上开展后续的概念衍生。团队根据人数均匀地分配启发式卡片并预留出卡片阅读时间，推荐阅读时间为 6 秒一张。相应地，每个参与者获得主牌画布、休眠牌、复苏标志和人物角色贴。休眠牌在副牌人对主牌想法有疑虑或反对意见时使用，用于暂停主牌及其想法。被休眠的主牌可以被贴上复苏标志，在所有轮数结束后，再复苏其想法进行集中讨论。

每轮讨论将挑选一名主牌人，按顺序轮换，主牌人使用一张卡片提出主要想法，副牌人挑选合适卡片并提出想法用于补充，一轮结束后，轮至第二名主牌人，直到结束。主牌画布则由主牌人持有，用于记录自己这轮的主副牌与想法。团队需要根据所持卡片中第一张的序号的大小确定第一名主牌人，主牌人筛选启发式卡片作为主牌，并提出创意想法。其他副牌人挑选手中合适卡片补充想法，并反面打出。所有副牌人打出卡片后，再一起依次翻开卡片，解释说明自己的想法。主牌人负责将所有想法以及使用到的卡片记录在主牌画布上。小组成员轮流充当主牌人，直到有一人手中无牌，讨论结束。如果有人使用了休眠牌，那么该轮主牌人为主牌画布贴上复苏标志，放置一旁，该轮终止，主牌人轮换。所有轮数结束后，对具有复苏标志（即仍有讨论意义）的主牌画布进行复苏，集体讨论并甄选其中的想法。最后是集中评估阶段，需要团队成员集中所有主牌画布进行讨论并参与后续评估。生机卡牌的具体使用流程如图 5-7 所示。

4. 工具包材料

整个工具包主要包含价值宣言画布、主牌画布、休眠牌、复苏标志和人物角色贴五项材料（图5-8）。价值宣言画布可以帮助团队明确方案针对的具体人群、设计的手段和策略以及对应的痛点问题。另外，团队还需要根据参与的人数规划整个讨论的时长，用以把控节奏。主牌画布需要由主牌人负责记录，在画布的粘贴处使用了磁条材料，可以配合小磁铁使用。对应的人物角色贴可粘贴到画布的相应位置，帮助在最后讨论想法时明确提出概念的对象。画布的右上角预留出位置用以粘贴复苏标志，便于团队在休眠后再次开启讨论。休眠牌和复苏标志均采用了不同状态的小鸡形象，在突出趣味性的同时体现出工具牌的作用，它们均带磁性，可以粘贴在画布的任一位置。

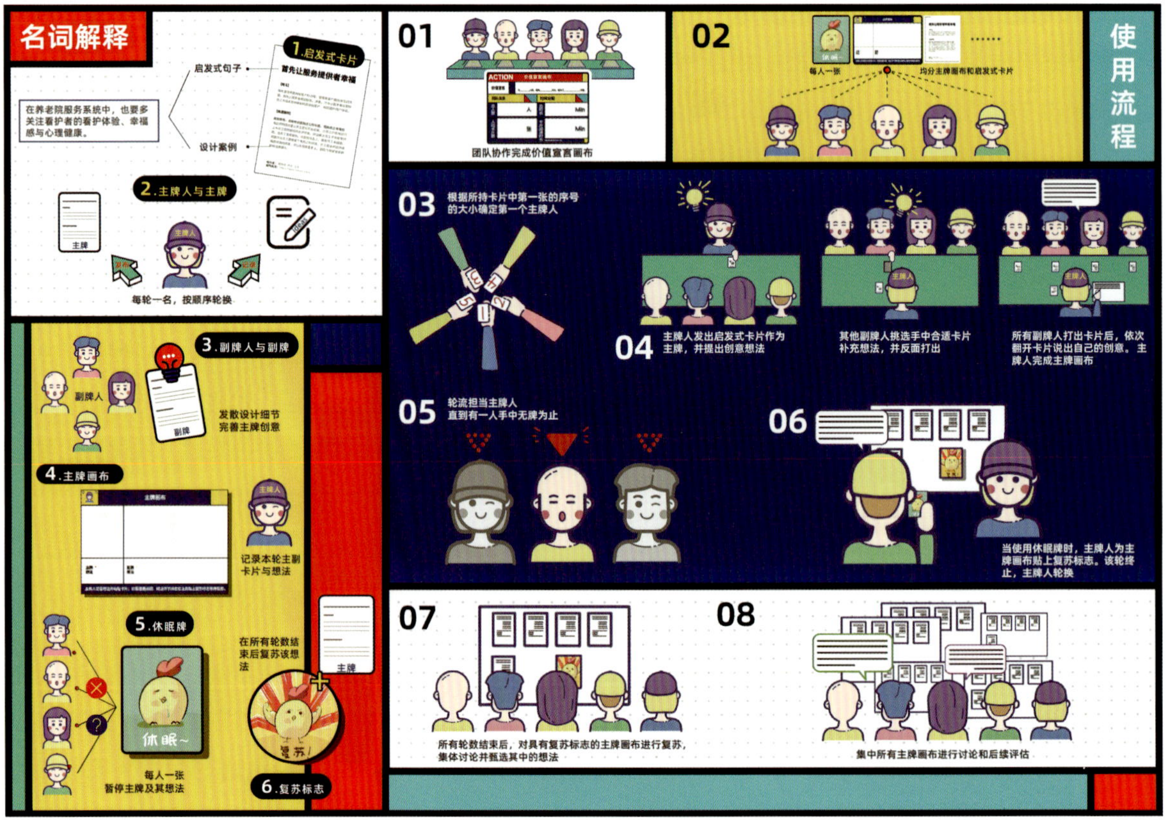

图 5-7　生机卡牌使用流程

价值宣言画布　主牌画布　休眠牌　复苏标志　人物角色贴

图 5-8　生机卡牌工具包材料

三、五维卡片场

1. 玩法介绍

全面性思考是构建一个完整的服务系统所必需的关键步骤。服务设计要求将多个因素同时纳入考虑，包括用户、环境、时间等方面。本小节所介绍的工具包则正是为了帮助团队在使用服务设计启发式卡片的过程中更全面地思考，确保没有遗漏任何重要的环节而诞生的（图 5-9）。五维卡片场提出了服务设计方案中的五个关键要素，即“人、物、事、地、时”，并支持新手通过全面考虑这五个关键维度来发散思维，从而构建丰富且具有深度的场景片段，最终整合想法以搭建动人的概念故事。这一工具包可以帮助团队更全面地思考和设计服务、产品以及体验。通过提供一个有趣的框架，五维卡片场鼓励团队成员从不同的角度思考和发散设想，有助于设计师形成更多元化和创新性的想法，还能使新手设计师更容易摆脱狭隘视角，提出更缜密的概念并开展全面性的规划。

2. 设计思路与目标

在服务设计中，细致地考虑服务所涉及的多个因素是至关重要的，因为它们共同塑造了服务的全貌，影响着服务方案的体验感和质量。但新手往往容易陷入片面的细节中，从而忽略了整体且全面的考虑。为此，该组同学总结了“人、物、事、地、时”五个关键要素作为衡量关于一项服务的考虑是否足够充分的核心指标，并围绕这五个关键要素进行了工具包的拓展设计。

“人”是服务的核心，包括服务的提供者和服务的对象。理解和满足用户的需求、期望和体验是服务设计的本质追求。同时，服务提供者的培训和

图 5-9 五维卡片场

支持也直接影响服务的质量。开展服务设计时需要考虑到不同类型的用户，以及他们对应的需求、能力、文化背景和情感。

“物”指的是与服务相关的所有实物，包括工具、设备、文档等。这些物品直接影响用户如何与服务互动和体验服务，也是服务有形化的有效途径。物品的设计和提供需要与服务的其他方面相协调，以确保一致性和服务过程的流畅。

“事”即过程，是服务的运行方式，决定了服务的效率和质量。优化服务过程可以降低成本，提高效率，减少错误。设计的过程同样需要考虑如何规划和管理服务过程，以确保过程的体验能够符合用户的期望，减少等待时间和冗余的操作。

“地”指的是提供服务或服务发生的地点、环境。服务的地点和环境可以对用户体验产生重大影响。地点的选择和设计需要考虑用户的方便性和舒适度。不同的服务内容或许会指向不同的场所，这同样也需要设计师谨慎考虑。

“时”即时间，包括服务的提供时间、响应时间、服务时效等，对用户的整体感受和服务质量同样有着非常重要的影响。时间要素需要和以上要素结合起来考虑，以确保服务系统流程开展的准确性和时序性。

当然，这五个要素在设计时并不会单一或独立地存在，设计师需要在这些要素之间找到平衡，以创造出综合的、全面的、高效的和以用户为导向的服务。要素彼此关联，其中任何一个要素被忽略或被不合理设计，都可能对整个服务产生负面影响。

因此，在服务设计过程中，综合考虑这五个要素至关重要。五维卡片场玩法通过五维卡盘的方式，帮助设计师综合考虑以上涉及的多个维度，帮助团队更加全面地规划项目，确保各个方面都得到妥善考虑和满足。同样，这项玩法也可以在团队中促进讨论和协作。通过共同参与创意过程，团队成员可以更好地理解彼此的观点，形成更一致的愿景并快速地构建概念故事，节省讨论时间和资源。

3. 使用流程概述

整个讨论流程包含分发卡片并填写五维卡盘、完善首轮卡盘、“碰撞”新卡盘、用价值坐标系筛选卡盘、整理大卡盘五大步骤（图 5-10）。

步骤一：团队根据参与人数分发卡片，开展头脑风暴，填写五维卡盘，并根据设计命题进行初步的概念故事构想。这一步需要每个参与者从“人、物、事、地、时”五个维度发散设想，补齐五维元素。需要注意的是，在此步骤中并不需要产生特别具体的概念故事，只需要提出价值主张，产生大致的构想，涉及初步的五维元素即可。

步骤二：这一步将继续完善上一步产生的首轮卡盘。小组讨论，选取可以用到初步概念故事中的服务设计启发式卡片，并根据五维小卡盘指示的内容发散设想，补齐被选中用以衍生概念的卡片相关的五维元素。

步骤三：第三步需要通过思维的“碰撞”进一步激发卡盘。使用者可以通过卡片和卡盘“碰撞”、卡盘和卡盘“碰撞”两种方式激发更多的想法。深入讨论已生成的五维卡片场或者为已生成的场增添新的相关可用的启发式策略，并讨论启发式策略的可能用法，补充新添加策略的五维要素。讨论小组需要不断重复第二步和第三步，直至没有新的卡片被选中并形成相对完善的分散概念才能进入下一步。

步骤四：在设计概念相对完善之后，需要进行合理的概念评估。我们设计了价值坐标系辅助使用者进行卡盘筛选。价值坐标系包括两个维度：创意值维度和价值维度。小组设计团队需要评估对应概念在这两个维度上的表现，并将所有的五维卡盘贴入相应区域内进行最终的概念筛选。

步骤五：最后一步是对设计方案的最终整理。以大卡盘作为最终整理的材料，使用者可以依据用户旅程图将大卡盘初步划分为几个不同阶段，并将上一步坐标系第一象限中的小卡盘（价值高且创意好）贴入大卡盘内，形成概念框架。设计小组可以在大卡盘的最内圈对用户感受进行打分评价，尝试发现目前方案的不足之处并加以优化。

4. 工具包材料

五维卡片场工具包的材料包括五维卡盘、价值坐标系和大卡盘三项材料。正如前文所介绍的，五维卡盘主要用于头脑风暴和概念的衍生阶段，需要与服务设计启发式卡片结合使用，辅助使用者从多维的角度思考启发式策略并发散思维，构思可能的概念场景。价值坐标系是有效的概念筛选工具，通过价值和创意值两个维度的指标，将现有的概念进行分类和取舍。最后用于整合方案的是大卡盘，依据用户旅程图，大卡盘可以有效地呈现各个阶段的服务流程。在整理完成后，也可以在大卡盘的内圈对用户各阶段的感受进行评价，以便更好地复盘和优化方案。

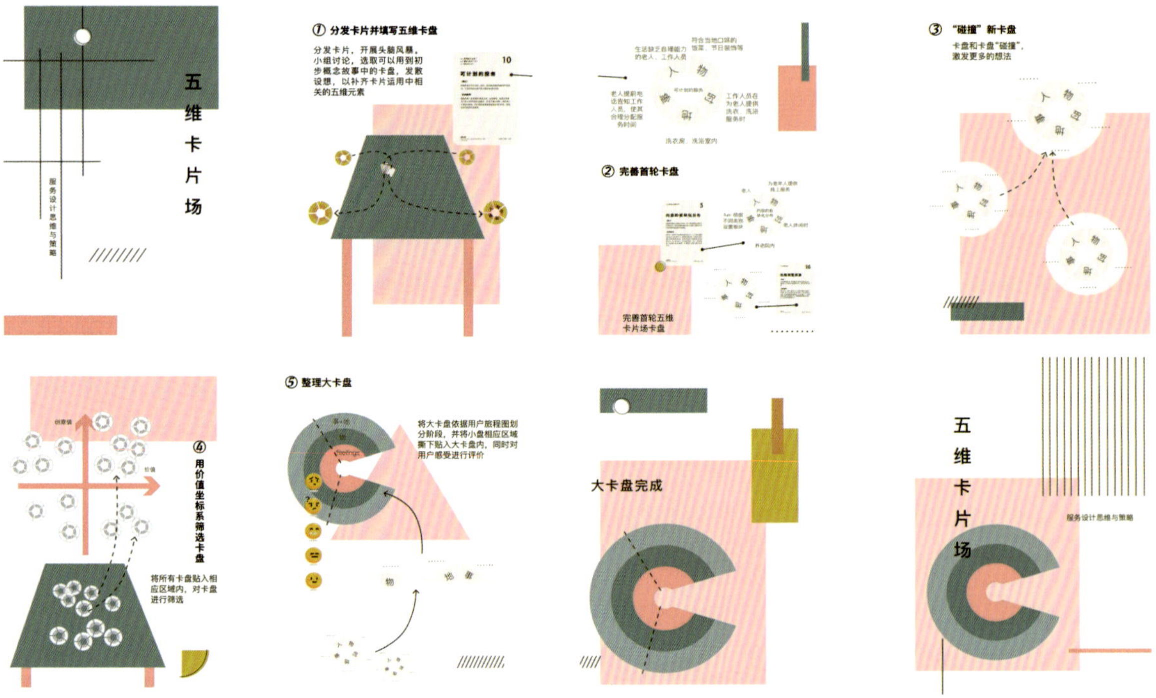

图 5-10　五维卡片场玩法步骤

四、飞花令

1. 玩法介绍

古代的飞花令，也称作“飞花令诗”或“飞花令歌”。它起源于唐代，盛行于宋代，是一种社交性质的文学活动，通常在文人雅集或宴会上进行。在行飞花令的过程中，一个文人首先吟咏一句或数句诗，然后将纸笔交给下一个文人，要求对方续写下一句，大家接续发挥，直到最终形成一首完整的诗歌。每个参与者的续写诗句都必须与前一句相呼应，同时保持诗歌的韵律和意境。

飞花令形式的诗歌创作给予了我们对服务设计启发式卡片进行再开发的灵感，现代设计讨论过程中的互动和对话，或许可以延续使用传统诗歌游戏的规则和方法。正如飞花令中的参与者必须在诗句上相互呼应，使其保持韵律和意境，设计团队也需要在协作中达成一致，确保创意的连贯性。设计者之间的讨论过程同样强调互动和对话，以合作和交流来确保创意的多样性和质量，并使设计过程更加富有创造性和趣味性。因此，在这个工具包的开发过程中，该组同学深度借鉴了古代飞花令的种种规则，希望通过延续旧时飞花令的形式，为如今的概念衍生过程注入新的生机（图 5-11）。

2. 设计思路与目标

在服务体系中存在多种利益相关者，其看待问题的角度和评价标准有所区别。为了使讨论团队全方位地考虑痛点，并对设计方案进行多角度、全面的评价、改良，该组同学提出了利益相关者分类机制（图 5-12）。将一个服务系统会涉及的利益相

图 5-11　飞花令

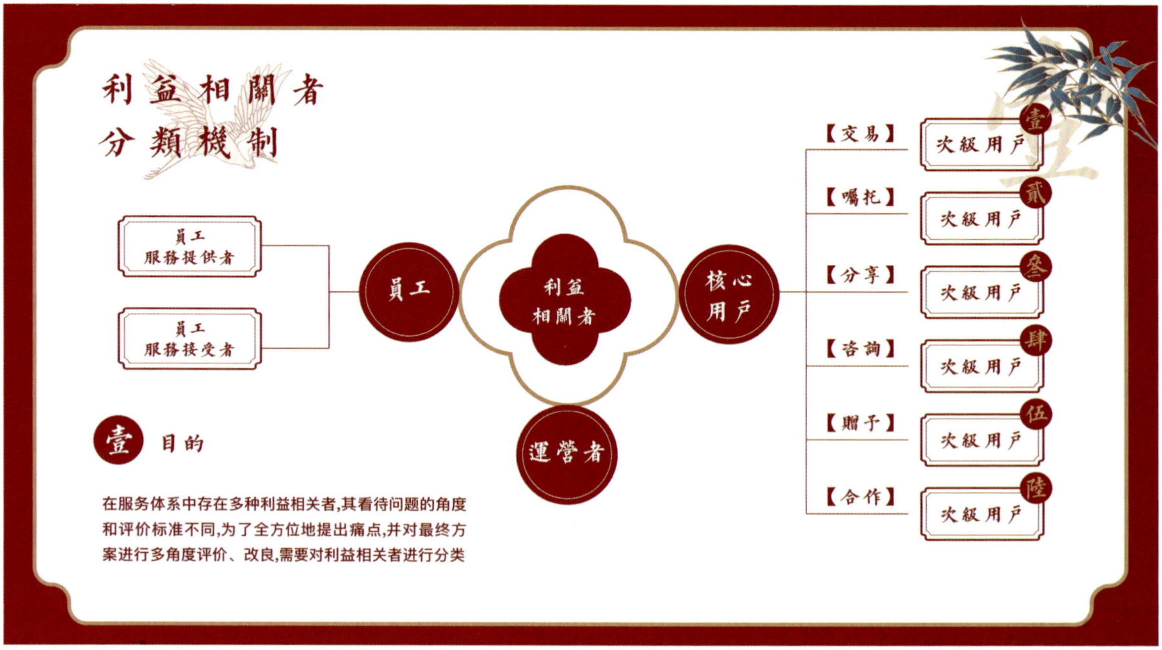

图 5-12　利益相关者分类机制

关者划分为三大类别，分别是员工、运营者和核心用户。

员工在服务体系中兼具不同身份，既需要对客户进行服务，同时也接受运营者提供的服务。因此，在服务设计中，需要从两个角度解读员工的角色，即员工作为服务的提供者和员工作为服务的接受者两种情况。

服务除面向具体的核心用户之外，还涉及非常多类型的次级用户。该组同学详细地梳理了服务系统可能会存在的用户之间的六种关系，为更好地搭建完整的利益相关者框架提供了基础。

①交易。核心用户和次级用户双方以货币及服务为媒介进行价值交换，核心用户为购买方。例如：爱彼迎平台上的租房者（核心用户）和被租房者（次级用户），双方以货币为媒介交易房屋的使用权。

②嘱托。核心用户和次级用户之间具有金钱或者情感依赖，次级用户非常关注核心用户在服务中的状况。例如：养老院管理者不仅要向老人（核心用户）提供服务，还要向老人的子女（次级用户）提供服务，比如报告老人状况。

③分享。次级用户与核心用户分享欢乐、幸福、利益等，核心用户为被分享者。例如：微博旅游博主（次级用户）将自己的旅游经历分享到网上，供微博普通用户（核心用户）查看。

④咨询。次级用户通过所储备的知识经验和对各种信息资料的综合加工，为核心用户充当顾问 、参谋。例如：医院的医生（次级用户）为患者（核心用户）提供医疗诊断和咨询。

⑤赠予。次级用户将自己的财产无偿赠予核心用户，核心用户表示接受。例如：水滴筹作为大病筹款平台，发布被捐献者（核心用户）的信息，收集捐献者（次级用户）的赠款。

⑥合作。核心用户和次级用户为达到共同目的，彼此相互配合、联动。例如：校讯通作为家校联合的平台，使教师（次级用户）和家长（核心用户）加强联系，共同帮助学生成长。

总的来说，厘清服务方案中的利益相关方及其相互关系，有助于在后续行飞花令的过程中筛选合适的扮演身份，辅助讨论者明确参与飞花令的对应角色。

3. 使用流程概述

讨论开始前，需要做一些准备工作。

①所有玩家讨论决定当前服务体系框架中存在的利益相关者身份及数量，准备与其相匹配的角色签，共同填写利益相关方的具体称谓。

②参与的所有玩家随机抽取各自的角色签。

③玩家根据角色签领取相应的令鉴牌（即评价标准）。

④每个玩家领取 3 张质疑牌。

⑤每个玩家领取 1 张游戏地图，放置于桌上，并将服务设计启发式卡片放置在对应区域。

在所有准备工作和角色安排完成后，即可开始讨论。首先，每个玩家需要思考当前服务体系下自己所扮演角色的所有痛点，并撰写在痛点签的正面。完成后，各自将痛点签放在游戏地图的相应位置。（可根据实际情况填写 1~5 张。）

按照核心用户、次级用户、员工、运营者的顺序，每个玩家依次充当令官的角色。令官需要在每轮讨论中推出 1 张自己的痛点签放在擂台上，并让其余玩家每人随机抽取 3 张服务设计启发式卡片。其余玩家需要根据拿到的启发式卡片进行相应思考，挖掘针对该痛点的解决方案。本轮的令官可以决定思考时间并计时。计时结束后，每个人轮流发言，提出自己的解决方案，即完成“飞花”。令官对飞花的结果进行判断，若存在满意的解决方案，则将此方案记录在该痛点签的背面位置；若没有合理的方案出现，则再组织一轮飞花活动，直至满意的方案产生。最佳方案的提出者可获得铜币一枚。若参与者对本轮结果存在异议，可打出质疑牌，由其他玩家投票决定铜币归属。以此类推，直至令官将所有痛点签推出。

本轮结束后，按照前述顺序，下一个玩家自动成为令官，主持飞花令，直至游戏结束。

我们为充当令官的参与者提供了灵感概念相应的评判标准，以帮助令官角色更好地作出抉择（图5-13）。

①技术质量：是否有技术可以支持该想法?

②体验驱动：用户体验是否良好?

③关注可能：出发点是否新颖?

④赢得用户：是否高于或满足用户期望?

⑤可持续：设计是否长期有效?

⑥整体研究：是否与整体服务流程相匹配?

在团队的每个人都充当一次令官后，统计每人的铜币枚数，数量最多者为本次游戏的魁首，获得一张魁首牌。所有玩家需要通过讨论整理，将写有解决方案的痛点签按照服务前、服务中、服务后的顺序依次摆放在流程图上，形成一套较为完整的服务流程方案。所有玩家根据自己所代表角色的专属令鉴牌（即评价标准）对方案进行评分，提出修改意见。对于核心用户角色，设定愉悦度、信任度、易用度、新鲜感四个方面的评价指标。存在交易关

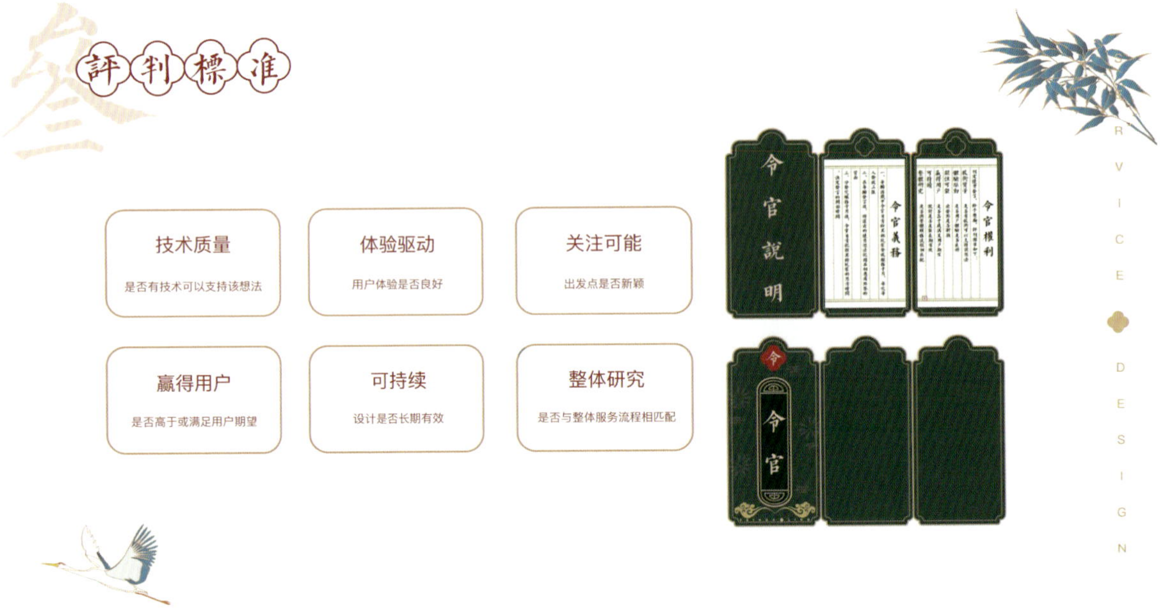

图 5-13　令官评判标准

系的次级用户，可以关注效率、状态可见性、信息传播度、印象几个方面；存在嘱托关系的次级用户，可以关注信任度、信息透明度和情感维系度；存在分享关系的次级用户，可以关注互动度、被认可度和内容的转换度；存在咨询关系的次级用户，可以从效率、私密度、被认可感、职业感四个方面进行评价；存在赠予关系的次级用户，则可以关注信任感、信息透明度和荣誉感；存在合作关系的次级用户，可以检验一下概念的简易度、效率、实用性和互动性。运营者角色主要关注可行性、盈利性、效率和竞争力几个方面。作为服务提供者的员工注重愉悦度、效率、被认可感和简易度，而作为服务接受者的员工更需要考虑忠诚度、愉悦度和信任度。每个角色需要根据各自的评价标准进行打分，并给出相应的评价意见，辅助最终的方案筛选。

当然，我们也细致地考虑到在行飞花令的过程中可能会出现的一些特殊情况。比如：当玩家人数小于当前服务流程利益相关者人数时，可一人饰多角；若服务流程中的次级用户与核心用户的关系并不符合已列出的六种关系，则可以将其填写在空白次级角色签上，并在空白令鉴牌上填写该次级用户的评价标准。

4. 工具包材料

飞花令玩法需要丰富的讨论道具。角色签代表了参与者所扮演的利益相关者角色，用于玩家抽取此次讨论的身份。我们为不同的角色赋予了不同的意象，用仙鹤、仙鹿和锦鲤分别指代用户、运营者和员工。令官牌用于表明本轮令官的身份，并对令官角色的义务和权利进行了解释，指导使用者根据规则组织飞花。当参与者对令官的评判存在质疑时，可以使用质疑牌，将评判权转移给所有飞花的参与者，重新进行打分评判。游戏地图和擂台划分了放置个人材料和当前飞花对应的痛点签的画布位置，是整个飞花过程开展的主要场所。令鉴牌包括了每个角色的评价标准，在对方案进行最终评价和决策的时候使用。铜币用于奖励优秀的发言者，并以此作为评选魁首的依据。本场游戏中的最佳贡献者将会获得魁首牌和相应的奖励，这可以作为有效手段鼓励每个用户积极参与。图 5-14 展示了飞花令玩法道具清单。

图 5-14　飞花令玩法道具清单

五、卡片法庭

1. 玩法介绍

之前的玩法，大多数的侧重点仍然放在如何使用服务设计启发式以更好地进行概念衍生。但是，收敛阶段同样是设计过程中的重要部分，它涉及将在发散阶段生成的各种创意和概念进行筛选、整合和深化，以最终确定最优的解决方案。在服务设计的收敛过程中，设计团队会评估和比较不同的设计方案，考虑其可行性、用户体验、成本效益等因素，以确保最终的设计能够满足项目的目标和利益相关者的需求。在这个阶段，服务设计启发式工具又如何参与并有效地对设计师们产生帮助呢？卡片法庭就是作用于服务设计收敛阶段的一个典型案例（图5-15）。该玩法通过模拟法庭的“审判”方式来开展对服务设计方案的评估，对待修改的设计方案进一步检验和完善。为了更好地完成这个环节，该组同学还构建了法官和陪审员两类不同的参与角色，并补充了新的卡片材料——规则牌和检验牌——来帮助使用者更好地进行设计评估。接下来，我们将从设计思路与目标、使用流程、工具包材料等多个方面对这个玩法进行更为详细的介绍。

2. 设计思路与目标

在这个玩法中包括两种类型的主要角色：法官和陪审员。法官的主要职责是：填写服务蓝图、分类功能牌卡片、整理游戏结果。担任法官的参与者首先需要向其他参与者介绍游戏规则，当其他参与者对游戏规则提出疑问时，法官要及时解答。其次是根据规划把控游戏的时间，并保证讨论时不过于偏离主题。法官作为第三方，需要时刻牢记降低自身存在感，避免干扰玩家游戏过程，把握干预讨论的时间点。同样重要的是，法官不得在执行过程中给出主观的意见或倾向，对每个参与者的发言和逻辑保持同等的尊重。当然，法官角色同样具备一些特殊的权力：①对于争执不下的问题，参与者可以申请法官裁定，法官在听完双方意见后，进行客观的评判。②必要时，法官可以根据游戏的进行情况，对游戏作出适当的调整。

陪审员的主要职责是：分类功能牌卡片、使用卡牌进行审判和检验。陪审员需要遵从法官的指令进行游戏，在审判的过程中合理地表达自己的观点，认真聆听并尊重每个玩家的不同意见。每个陪审员都需要延迟批评，待其他玩家结束发言后再提出自己的意见。陪审员可以借助卡片进行游戏，基于服务设计启发式卡片，通过替代、合并、适应、修改、改变用途、消除、反转等方法开展评估。当各陪审员的意见无法统一时，可寻求法官的仲裁。

规则牌和检验牌是为评估过程特别开发的辅助材料，分别参考了 SCAMPER 和来自管理学领域的 SERVQUAL 相关理论。SCAMPER 是一种通过替代、合并、适应等方式改进现有产品或服务的方法。该方法提出了七种通用的运算符：

图 5-15　卡片法庭

替代（substitute）、合并（combine）、适应（adapt）、修改（modify）、改变用途（put to other uses）、消除（eliminate）和反转（reverse）。基于 SCAMPER 所提出的思考方法，加以修改，延伸出规则牌 1.0 和规则牌 2.0，用于玩家的第一轮和第二轮审判过程，对当前的服务进行不同维度的反思和检验。表 5-1 展示了规则牌的内容。

SERVQUAL 是由 A. 帕拉休拉曼（A. Parasuraman）、瓦拉瑞尔 · A. 泽丝曼尔（Valarie A. Zeithaml）和莱昂纳德 · L. 贝瑞（Leonard L. Berry）等学者于 20 世纪 80 年代共同开发的服务质量评估模型。作为服务管理领域的经典理论框

表 5-1　规则牌的内容

规则牌 1.0	
替代	手中卡片采用的方法是否可以替换服务流程里的卡片方法？
	手中卡片所针对的设计对象是否更有必要被关注？
	服务流程中的哪一点是可以被其他方法替代的？
合并	手中卡片的想法是否可以与流程中的合并？
	两张卡片的目的是否可以合并？
	这些卡片可以整合吗？
适应	两张卡片的创意或概念中有哪些元素相似？
	针对不同元素，是否可以对手中卡片进行模仿借鉴？
	手中卡片的出发点与流程中卡片的有何不同？
	是否需要从手中卡片的出发点角度，完善流程中的卡片？手中卡片的亮点是什么？是否可以借鉴？
修改	手中卡片对何种元素进行了夸张或放大？
	流程中是否有相似元素进行相似处理？
	手中卡片的频率、范围、强度如何？
	流程中的卡片可否修改为和手中卡片频率、范围、强度一致？能否达到不一样的效果？
改变用途	手中卡片和流程中卡片的用途可以互换吗？

续表

规则牌 1.0	
消除	可以使用手中的卡片对流程中的某些部分进行删除吗?
反转	两张启发式卡片所指示的内容是否相反?哪些元素造成了这种对立?
规则牌 2.0	
替代	有什么事物、人物可以被取代?
	是否可以更改成分或者原料，或者采用其他的工艺和方法?
合并	有什么想法、目标、材料可以合并?
	可以提供套餐服务或者一系列产品吗?
	如何组合包装一系列产品?
适应	有什么其他事物与我们的服务类似?过去有什么类似的服务吗?
	我们可以从哪里借鉴模仿?可以引入别的什么想法吗? 有什么其他领域的创意可以借鉴吗?
修改	怎样改进现有的服务?可否改变服务的形式、顺序、服务者身份?
	是否可以提高某个服务元素的频率、范围、强度?
	有什么元素可以放大或夸张，提高感知度?有什么元素可以推向极致，增加到最大或变到最小?
改变用途	这个服务还有没有其他用途?
	改进或扩展以后是否可以有其他用途?
	是否有其他的市场?
消除	服务有没有可以删减、简化、浓缩的地方?
	服务有没有可以取消的规则?有没有不必要的成分?
反转	这个服务反过来会是什么样?从时间顺序上颠倒一下呢?
	产品的组成部分是可以互换的吗?可以有其他的顺序或者构造吗?

架，SERVQUAL 可以帮助企业系统性地识别顾客预期与实际感知服务之间的差距，从而制定精准的服务改进策略，目前，已经成为服务行业中帮助组织衡量和提高其提供的服务质量水平而广泛使用的工具之一。服务质量评估的方法包含了五个不同的评价维度，分别是：可靠性（reliability），指服务提供者能否可靠地履行承诺，提供准确、一致和可信赖的服务；响应性（responsiveness），指服务提供者对客户需求的反应速度，包括主动性和及时性；保证性（assurance），指服务提供者是否具备专业知识和能力，以提供高质量的服务，并能够建立客户的信任和信心；可见性（tangibles），指与服务相关的物质方面，如设施、设备、文档等，这些可以传递服务质量的可见性元素；同情心（empathy），指服务提供者能否理解客户的需求、关注客户的感受，并提供个性化的服务。这五个维度为我们构建检验服务的有效标准提供了有力的参考依据。根据设计领域的特征和需求，在原有的维度和考查内容上加以完善，最终确定了有形性、可靠性、响应性、保证性、流畅性和移情性六种类型的检验牌。检验牌由法官分发，每个玩家需要使用检验牌对服务方案的整个流程进行多轮评估。表 5-2 展示了检验牌的内容。

表 5-2　检验牌的内容

类型	内容
有形性检验牌	设施与我们所提供的服务相匹配
	服务设施具有吸引力
	具备现代化的服务设施
可靠性检验牌	正确记录相关的服务
	能准时地提供所承诺的服务
	顾客遇到困难时，能表现出关心
	向顾客承诺的事情都能及时完成
响应性检验牌	主动帮助顾客
	提供及时的服务
	告诉顾客提供服务的准确时间
	及时回应顾客的需求

续表

类型	内容
保证性检验牌	服务人员是能够信赖的
	在从事交易时，让顾客感到放心
	服务人员是礼貌的
	服务人员可以从公司得到适当的支持，以提供更好的服务
流畅性检验牌	服务流程中各接触点是否可控
	服务流程是否有一定的容错率
	服务流程是否具有可见性
移情性检验牌	针对顾客提供个性化的服务
	给予个别顾客特殊的关心
	主动了解顾客的需求
	优先考虑顾客的利益
	提供的服务时间符合大部分顾客的需求

3. 使用流程概述

开始评估之前，需要首先确定每个人的角色。讨论团队需要推举出一人成为法官，其余人自动成为陪审员。法官需要预先填写设计方案的服务流程或服务蓝图，以及在设计中使用的功能牌（即服务设计启发式）。完成以上任务后，法官及陪审员需要根据具体情况经讨论后选择功能牌分类标准。一种方式是按照启发式策略所针对的服务要素，即服务者、被服务者、经营者、接触点、服务流程、服务内容这几项进行分类；另一种方式是按照时间顺序，基于服务流程的前、中、后期进行分类，或者按照服务蓝图的方式，基于顾客行为、前台行为、后台行为和支持系统进行划分。当然，分类方式并不局限于此，我们也欢迎使用者按照实际的情况自定义其他的分类方法。确定好分类标准后，法官需要根据分类标准将全部功能牌（无论这个服务设计启发式策略是否被采用）快速分类。至此，前序的准备工作完成。

在准备工作完成之后，首先需要根据服务流程中被使用功能牌的顺序，依次对功能牌进行第一轮审判。法官为每名陪审员分发一张被审判启发式策略所属类别的功能牌（例如都是针对顾客行为的启发式卡片），陪审员将根据所领取的功能牌，结合规则牌 1.0，依次发言，对场上的功能牌进行审判。

在所有玩家发言结束后，可共同讨论审判意见及玩家之间的功能牌的作用方式。法官记录此次评估的有效信息并完善服务蓝图。

第二次审判的顺序与之前保持一致，法官再次为每名陪审员分发一张被审判启发式策略所属类别的功能牌，陪审员此次需要结合规则牌 2.0，依次发言，对场上的整体服务流程或卡牌使用情况进行审判。两轮审判完成后，对整体服务流程进行检验。法官为每名陪审员分发一张检验牌。陪审员根据得到的检验牌，检验目前所设计的整体服务流程是否达到检验牌所指示的标准。在所有玩家发言结束后，可共同讨论检验意见，并由法官统一记录讨论观点。在所有玩家均认同服务流程已经审判完毕后，法官整理所有讨论意见，并得到检验后的服务蓝图，至此游戏结束。

4. 工具包材料

卡片法庭工具包主要包括角色牌、规则牌 1.0、规则牌 2.0、检验牌四项材料（图 5-16）。在这个玩法中，服务设计启发式被重新命名为功能牌，成为在概念衍生中对服务设计过程进行思维启发、开拓与反思的工具。这一工具包的玩法是对设计方案服务流程中已使用的功能牌进行审判。规则牌 1.0 是每个陪审员玩家都有的七张卡牌，玩家在进行第一轮审判时，可根据手中的规则牌 1.0 指示的内容，对所分到的功能牌和场上待检验的功能牌进行审判，审判方法可以参考卡牌背面提供的文字信息。同样，规则牌 2.0 是每个玩家在进行第二轮审判时可以使用的材料。检验牌是法官分发的牌，每个玩家在每轮检验中获得一张。玩家需要使用检验牌对整个流程进行多轮检验，直到所有参与者均对服务满意。

第二节　适用于多场景的 SDHC 工具包

我们逐渐进入一个多变的、数字化和高度互联的设计世界中，这些变化的属性进一步影响了设计师的思维和方法。而服务设计启发式工具在这样的环境下更需要具备一定的适应性和灵活性。正因如此，本节专门介绍了研究团队面向不同使用情境所开发的一系列 SDHC 工具包。这些拓展工具包不仅覆盖了传统的设计环境，还延伸至纯线上、线上线下混合，甚至是基于增强现实和元宇宙环境的应用。

纯线上的 SDHC 工具包适用于远程团队或者网络社群。在这种情境下，传统的实体卡片或工作坊方式可能并不易于操作，线上工具包则可以方便全球各地的团队成员或者利益相关者协作参与。线上线下混合的版本则是为了应对远程分布式协作设计和面对面的设计同时存在的情况，适用于那些需

角色牌

规则牌1.0

规则牌2.0

检验牌

图 5-16　卡片法庭工具包材料

要线下与线上元素融合的项目。基于增强现实的游戏化工具包则利用了严肃游戏的部分策略，通过具备趣味性的互动方式让构思创意的过程变得更加引人入胜，同时也能在更轻松和活跃的氛围下激发更多的创新想法。在元宇宙环境下，SDHC 的应用方式拥有更多塑造的可能性。作为全新的想象世界，虚拟环境为设计师们提供了更易得的自由建造、布局、冥想和沟通的渠道。

通过这一节的内容，我们希望为读者提供适应不同场景的服务设计启发式工具包，以应对多样场景需求和挑战，并帮助设计师在不断发展和变化的设计流程和工作环境中时刻保持敏锐和创新。

一、服务设计启发式线上工具平台

服务设计启发式线上工具平台是服务设计启发式卡片工具包的升级版本，是结合设计师工作团队的使用需求与协作场景需求开发的基于 Web 端的无纸化协作启发式平台（图 5-17）。其主要功能包括：①工具包数字化创新。针对初代卡片工具包易遗失折损、更新困难、管理混乱、传播性弱等特点，构建一个数字化的工具平台，实现工具包的信息化。②从团队使用流程和需求角度出发，为用户提供团队线上协作、多种设计工具、项目管理等服务，帮助发散、转换思维和生成方案。

图 5-17　服务设计启发式线上工具平台

1. 设计背景

启发式工具以信息卡片的形式用于企业团队协作、线下教学活动。尽管实践证明了工具的实用性和启发性，但用户仍然面临着难以理解和吸收卡片信息的挑战，特别是对初次使用者而言。同时，多人协作时用到大量卡片可能导致讨论分散，不利于团队协作。

随着移动通信技术和 Web 2.0 的发展，用户已经习惯了从网络上获取信息和分享知识。因此，值得进一步考虑的是：如何减轻新用户的认知负担？如何确保协作小组能够集中讨论焦点？如何克服信息卡片物理形态的传播限制，使启发式方法在更多领域得以应用？基于这些问题，我们决定面向服务设计教学、服务设计行业从业者和相关领域的用户，开发一个专门的在线平台。

为了启发式工具的线上开发，我们邀请了多名学生在课程设计的不同阶段使用启发式工具，收集反馈信息。同时，我们还与微软和菜鸟等企业的专家团队共同观察和理解设计师、设计团队对线上启发式的真实需求。在这个过程中，我们收集了 100 多组使用观察记录和用户反馈信息，并确定了相应的升级目标（图 5-18）。

2. 功能介绍

通过对平台能够提供的信息和功能进行分类、统筹规划，我们确定了网站的五个主要功能板块。

板块一（卡牌库）：包含能够快速浏览和协助用户高效使用卡牌工具的功能，主要面向新手用户和团队在初步使用启发式卡片阶段可能的需求，包括分类浏览、快速检索定位、快速收藏、快速记录灵感以及对卡片进行评分等功能。

板块二（创作台）：呈现并提供一些结合启发式使用的方法和工具，主要面向能够较熟练使用启发式的团队，提供帮助团队完善方案的思维辅助工具。团队可以在创作台内开展讨论，并使用设计工具模板（例如用户旅程图）进行团队协作，选择并

改变卡片形式	减轻用户阅读负担	完整协作体验	项目管理
改善现有卡片形式的工具包信息使用效率低下、卡片易遗失的状况	改变卡片形式的同时，对信息呈现的内容、时间、形式也进行改进，尽力减轻用户不必要的阅读负担	在保证团队正常协作使用工具包功能的情况下，进行卡片形式的改变	解决团队进行多个项目时的信息混杂问题，减少团队重复回忆、记录等劳作

图 5-18　升级目标

展示启发式，围绕启发式进行灵感讨论和记录、方案梳理等。

板块三（个人空间）：为设计师提供灵感和启发式管理的功能。设计师可以整合自己产生和记录的灵感，收纳对项目有启发性的卡片，保存设计过程的协作记录，便于同类项目的复盘。

板块四（首页）：对使用者介绍启发式和平台的基本功能，并提供功能导航、启发式电子版下载链接、服务设计方法和工具的友情链接等。

板块五（关于）：提供服务设计启发式系列工具介绍、设计团队的信息和联系方式，欢迎使用者及时反馈意见，便于平台后续跟进启发式在实际应用中可能发生的问题。

另外一个便捷的设计改动是电子版本的启发式设计。在纸质卡片中，背面通常不包含文字信息，以减轻用户的阅读压力。但在电子版中，我们使用了微交互来提高用户查看的效率。用户在阅读卡片时，鼠标通常与视线保持一致。当用户的注意力停留在某张卡片上超过 1 秒时，卡片会自动翻转，显示背面的内容。这个微交互方式有效地利用了卡片的两面进行信息排布（图 5-19）。

由于一些技术和功能上的限制，我们的网站目前仍然处于 1.0 版本，提供的功能有限。然而，自 2020 年上线以来，这个平台已经被广泛应用于服务设计课堂，不仅服务于工业设计和产品设计团队，还涉及跨学科的团队。

截至 2023 年 9 月，该平台已经获得了超过 2 万次的点击和使用量。它为设计团队提供了一个创新的协作工具，帮助他们更好地理解和解决设计问题。我们期待未来进一步发展和完善这个平台，以满足不断增长的用户需求。

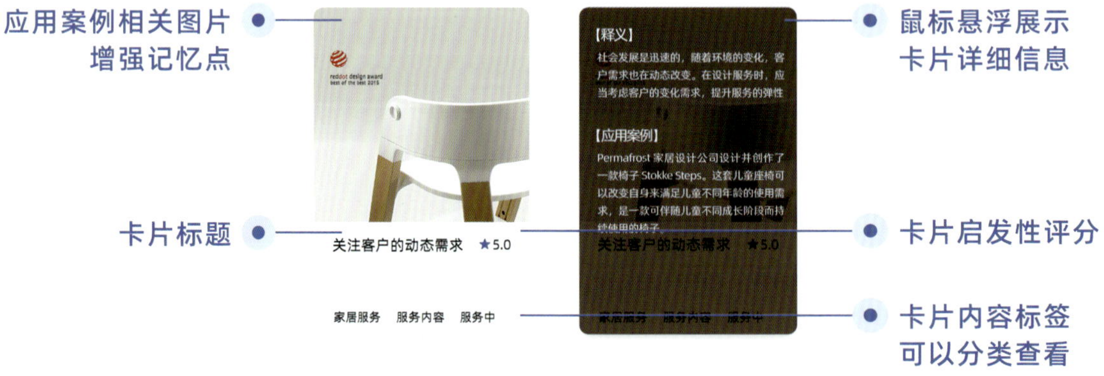

图 5-19 线上平台卡片展示微交互方式

二、LINK 软硬件结合工具包

作为信息资源的一种，启发式也存在着无法像专家学者利用“隐于脑海”中的经验一般自然高效的弊端。现有庞大的设计启发式资源应该如何在面对面的团队讨论情境中加以开发利用？LINK 协作设计工具的开发初衷是使启发式资源可数字化、可交互化、可感知化，在一定程度上提升现有设计师团队讨论的效率。设计师们或许可以用更便捷的方式更深入地汲取设计资源并进行协同共享，相互碰撞出新的创意火花，形成互动、整合、智能、高效的协作设计团体。面向线下讨论的情境应该遵循何种设计策略以形成有效的设计工具，并使其在团队创意过程中解决设计问题？本小节将给出答案。

1. 设计背景

LINK 软硬件结合工具包（图 5-20）将目标聚焦到设计团队线下共同设计的协作场景，通过开发多种辅助发散的工具包配件并探索有趣的交互形式，在增强工具性能的前提下，使得卡片的使用过程更加自然、流畅、高效。

在初步完成服务设计启发式物理卡片的开发之后，我们邀请了 90 多名服务设计新手以两人一组的模式进行使用测试，在真实协作环境中探讨 SDHC 的作用，记录分析设计师们在不同方案状态下的卡片使用流程、内容输出及访谈反馈，总结归

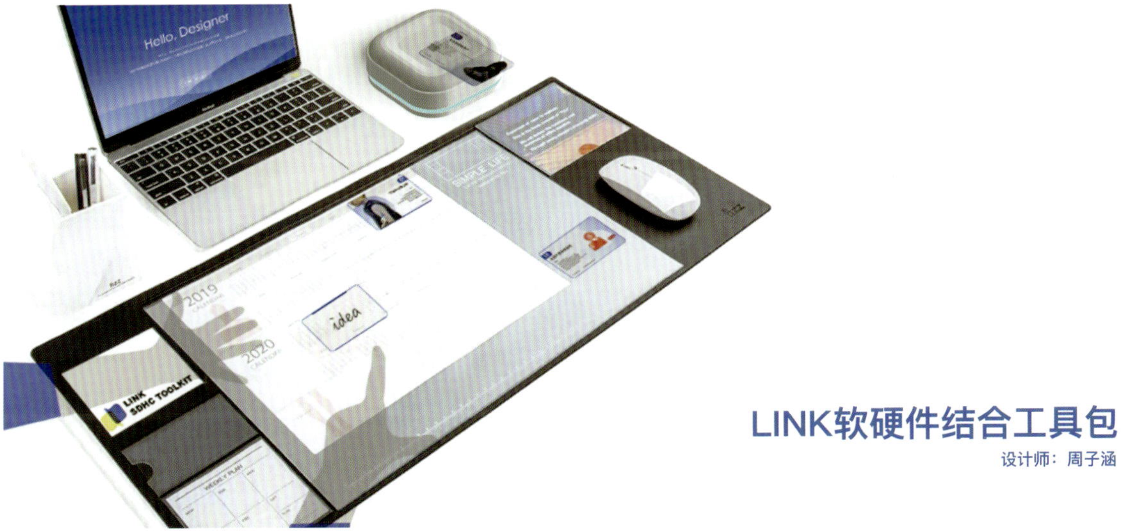

图 5-20　LINK 软硬件结合工具包

纳线下共同设计场景启发式的使用需求与痛点。我们观察了被试小组的行为模式，共总结出 8 项对启发式卡片进行的高频操作，包括：分散在桌面、标注、预筛、分类、交换查看、相互关联、建立索引和有用性定值。通过对访谈结果进行开放式编码，我们得到了具有典型与普遍意义的设计需求，进一步归纳出可以有力解决这些问题的设计方向（表 5-3）。

启发式信息应该如何存储、展示与搜索，以保证承载足够的信息支持，又避免展示过多的案例导致认知负担，并增大设计固化的可能？开发者提出结合 NFC（近场通信）技术，让卡片与硬件通过彼此靠近的方式进行数据交换，产生互动性的交互反馈，并在电脑端显示相关的附加信息。这一过程自然简洁，同时也为使用者带来一定程度的参与感，触动创造潜能并获得丰富有趣的全新体验，实现设计信息资源传达的有效性和交互的合理性。

表 5-3 设计需求开放式编码表

要素	代表性观点 / 观察结果	需求分析	设计方向
环境	觉得像大海捞针，但是使用过程感觉很吃力、很混乱，在桌面上不易分类放置不同相关性的卡片	明确功能分区、可操作的讨论区域	协作环境搭建
	可以将卡片的呈现形式转换为三维，因为卡片之间是有联系的，例如可以用像蜘蛛网一样的形式将卡片挂起来，卡片之间可以用线进行连接，有助于思考、整理	融合性、交叉性高，与经典服务设计工具有机结合	
	不同类型的卡片或许可以用不同的颜色来划分。有时候灵光一闪回忆到之前某张卡片的内容，但因为数量太多了，找到它花了好长时间	卡片的摆放与固定分类需求，防止散落	
	部分小组成员没有参与感、体验感，易形成单人主导的思维发散	适合多人协作，便于共享查看	
用户	卡片概括性的语言容易引起歧义，深入了解案例耗时很长，希望不是用句子而是用关键词提醒。卡片信息上的参考来源是网址，对于纸质卡片不适用	提炼关键内容，自然的启发式附加信息展示与检索	信息展示搜索
	卡片字体的大小妨碍多人阅读讨论，没有图示辅助理解。讨论过程有些枯燥和机械，缺乏更加有趣的体验。感觉实验的时间还是过长，到后半段明显效率下降	交互过程更加有趣，有效的中场休息	时间把控提醒

续表

要素	代表性观点 / 观察结果	需求分析	设计方向
用户	组内就卡片内容讨论过久，产生的想法受到一定程度的局限，有填鸭式盲目产出想法而忽略用户实际需求的现象。卡片使用时间分配有问题，存在一张卡片使用时间过久的情况	时间把控，渲染紧凑的讨论氛围	使用流程引导
	一开始不知道怎么入手，使用中途，发现卡片扩充了整个服务框架，使整个服务超出了原先的核心问题(核心问题变成了服务系统所关注的某一个问题)，对服务系统的范围产生忧虑	工具使用方式的明确指示，仪式感的塑造	
	案例有点抽象，对卡片的理解有点困难。刚把问题确定下来，直接看卡片很难，出现了不用卡片自己讨论的情况。大约半个小时的时候又开始强迫自己使用卡片，有点本末倒置的感觉	降低认知负担，便于理解	

2. 功能介绍

（1）讨论桌垫

在实体产品层面，我们设计了适合启发式卡片使用的讨论桌垫，将讨论区域合理规划为废弃区、待使用区、讨论区三个部分，便于卡片的分类放置。按照用户期望，采用不同的颜色对不同的模块区域进行划分。桌垫方便卷曲收纳，可以在不同的场景展开应用，并支持与其他服务设计工具结合使用。

为方便用户广泛存在的标注相互关联卡片的行为，进行启发式卡片之间的对比与交叉思考，我们对启发式卡片的形式进行优化：采用透明的 PVC 板作为卡片的材质，统一并丰富了卡片的视觉效果。用户可以重复使用并直接将想法记录到卡片上面。同时，巧妙应用近场通信技术，给每张卡片贴上 NFC 标签，作为其独特的 ID，与讨论助手进行交互。

（2）软硬件交互系统

在虚拟软件层面，为满足信息化产品设计的情感需求，使用者可以首先在电脑端对讨论时间、人数、状态进行设置，然后开启讨论，塑造合理的仪式感与紧凑感，以更好地把握设计节奏。另外，在硬件层面，设计了实体讨论助手硬件产品，方便使用者在讨论环境中使用。硬件产品整体为树脂材质，以饱和度适中的灰色系为主要颜色，自然而不张扬。其整体造型运用极简的语言，以符合大多数设计师

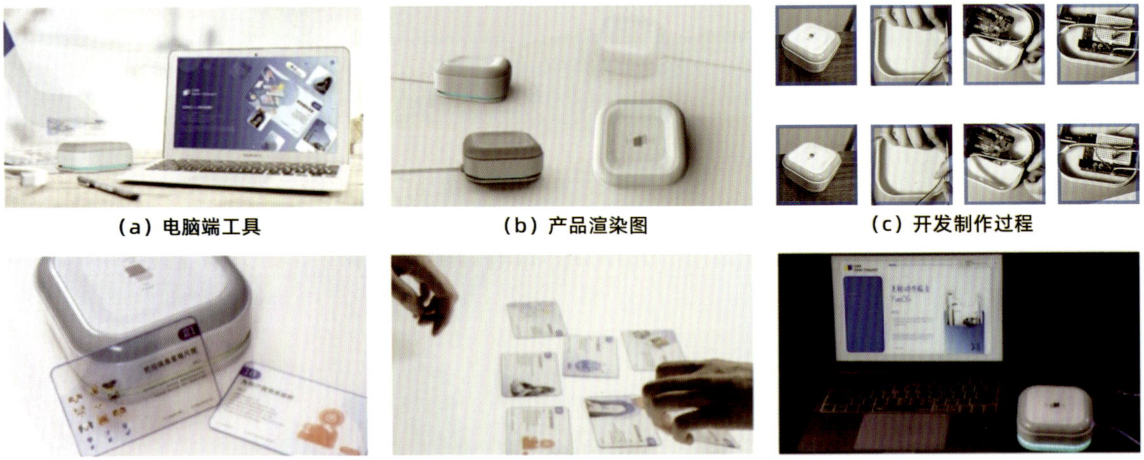

（a）电脑端工具　（b）产品渲染图　（c）开发制作过程

（d）实体工具展示　（e）卡片使用场景　（f）使用效果

图 5-21　LINK 软硬件结合工具包方案展示

的产品喜好。在产品设计中加入呼吸灯带的元素，作为时间提醒和交互反馈的有效方式，满足趣味性要求。

讨论开始后，讨论助手的光带逐渐亮起，屏幕上开始显示剩余的讨论时间。使用者在提供的实体工作台面展开讨论，透明的卡片之间可以互相交叠对比。当用户对卡片内容存疑时，可通过用卡片轻触讨论助手的方式，唤醒电脑，在屏幕上会展示更多关于此卡片的附加信息。在实现信息展示搜索和降低认知负担的同时，以参与互动的方式，打破传统讨论枯燥乏味的氛围，让每个成员都有一定程度的参与感。整个系统使用 Arduino 及 Processing 对产品原型进行硬件和软件开发（图 5-21）。

三、“大富翁”游戏化增强现实工具包

在实际的课堂教学使用过程中，我们发现设计启发式在服务设计领域的使用存在灵感激发效果不佳的情况，如新手设计师容易感到迷茫和困惑，长时间使用会导致单调乏味，团队在创意协作中难以有效交流等问题。这一设计方案引入AR技术，以“大富翁”游戏为灵感，汲取该游戏的随机性与前进性特点，对其地图和关卡进行适配服务设计启发式的改造（图 5-22）。我们利用 AR 技术呈现三维信息，采用虚拟按钮的交互模式，使玩家可以直接与纸质地图互动，将游戏与服务设计启发式连接，让思维在有计划的路线上保持活跃，从而提升设计启发式工具的实用性和趣味性。

图 5-22 “大富翁”游戏化增强现实工具包

1. 设计背景

在新的设计教育体系中，教师更像是亲和平等的促进者角色。教学团队所擅长和熟悉的基于纸质 SDHC 的授课模式，在用于更年轻的下一代学习者时出现了危机，倦怠、不感兴趣、容易迷失和面对大量启发式策略的抗拒心理开始出现。于是我们不得不重新开始思考：什么样的教授模式能够被新一代“数字原住民”更好地接受？什么样的教授模式能够在提供充分引导的同时，调动学生参与课堂的积极性和兴趣，打破原本课堂“严肃”的教授过程？于是，在新的授课环节，我们探索性地融入了游戏化的理念，尝试重新定义教师与学生的角色。

在经过对相关辅助工具与技术方案的调研后，设计者发现 AR 技术可承载更多信息，并将这些随时更新变化的信息巧妙地融入真实世界。用户可以通过虚拟按钮与虚拟世界产生交互，从而创造更富有趣味性的体验，激发设计思维的活跃性，引导更加开阔和结构化的设计启发，同时使整个设计过程更有趣。因此该设计方案以“大富翁”游戏为原型，对其地图和关卡进行适配服务设计启发式的改造。关卡设计考虑了内容适配性、服务设计概念衍生、工具使用时间、设计思维顺序以及各关卡内容的最佳思考模式，共生成 22 道关卡，包含与卡片交互、服务设计工具、设计思维和分析模型等多种形式，以提供全方位的学习和体验。

2. 功能介绍

改进后的启发式工具的使用形式与“大富翁”游戏类似，可以在概念衍生与评估迭代两个设计阶段使用。以下介绍具体的使用流程。

①在游戏开始前，用户需要保持放松，明确自己的设计问题并准备好纸笔与设备。坐定后用户需要打开地图，可以使用实物工具材料中附带的纸质地图，也可以下载官网的电子图片，接着打开手机App，扫描地图进入游戏。

②开局时用户每人随机抽取 10 张卡片，可以自由浏览。

③准备就绪后，用户就可以进入概念衍生阶段的游戏。地图下方是游戏的虚拟按钮，与普通屏幕交互不同，用户可以直接用手点击地图。可按偏好选择其中一种走图方式：第一种掷骰子，用户用手点击纸质地图上的“Roll the dice”按钮，随机前进步数；第二种逐步前进，用户用手点击纸质地图上的“Take a step”按钮，体验每一关。

④在经过概念衍生阶段后，用户可以进入评估迭代阶段的游戏。这时候游戏的关卡会给出思维关键词提示或服务设计工具，用户需要根据需求进行思考与评估。图 5-23 展示了用户使用“大富翁”增强现实玩法进行概念衍生的过程。

经过学生的使用体验，这种不同寻常的游戏教学形式得到肯定。课堂教学不再是死板的知识输入，而是一场多人参与的图版游戏，学生能够使用熟悉的“大富翁”形式，以更全面的方式看待设计问题和解决方案。在游戏的形式中，启发式的使用与头脑风暴变得更加有趣高效，学习的氛围也变得更加轻松愉悦，学生对于接收过多启发式信息与长时间讨论的心理抗拒大大减轻。

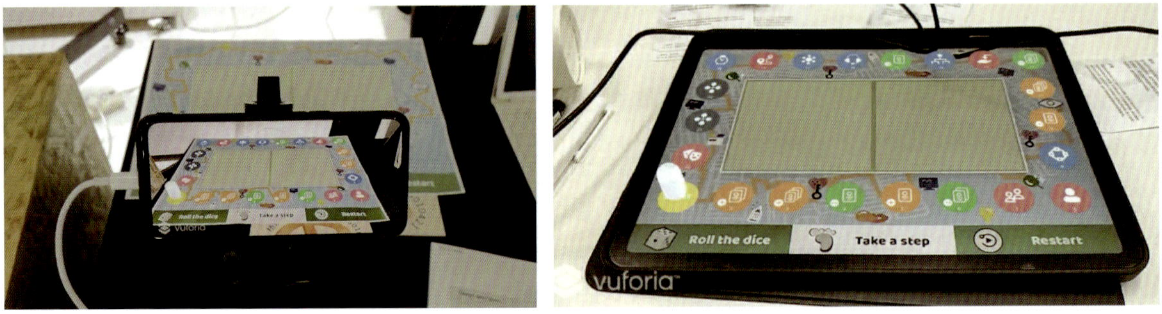

图 5-23　“大富翁”增强现实玩法过程示意

四、敏捷启动的双人讨论小程序

在工具包的开发和设计达到一定体量之后，我们开始自下而上地思索数字化学习环境的特征并转变新的教学手段，而不是自上而下地将设计实践课堂转变为在线平台。我们关注到学习者对敏捷启动、快速设计的需求，通过开发轻量化的小程序，实现了线上的快速联结和双人讨论的迅速开启，以应对随时可能出现的灵感（图 5-24）。敏捷启动的小程序帮助团队在线上讨论时从繁复漫长的沉默和反复的解释中解脱出来，营造轻松启动的理想状态。我们的意图在于差异化地设定知识与技能的习得方式，将更为灵活的学习路径纳入课程。基于 SDHC 存在的制约、互补、促成三类组合关系，双人讨论小程序构建了一个可以快速开启和关闭的构思场所，辅助两人团队的讨论过程，提高其构思效率，以探索更广阔的设计空间。

1. 设计背景

用户自发使用 SDHC 中的组合模式有利于构建启发式的潜在关系，在该模式中用户会把多张启发式卡片结合到一起使用。由于 SDHC 的开发是建立在不受行业和内容限制的各类案例之上，导致启发式很难进行分类。在此前提下，启发式组合有望成为缓解 SDHC 困境的有效手段。但由于纸质媒介在容量与交互方面的局限性，组合较难在其中进行应用，需要探索新的应用媒介。目前数字化媒介在设计领域的潜力已被不少学者认可，其具备

图 5-24　敏捷启动的双人讨论小程序

信息管理方便、动态交互快捷的优势，有利于启发式组合的应用。在此背景下，我们针对 SDHC 组合的应用展开研究，完成了组合的提取与应用方法探索，以数字化媒介作为载体，最终设计并开发了 SDHC 的小程序。

基于前文所提及的组合模式，通过编码 SDHC 使用过程的方法，我们完成了组合的提取、筛选、分类与评估，并提出了组合的应用模式。通过对相关数字化案例与界面设计要素的分析与梳理，归纳出了适用于包含复杂信息的 SDHC 组合应用的界面设计原则，从内容与设计目标两个维度，对设计探索方向进行了梳理（图 5-25）。

①规范使用结构 / 阶段信息：通过对设计构思流程与节点的把控，阶段信息容易被用户感知，也能支撑启发式组合的分阶段应用。

②梳理信息呈现形式：组合的出现让信息变得更复杂，将信息有序地呈现给用户，以及将潜在的信息反馈于用户，可以让用户更清晰地了解当前的使用情况、更有效地展开设计构思。

③设计动态交互：用视觉或声音的形式丰富交互渠道，支持用户以自然的方式与卡片互动、触发组合应用。

2. 功能介绍

（1）启发式列表

服务设计启发式列表在 SDHC 界面里被统称为“卡片”列表。启发式列表界面的布局从上至下分为：信息呈现区、启发式（卡片）列表和底栏。

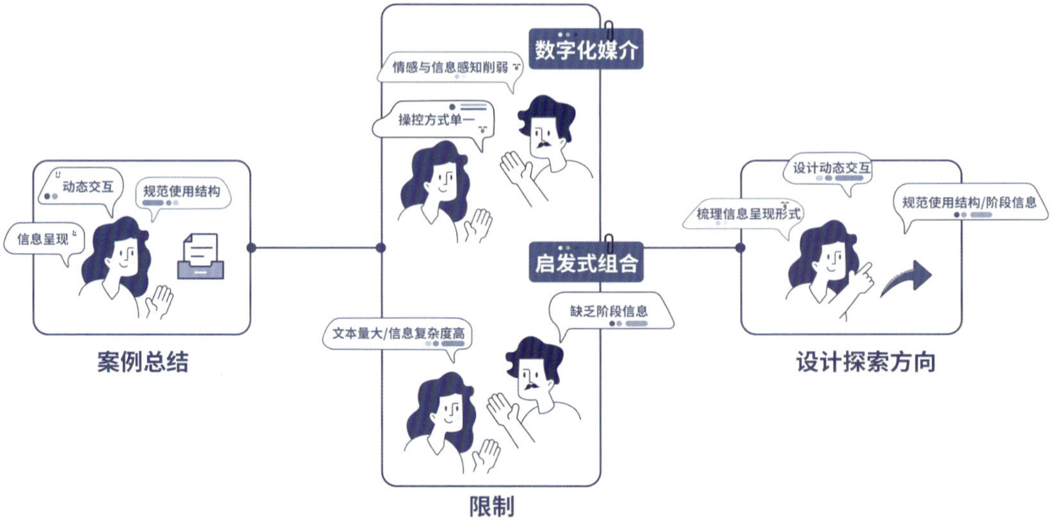

图 5-25　设计探索方向梳理

小程序支持用户对启发式列表中的卡片尺寸进行切换，帮助用户以多种视图进行阅读，减弱屏幕尺寸对用户遍历启发式的限制。为了更有利于用户快速触达，启发式列表下设置了卡片收藏功能，可作为用户对卡片快速筛选的途径。

（2）创作模式

用户可以通过“新建创作”或“加入创作”进入创作模式。在“新建创作”中，用户需要对创作阶段与相应时间进行设置，便于小程序对用户使用流程的控制与提醒。创作模式的人数设定为 1~2 人，创作开始后，界面会相应展示想法数量、阅读卡片数量、设计阶段及剩余时间。

（3）启发式组合

创作模式开启后，用户可以通过点击的交互形式，触发卡片翻转与启发式组合推荐。此外，考虑到屏幕尺寸有限，而启发式及组合的数量较多，信息呈现区全部展开会影响产品整体的屏效，因此支持用户以上滑、下滑的形式对信息区域进行收起或查看。

（4）灵感记录与列表

灵感记录是该小程序的核心功能之一，用户可以通过直接点击底部的灵感记录按键进行记录。完成灵感输入后选择保存，弹窗确认则灵感保存成功。灵感记录支持文本、图片与绘画等多种形式。在多人协作使用的模式中，灵感列表界面会区分为个人灵感与团队灵感两种，灵感以“卡片”的形式排列呈现。

（5）个人中心

个人中心板块的按键放置在底栏的最右侧，用户可以在个人中心查询历史创作记录，也可查看单次创作记录中的灵感记录详情。退出创作的按钮放置在左上角，点击返回后，弹窗二次确认是否退出，再次点击后，完成对创作流程的退出，回到初始的管理创作界面。图 5-26 展示了小程序的核心交互界面。

五、元宇宙世界的启发式工具开发

湖南大学设计艺术学院“互联技术与服务设计”课程基于互联技术的背景，在学生掌握服务设计的基本理论知识体系的基础上，结合服务设计启发式卡片与 VR（虚拟现实）技术，尝试打造元宇宙世界中的沉浸式设计平台。在元宇宙的世界里，同学们试图构建真实的服务场景，提供有趣的社交互动，支持新颖的设计玩法。同学们从启发式卡片本身、启发式的使用流程、使用启发式进行方案评估三大议题出发，在全新的虚拟世界中，探索启发式的更多可能性。该课程通过“虚拟现实技术”与“服务设计启发式”的融合，既深化了同学们对于服务设计的理解，也激发了设计师们关于“元宇宙世界中的设计”这一议题全新的思考与想象。以下节选部分课程案例。

图 5-26　服务设计启发式小程序界面展示

1. 元宇宙中的“新手设计师训练营”——设计师快跑：灵感大比拼（图 5-27）

方案简介

- 针对情境：服务设计新手初识“服务设计”
- 关键词：“跑酷”游戏模式 | 逆向卡片 | 思维流 | 竞争机制
- 方案亮点：专注于培养设计新手使用启发式卡片进行思维发散的能力

小组成员

沈新苗　刘贝贝　张艾　王嘉琪　王琪

图 5-27　元宇宙中的“新手设计师训练营”——设计师快跑：灵感大比拼

该设计围绕“为学习者在现实世界的设计做好准备”展开，是一款为服务设计新手打造的多人竞技游戏，通过让玩家在游戏中进入思维流的状态，使用启发式卡片获取灵感，锻炼思维发散能力。通过“跑酷”的游戏模式，模拟思维流的整体状态，结合竞争机制与卡片收集机制进行关卡设计。逆向卡片以及启发式卡片的整体评分投票机制，增强了玩家在设计过程中的自我反省能力，有利于集体的思维收敛，提高了讨论效率，同时也保证了趣味性。

（1）设计目标

组员们观察到新手设计师在初次接触服务设计时，缺乏相关专业经验，在解决问题的思考过程中缺少发散性思维，因此希望结合目前互联网环境构建一个帮助新手设计师进行职业准备和技能提升的全新互动空间。新手设计师可以在该空间内了解启发式卡片对于灵感生成的促进作用，从而锻炼服务设计发散阶段的思维能力。

（2）设计思路

组员们对于用户痛点进行层级化以及分类梳理，使用 HMW 法（一种创意思维方法，引导人们从不同的角度审视和思考问题，并找到创造性的解决方案。HMW，由 how、might、we 三个单词的首字母大写组成，其中，how 代表问题可被解决，might 代表问题有多种解法，we 则强调团队工作的重要性）进行设计点发散，通过权重评估，最终将设计点确定为“严肃游戏”。但“严肃游戏”在一定情况下容易出现用户被游戏本身吸引从而影响效率的现象，为了提高该方案的可行性，增加了对思维流的思考。在人的需要、动机、兴趣、意志等心理因素作用下，当思维活跃到一定程度时，会产生一种思维流，此时学习和研究的效率达到平时的最高水平。动机条件和知识信息条件是形成思维流的两个基本条件，而游戏和启发式卡片正好充当了这两个基本条件的要素。动机条件是形成思维流的首要条件，如果没有内在的动力和心理的需要，没有解决问题的兴趣和愿望，人就不可能深入地、认真地、持久地思考和研究。具备与思维对象相应的知识信息，是形成思维流的必要条件，而启发式恰好提供了所需的知识内容。

通过对“严肃游戏”与启发式卡片自身特点以及相关参考案例的思考，确定了“竞争”“激励”“节奏”三个关键词。

①竞争：首先，多人竞争中需要快速的反应能力带来的紧张感和刺激感。其次，游戏策略的本质就是在现有条件下寻求最优解，玩家在完成挑战之后会有种大获全胜的快感 。同时，思维流是时间持续、高度活跃状态下的一种思维活动，玩家处于高度兴奋、集中的思考状态，会源源不断地产生灵感。

②激励：对于玩家的每一个动作，必须给予相应的反馈，告诉他是否操作正确。玩家完成挑战后要给予相应的奖励，让满足的情绪和成就感得到充

分的释放。新手设计师的成长是可以持续的，玩家可以通过游戏进行自我能力的提升。

③节奏：需要有意识地设计游戏时长，太长或太短都不合适，最重要的是把握好兴奋点，注重玩家产生的每一个激烈的情绪变化，让玩家在游戏中体验到情绪的跌宕起伏。

启发式卡片作为一个知识库，具体使用方法因人而异。又考虑到玩家得到启发生成灵感的瞬时性，以及思维的自由性，我们不在具体的使用方法上过多限定，而是针对玩家在整个过程中的思维方式和方向进行隐性的引导。玩家通过查看卡片，自然地产生灵感，同时由于核心诉求简单明确，以及游戏的竞争氛围，玩家直接快速地将想法记录下来，这样不容易出现钻牛角尖、偏离方向的情况。

（3）游戏机制

这是一款为服务设计新手打造的多人竞技游戏，整体设置了六大关卡。玩家随着破解关卡过程进入思维流的状态，使用启发式卡片获取灵感，锻炼思维发散能力。针对玩家服务设计新手的身份，我们去掉了前期繁杂的调研工作，选择直接给出核心诉求，从日常生活中的实例着手，帮助玩家迅速明确目标，从而快速代入游戏。从一个小需求点切入，减轻玩家的思维负担，专注于培养其使用启发式卡片进行思维发散的能力，而不是在短时间内对玩家进行过多的灌输和说教。以下展示了具体的游戏机制。

①关卡设计（图 5-28）。

②卡片替换。为了让玩家对自己的想法先进行反省与筛选，减少集中投票时低质量想法易重复的情况，保证想法的独特性和高质量，游戏要求玩家在整个过程中产生至少三个灵感，当玩家产生第四个灵感时，需要将其与已有的三个灵感进行比较筛选，留下质量排名高的前三个。

③投票评估。所有玩家进入评估平台，玩家背包中的灵感卡片随机分散环绕在评估平台周围。灵感卡片上不显示玩家信息，不区别逆向卡片。集中投票环节不投反对票，因为灵感没有好坏对错，不应该被轻易否定。

（4）设计输出

图 5-29 为“设计师快跑：灵感大比拼”demo（样稿）展示。

图 5-28　“设计师快跑：灵感大比拼”关卡设计

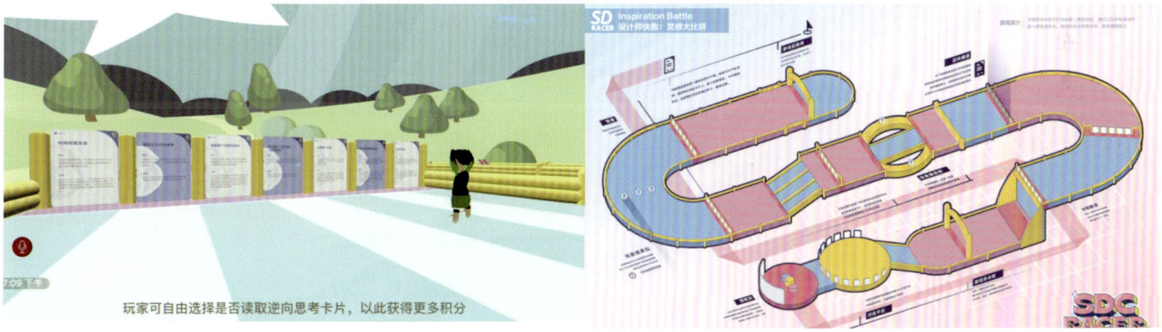

图 5-29　“设计师快跑：灵感大比拼” demo 展示

2. 组织服务设计参与式讨论“鱼缸会议”——COCOCREATE（图 5-30）

方案简介

- 针对情境：新手设计师团队内部发言权限不平等
- 关键词：“鱼缸会议”｜决策集团与利益相关者｜维护弱者发言权｜有效沟通
- 方案亮点：将卡片作为连接决策集团与利益相关者的媒介，促进两者进行有效沟通

小组成员

屈非塬　周兵凤　李佩珊　魏玉琪　任科

图 5-30　组织服务设计参与式讨论“鱼缸会议”——COCOCREATE

团队聚焦于参与式设计中参与者之间讨论的矛盾，将卡片、服务设计工具、VR 三者结合，设计出一个能辅助新手服务设计师团队进行发散的 VR 场景。没有引导性的参与式无序讨论可能对设计师造成干扰，而将“鱼缸会议”机制引入参与式设计中，隔离不同群体之间的对话，维护了弱者的发言权，促进了有效沟通。卡片作为媒介连接着决策集团与利益相关者，保证二者之间避免干扰的同时能够及时进行有效沟通。

（1）设计目标

组员们从设计师的思考流程出发，引入双钻模型作为研究主体框架。在设计的四个思考流程中，设计师将会面临不同的问题，需要得到不同的启发来扩展思路或进行问题聚类。

参与式设计（participatory design）是服务设计中常用的一种方法，旨在使决策集团（客户、发起人等）和利益相关者（员工、合作伙伴、供应商、最终用户等）积极参与设计过程，与设计师协作，以确保结果符合他们的要求。一次优秀的参与式设计活动需要参与者们积极配合以及主导者正确引导。通过调研发现，目前组织参与式设计存在着诸多问题，最为显著的问题出现在缺乏设计经验的部分利益相关者身上。一方面，在思维发散阶段，他们由于缺少设计思维可能会引发无序讨论，导致整体活动的效率降低；另一方面，他们的信息、想法对于整体方案起着十分重要的作用，但在方案决策阶段缺少决策权，许多具有建设性的意见由于各种原因容易被决策集团否定，从而引起矛盾。

因此，该组同学将卡片、服务设计工具、VR 三者结合，设计出一个能辅助新手服务设计师团队进行发散的 VR 场景。

（2）设计思路

针对目前参与式设计存在的矛盾，团队引入了研讨常用的“鱼缸会议”模式，将其与启发式卡片结合，构建促进设计团队思维发散的参与式辅助工具。“鱼缸会议”是一种组织会议的方式，倡导不同群体本着合作的精神，一起分享各自的观点和资讯。每个参与者由于知识储备、行业经验、身份背景不同，价值观和看待问题的角度都有所不同。我们不但要积极抒发己见，还要了解别人对于我们自身想法的评价。对个人而言，“鱼缸会议”维护了身处不同群体中用户的发声需求；对集团而言，隔离不同团体，及时调控决策集团和利益相关者的沟通渠道，有效促进了方案推进。

卡片作为媒介，连接被隔离的决策集团和利益相关者，保证二者之间在避免干扰的同时能够及时进行有效沟通。决策集团可以针对卡片内容发表想法，利益相关者也可以针对决策集团的发散思维点进行点赞、点踩及评论。

（3）方案概述

①整体流程。利益相关者和决策集团拥有各自独立的空间，利用启发式卡片进行后续的思维发散工作。整体流程分为以下三个阶段（图 5-31）。

第一阶段：利益相关者处于外圈鱼缸，对卡片周围的想法进行点赞、点踩或评论，决策集团处于内圈鱼缸，打出不同的卡片并在内部进行讨论。

第二阶段：内圈决策集团分组进入外圈，与之讨论交流。

第三阶段：决策集团回到内圈鱼缸，进行收敛，整合后得到初步设计方案，利益相关者离开。

②针对利益相关者与决策集团两类用户的具体使用流程，如表 5-4 所示。

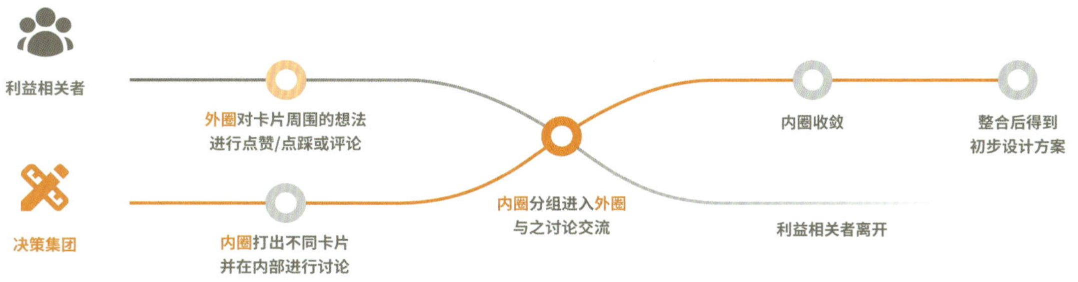

图 5-31 “COCOCREATE”流程概述

表 5-4 “COCOCREATE”不同视角下的具体步骤

步骤	决策集团视角	利益相关者视角
阶段 1.1 制定利益相关者矩阵，进行鱼缸分组	根据利益相关者矩阵对邀请到的利益相关者进行分类，以便于后续对其发出的信息进行鱼缸分组	
阶段 1.2 决策集团进行卡片思维发散，利益相关者围观	进行卡片筛选，上滑卡片打出，触发讨论，下滑卡片删除	围观行为
	在决策集团中的一员打出卡片后，这张卡片将会出现在所有决策集团成员和利益相关者面前，以供讨论	围观行为，利益相关者也能看到这张卡片
	用语音或文字输入此卡片相关想法，在启发式卡片周围生成附属小卡	同时出现在利益相关者面前
	附属小卡显示所有卡片点赞之和，光标悬停显示不同房间的点赞数	附属小卡只显示当前房间点赞之和
身份交换，决策集团进行围观，利益相关者对之前卡片发表各自新想法		
阶段 1.3 利益相关者进行卡片思维发散，决策集团围观	围观行为，可观察不同房间内参与者的行为	针对不同小卡进行评论，生成附属小卡
	实时查看附属小卡点赞内容以及新生成附属小卡，及时补充发散更多小卡	在此过程中，继续对附属小卡点赞、点踩或发表评论
阶段 1.4 利益相关者进行卡片整理	将附属小卡拖动到启发式卡片上，表示认可该想法，后续内部进行讨论，决策最佳方案	
阶段 2 与利益相关者商讨有争议的卡片	内圈决策集团进外圈讨论有争议的卡片	与入组决策者进行讨论
	决策集团带着方案结果离开外圈	离开平台
阶段 3 最终思维收敛	完成一轮内圈进入外圈的入组讨论以后，设计师们最后将得到一套经过发散与收敛的卡组，用来启发与迭代服务设计方案	

（4）设计输出

图 5-32 为“COCOCREATE”demo 展示。

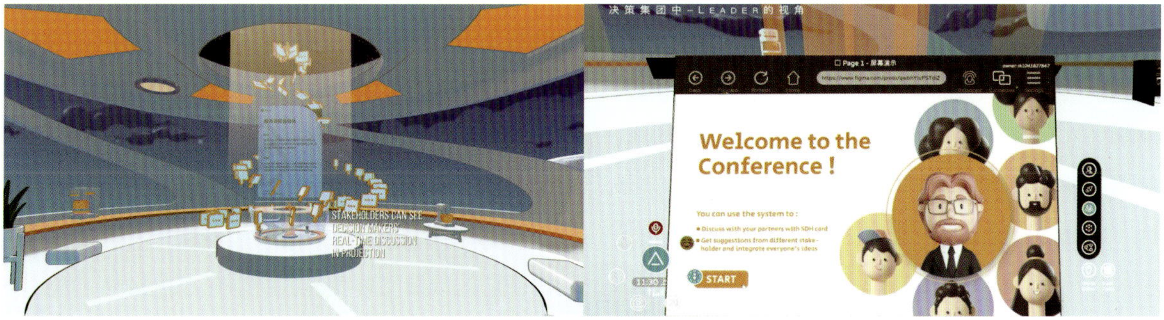

图 5-32　“COCOCREATE”demo 展示

3. 孕育设计灵感的“元宇宙森林”——灵感森林（图 5-33）

方案简介

- 针对情境：设计团队无休止、低效率的头脑风暴
- 关键词：灵感关键词追溯｜组合式卡片发散｜具身式时间限制
- 方案亮点：助力团队头脑风暴活动，创造无限扩张的元宇宙灵感森林

小组成员

许梓欣　李婷婷　李媛　赵禹涵　吴宇洋

图 5-33　孕育设计灵感的“元宇宙森林”——灵感森林

该方案设计的对象主要为设计团队，通过方案设计的流程，进行某个主题的头脑风暴，最终生成有用的灵感合集，转换为灵感森林，便于储存、查阅。在设计讨论中，对于整体进度的把控十分重要。因此，该方案设计了虚拟天空的“昼夜替换”来控制流程的推进，利用生成的灵感球来帮助灵感森林升级。

（1）设计目标

组员们聚焦的课题为“卡片使用流程设计”，考虑将整个流程与服务设计中高频率使用的设计工具相结合，找到与卡片较为契合的工具，对启发式卡片在 VR 场景中的使用流程进行设计，挖掘启发式卡片在元宇宙空间内的无限可能。

初次接触启发式卡片，对于团队合作具有一定的引导作用。在课堂内的案例中使用启发式卡片，一方面可以帮助引导团队往不同的方向发散思维，另一方面，启发式卡片作为沟通媒介连接着参与者们的思维想法，在一定程度上打破了设计团队初建时的诸多瓶颈。但在使用了一段时间后，随着团队对于设计方案的要求逐步提高，启发式卡片使用中的一些痛点也逐渐浮出水面。为了更好地提升该工具的应用性，组员们对目前使用过程中的痛点进行了整理（表 5-5）。

之后，组员们对目前与启发式卡片联用最多的思维发散工具——头脑风暴进行了进一步的思考。服务设计大多需要考虑众多的利益相关者，群体决策往往在服务设计中占据主体地位，但由于成员之间的相互影响，群体成员易屈从于权威或大多数人的意见，从而形成所谓的群体思维。为了保证群体决策的创造性，管理学界开发了一系列改善群体决策的方法，头脑风暴就是较为典型的一种，该方法也在设计界得以应用。

由于头脑风暴秉承着“越多越好”的信条，追求想法的数量而非质量，所以在方案整理、思维收敛阶段会积累大量的想法。对于团队来说，在众多的灵感中筛选符合本次设计目标的想法，需要花费团队大量的时间与精力。对于灵感自身来说，其使

表 5-5 “灵感森林”启发式卡片使用痛点分析

痛点	详情	拟解决方法
形式独立	每张卡片都是独立的单一内容，本身不可交互，也与其他卡片无交互关系	可以为卡片赋予交互、修改、联动等功能。如从链接形式、关键词到具体案例
内容宽泛	每张卡片的内容都很宽泛，阅读过程中不容易把握重点，只能模糊理解	用关键词形式提升宽泛性，让思绪更多地放在发散灵感上面，而不是把握卡片重点
阅读耗时	繁杂的卡片内容会增加阅读的工作量	①分散卡片于每人手中 ②卡片减半再使用 ③直接发散思维，正常抽取卡片拓宽思维
方法单一	使用方法单一，思维易僵化	提供多种玩法，或者提供一种高娱乐性的玩法，以乐趣冲淡使用过程的僵化
使用乏味	长期使用会觉得枯燥乏味	以娱乐形式冲淡卡片繁杂以及长期使用带来的枯燥
目的集中	使用过程中目的性强，会忽略更多可能性	以思维的高自由度来降低卡片在使用过程中的目的性

用价值也大打折扣，很多奇思妙想在层层“淘金”中很容易流失，留存下来的想法仅仅局限于目前的设计目标，但设计往往是流动的、延续的。综合来看，使用启发式卡片进行头脑风暴等思维发散工作时，存在着灵感收敛以及管理方面的困难，灵感经常用后即弃，未形成系统性的灵感管理流程，灵感很难被反复利用以及扩展。

（2）设计思路

①意向变换说明。针对以上调研内容，组员们根据流程，对卡片以及头脑风暴产生灵感的形式进行了变换。

卡片：卡片以盆栽形式被储存，将鼠标移动到盆栽上可以查看卡片名称。点击盆栽，将盆栽拿起，可查看卡片详细信息。

灵感：灵感储存在能量中，最终一个能量球记录一组灵感。种树时能量球变为能量，促进树苗逐渐成长。

②时间限制设计。在流程中，很多步骤需要一定的时间限制来确保参与人员保持良好的状态，头脑风暴也需要组织人员对时间有极度灵敏的感知。空间内通过切换天空的明暗来控制一段流程，主持人依据流程的推进进行白天与黑夜的切换。

③相关概念设计。

基础卡片：基础卡片由世界创造者选出，共12张卡片，方便参与人员根据卡片得出宽泛且不交叉的关键词。

一组灵感：一个人提出的新的灵感，其他人对其补充完毕即变成一组灵感。一个能量球记录一组灵感是为了方便观察思维历程。

关键词：关键词是主题下面的分支主题（后面流程中的标签是关键词的另一种形式），关键词的内容应该是宽泛而几乎不交叉的。

（3）方案概述

在以上设计思路的基础上，组员们根据团队协作的不同阶段，对方案进行了细节优化与设计（表5-6）。

（4）设计输出

图5-34为“灵感森林”demo展示。

表 5-6 “灵感森林”方案具体规则

时间	阶段	用户指南
预备	进入世界	参与人员在出生点集合，换上统一服装
	主持人介绍	主持人向参与人员表明身份，开始前确定团队商讨主题
	热身阶段	参与人员了解世界，快速进入状态
白天：讨论区	阅读基础卡片，联想关键词	参与人员到基础卡片桌前阅读基础卡片，边阅读边想关键词，将关键词打到关键词屏上
	对关键词进行修改、整理	参与人员对关键词屏上的关键词进行调整，对不恰当的进行修改，对相似的进行整合，从而得到最终关键词
夜晚：休息	了解下一阶段行动	
白天：花园	搬运卡片	参与人员根据关键词去花园寻找可用卡片，搬运至讨论区关键词桌
夜晚：休息	了解下一阶段行动	
白天：讨论区（循环开始）	灵感发散	成员在关键词桌前阅读卡片，记录自己瞬时的灵感 ①阅读完后，率先按下发言按钮的人第一个发言，发言完毕，给自己的灵感打标签 ②下一个按发言按钮的人对其灵感进行补充，并给自己补充的灵感打标签 ③如此循环，直到超过一定时间没人补充，则进行下一组灵感的阐述 ④一组灵感记录完毕之后，把有记录数据的能量球分别放入对应关键词框 ⑤桌面再次刷新出空白灵感球 ⑥循环上述流程，直到规定时间结束
夜晚：休息	了解下一关键词	
继续循环，直到所有关键词讨论完		
白天：讨论区	灵感收敛	主持人拿出一个能量球，参与人员发表情图片表示是否认可该灵感，当有一人不认可时，则进行针对该灵感的辩论
直到灵感球评判完毕，主持人宣告结束		
夜晚：休息	了解下一阶段行动	

续表

时间	阶段	用户指南
白天：种植区	种树	成员走到种植区，种下树苗，立下关键词牌，将能量球投入树苗中，树苗长大，结出果实，果实为灵感，形成该小组在该主题下的灵感森林
	浏览森林	成员自行浏览森林，并且可以对自己喜欢的灵感标记喜欢，点击树苗可以看到灵感喜爱度排行
	回忆墙	整个流程走完，在空白的一面墙上贴上小组成员头脑风暴过程的照片

图 5-34　“灵感森林”demo 展示

4. 用户感知引导的思考流设计方法——Service Design Evaluation（图 5-35）

方案简介

- 针对情境：多角色参与方案评估阶段时容易思维混乱
- 关键词：思考流 | 表演感知 | 逻辑思维 | 复合型评估体系
- 方案亮点：卡片作为思考流媒介，构建用户感知和发散思考的复合型评估体系

小组成员

叶文　时代　庄昕悦　张逸凡　张子璇

图 5-35　用户感知引导的思考流设计方法——Service Design Evaluation

服务设计尤其重视用户的体验。对于设计师而言，准确察觉用户的需求是创造良好服务体验的第一步。在此之后，对于设计概念的反复斟酌和考量同样重要。因此，我们为服务设计方案评估这一关键步骤设计了一套独特的流程。

察觉到用户需求后，设计师需回到自身角色，以服务设计的思维模式对服务进行反思与改进。设计师将以服务设计启发式卡片为工具，进行思维的发散。为减少卡片零散性所造成的思维混乱，我们设计了思考流的卡片使用方式，促使设计师以严谨的逻辑进行思考。设计师之间进行讨论，以交流的形式进一步深入思考，收敛思维，最终解决问题。

（1）设计目标

启发式卡片目前最主要的用途是帮助用户进行思维发散，常用于构建方案阶段。但我们不愿让启发式卡片的功能局限于此，因此组员们通过走访调查服务设计中的流程，最终将目标锁定在服务评估阶段。

不同服务参与者对评估目的的期待是不同的。举例来说，服务设计者希望通过评估知道服务的各个环节对用户是否友好可用，服务投资人希望通过评估确定服务是否能够带来经济效益，服务提供者则期待通过评估了解服务带来的社会影响有多大。在服务设计过程中，由设计师主导的评估往往仅限于用户可用性评估。但是，一个普遍的观点是，对服务的评估，需要从不同角度来考虑，如用户、服务提供者、设计师，或社会、经济等。所以，仅限于目前通用的用户可用性评估是远远不够的。组员们期待依托启发式卡片构建全新的服务设计方案评估系统，帮助设计师判断方案是否需要继续进行迭代，如需要，是需要在哪些方面进行迭代，引导设计师对方案进行更加全面客观理性的观察与思考。

（2）设计思路

将启发式卡片用于评估领域具有一定的挑战性，因此首先应当了解启发式卡片的特性。启发式卡片的特性主要来源于“卡片”这一形式，所以可以引申出随机性、碎片化、独立性、可分类与启发性几大特征。结合卡片内容，就构成了卡片的全部特性。这些特性将为后续的流程设计提供重要的思路启示。

①内在逻辑具象化。启发式卡片具有随机性与独立性，适用于启发设计师在设计过程中发散思维。然而，当卡片被应用于服务评估，卡片与卡片之间的关联需要呈现给使用者，如相似性、相制性、互为因果性等。我们试图通过将卡片的内在逻辑具象化，建立“卡片网络”，将卡组完善为一套系统的服务设计思维体系。

②被动启发变主动启发。已有的启发式卡片玩法，多半是通过随机抽取卡片以及成员之间进行卡片交换的方式来遍历大多数卡片。这一方式的缺点

有两个：费时费力、容易遗忘。因此，我们将开发一套化被动启发为主动启发的使用流程，通过可视化设计辅以卡片关联度机制，帮助设计师将目光聚焦于关联度大的卡片，从而解决效率低下的问题。

具体而言，这套使用流程可分为感知主导与思考主导的两大模块。

前期以感知为出发点，发现问题，帮助用户完成真实体验。布伦达·劳雷尔（Brenda Laurel）提出："通过关注人与既定环境发生作用的方式来设计对象与体验，人们在相同环境下可以自主进行不同的表演。"将现实中的表演法延续到 VR 当中，在 VR 模拟环境中，设计师扮演不同的角色，从而察觉相应角色的情绪感受。在表演结束之后，表演者会产生一些心理上的感受，但是这些感受往往过于隐蔽，以至于被表演者本人所忽略或者遗忘。研究表明，问题可以带来巨大的启发性，且能够挖掘不易被察觉的潜在思想或感受。因此，我们可以通过提出问题的方式，深层次地挖掘表演者内心的想法。

后期以思考为驱动力，解决问题。表演完成后，体验将以视觉、触觉、听觉的形式被保留在记忆中。但要将这些体验感受具象化为改进需求，是存在不稳定因素的：记忆没法长期留存，观点有可能被遗忘；都是零散的思考点，没有结构性、规律化的方式；无法持续输出。因此在此阶段引入思考流，通过启发式卡片引导碎片化的思考点，可以促进参与者有效沟通，快速收敛思维。

（3）方案概述

①方案流程思路：以服务蓝图为基点出发，进入不同阶段的场景进行表演，挖掘用户的潜意识和情绪反应，进入思考空间进行思维的具象化、发散与收敛（图 5-36）。

②底层逻辑：设计师先通过阅读服务蓝图认知用户行为的外在表现，再通过亲自体验的方法感知用户的隐藏情绪，然后回归设计师身份对感知到的情绪进行理性分析，得到思考流，通过思考流得到思维层面的认知和发散，最后进行收敛，得到结论（图 5-37）。

③元宇宙空间的建筑结构：创意空间的底层以蓝图空间为基础，向外延伸天桥，连接到三个可以跳转的巨像岛。建筑的顶层则是思考空间，通过多层建筑的设计来体现思维的逻辑关系与递进。方案的具体构造与功能设计如表 5-7 所示。

课程小组同样根据服务设计启发式卡片的作用效果、服务阶段、行业领域和设计对象等，对不同的启发式策略进行了标签化的分类和整理（图 5-38），以帮助设计团队更好地建立思考流。

（4）设计输出

图 5-39 为"Service Design Evaluation"demo 展示。

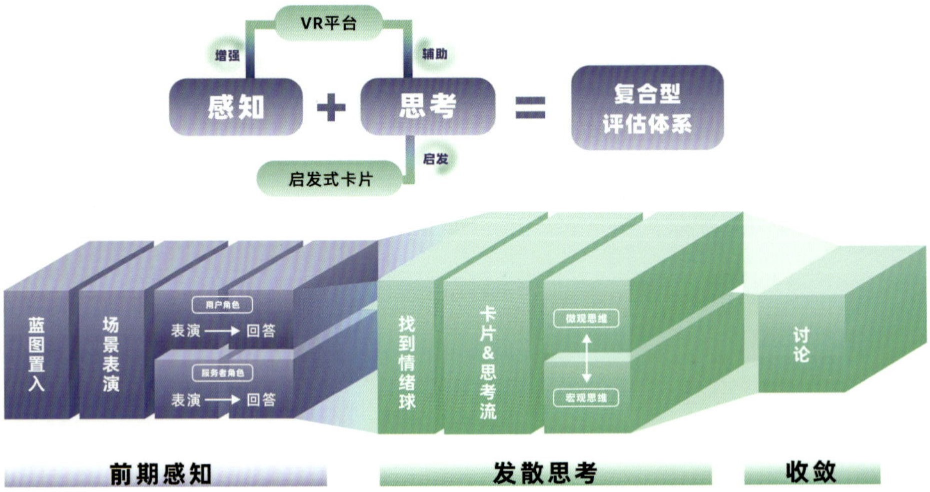

图 5-36 “Service Design Evaluation”方案设计思路

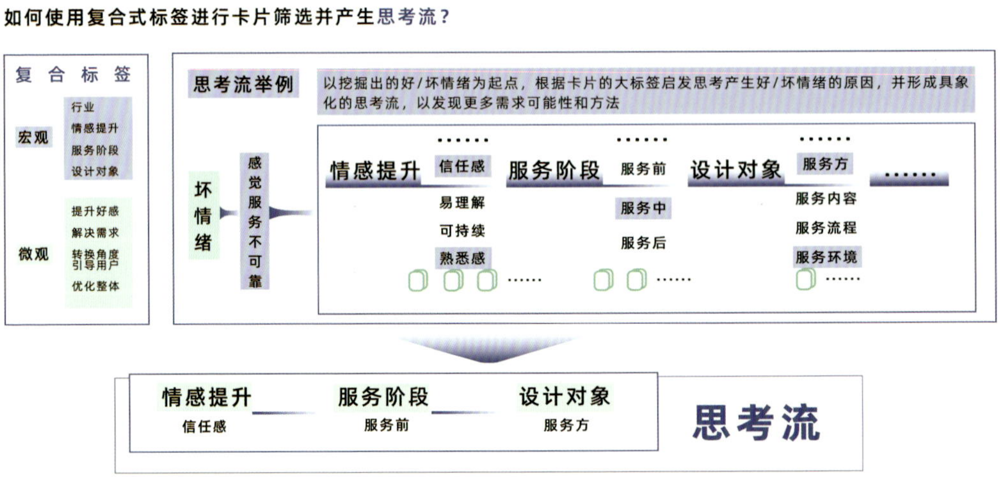

图 5-37 “Service Design Evaluation”思考流的产生

表 5-7 “Service Design Evaluation”方案具体规则

园区导览	阶段	行为	用户指南
第一站 服务蓝图展览区	熟悉服务流程	分层进入—熟悉服务—整体感知	参与者可通过服务蓝图观察到各个触点的情况
	阅读提示性剧本	了解触点—感知剧情	剧本设置为参与者提供了目标和思路，提高了整体效率
	传送巨像岛	视觉呈现—角色转换	通过强烈的视觉冲击增强参与者角色转换这一行为感知
第二站 表演场景	即兴表演带来情绪感受	表演法—模糊感受	通过演绎获取不同角色的感受
	以问题辅助察觉情绪	观看视频—回忆表演—思考问题	挖掘存在于潜意识中的感知
第三站 思考流制造工厂	体验情绪具象化	挖掘情绪—记录情绪	参照彼得·德斯梅特（Pieter Desmet）研究设计的一套用于非语言自我报告分类情绪的动画角色进行模糊情绪具象化
	思考流方法的反思性设计	分析情绪—思维建立—检索卡片	①通过情绪记录的好或坏思考问题所在 ②建立启发式卡片复合标签，参与者在选择复合标签时会体现自身潜在的思考方式
	思考流的发散		
	思考流的收敛		

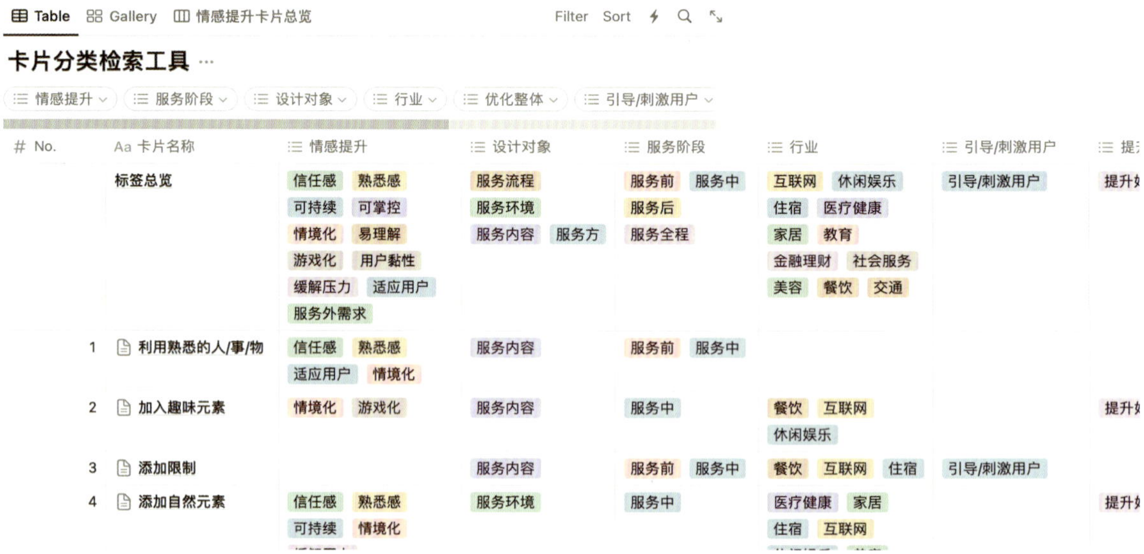

Table　Gallery　情感提升卡片总览　Filter　Sort

卡片分类检索工具 ···

情感提升　服务阶段　设计对象　行业　优化整体　引导/刺激用户

# No.	Aa 卡片名称	情感提升	设计对象	服务阶段	行业	引导/刺激用户	提
	标签总览	信任感 熟悉感 可持续 可掌控 情境化 易理解 游戏化 用户黏性 缓解压力 适应用户 服务外需求	服务流程 服务环境 服务内容 服务方	服务前 服务中 服务后 服务全程	互联网 休闲娱乐 住宿 医疗健康 家居 教育 金融理财 社会服务 美容 餐饮 交通	引导/刺激用户	提升
1	利用熟悉的人/事/物	信任感 熟悉感 适应用户 情境化	服务内容	服务前 服务中			
2	加入趣味元素	情境化 游戏化	服务内容	服务中	餐饮 互联网 休闲娱乐		提升
3	添加限制		服务内容	服务前 服务中	餐饮 互联网 住宿	引导/刺激用户	
4	添加自然元素	信任感 熟悉感 可持续 情境化	服务环境	服务中	医疗健康 家居 住宿 互联网		提升

图 5-38　服务设计启发式卡片检索工具

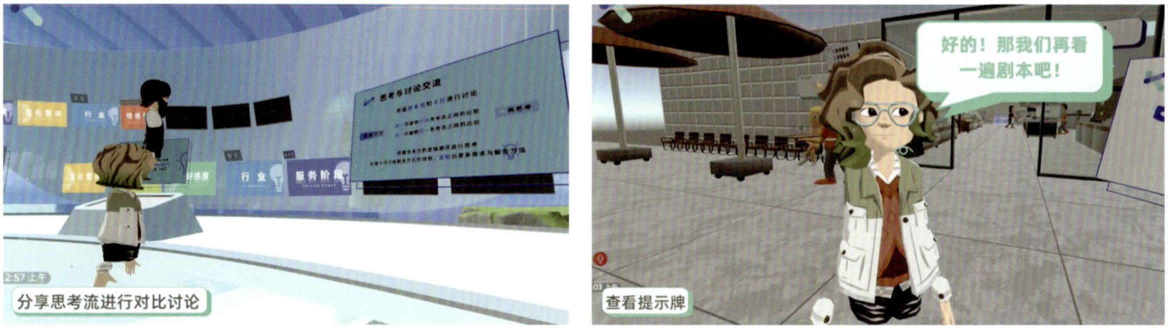

图 5-39　“Service Design Evaluation” demo 展示

5. 精准调控服务方案的“峰”与“终”——定峰波（图 5-40）

● **方案简介**

- 针对情境：设计全流程中无法明确服务接触点以及其对应的情感体验值
- 关键词：情感体验值｜调控峰值｜细化思维起点
- 方案亮点：聚焦于“痛点、巅峰点、终峰点、高峰点、重要点”五点情感需求的调控

● **小组成员**

罗晓阳　刘郅　高胜寒　游晔廷　佟嘉豪

图 5-40　精准调控服务方案的“峰”与“终”——定峰波

该方案针对卡片使用的“目的性和针对性不强”以及“设计点零散、不成体系”两大问题，细化思维起点，精确调控用户情绪曲线峰值，实现对基础服务体系的细化和优化。前期明确好初步方案的服务接触点以及其对应的情感体验值，聚焦于“痛点、巅峰点、终峰点、高峰点、重要点”五点情感需求，根据情感需求筛选启发式卡片并进行设计点的思考、讨论与评估，最终重绘情感触点曲线。

（1）设计目标

启发式卡片经过行业内外人士使用后，衍生出了很多不同的使用方法。组员们对几种使用方法进行了调研，并结合自身的使用感受，归纳出目前存在的两个问题。

①目的性和针对性不强。基于卡片思考的设计点没有针对性，在发散阶段尤为明显。思考的方向往往由于阶段的特殊性而缺少一定的目的性，存在本末倒置的现象，使设计师容易过度发散而迷失自我，忘记设计初衷，从而影响最终的输出效果。

②设计点零散，不成体系。除了容易出现与设计宣言大相径庭的方案外，各方案之间也存在着独立性过强的问题，尤其在没有调控的头脑风暴后，呈现的设计点都很零散，结构性和整体性差，设计点之间往往不成系统。

无论是使用卡片本身还是使用卡片发散的方案，在没有调控介入的前提下，目前都存在着“泛”这一现象。因此需要建立一套全新的使用方法，帮助设计团队积极面对方案过度发散、设计目标模糊这一境况，助力设计团队回归设计初衷，根据用户需求收敛思维，对方案进行系统性的、理性的筛选。

（2）设计思路

由诺贝尔经济学奖获得者丹尼尔 · 卡尼曼提出的“峰终定律”给经济研究、企业管理等指出了一个新的观察方向。相较于传统的平均化、全流程化的顾客体验研究方法，“峰终定律”算得上是十分“破格”的一种做法，它打破了固化思维，鼓励团队将重点放在顾客接触的峰点和终点上，把握服务关键时刻。

这一思维恰巧与组员们希望在收敛期间细化思维起点这一想法相契合，因此组员们打算通过精确调控用户情绪曲线的峰值，实现对基础服务体系的细化和优化。

（3）方案概述

该方案明确了服务流程以及其对应的情感体验值，参考“峰终定律”对于服务的阶段划分，组员们最后确定了以下“峰终”五点。

①痛点：现有调研结果中用户糟糕体验触点（低于用户忍耐限度标准）。

②巅峰点：希望留给用户体验记忆最深刻的点，也是用户的核心诉求。

③高峰点：希望给用户留下较好体验的点。

④终峰点：服务流程结束的点。

⑤重要点：除了上述四点，根据具体情境确定用户还具有某些核心诉求的点。

方案中设置了四大区域，给每个区域赋予一定的功能（图 5-41），引导用户在不同的空间内完成相应的操作（表 5-8）。

（4）设计输出

图 5-42 为“定峰波”demo 展示。

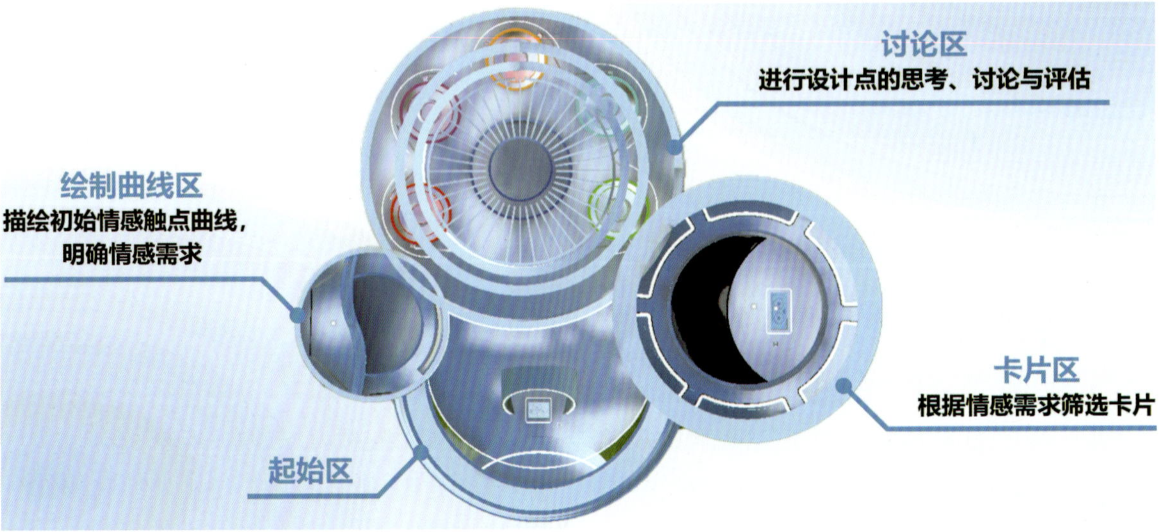

图 5-41　“定峰波”场景说明

表 5-8　“定峰波”方案具体规则

阶段	行为
描绘情感触点曲线	进入世界空间后，阅读地图，了解大致流程
	进入情感曲线区，阅读触点分类说明
	填写服务触点和相应触点要解决的需求，根据用户在该触点的心情体验摆放表情图片，绘制情感曲线
明确情感需求	前往讨论区，阅读简介
	在触点板上写下需求，前往卡片区
筛选卡片	卡片区布局：将启发式卡片按顺序分为 10 组，控制台上标有传送点
	选择一组卡片到传送点，阅读 10 张卡片
	在 10 张卡片里选出可以解决需求的卡片，记住编号，回到讨论区
	在触点板下放置卡片
设计点思考讨论	每个参与者轮流进入主持人区域提出设计点，并写在投票板上
	选择组员当主持人，其他人可发送表情图片或者发言讨论，每个人发言后进入自由发言阶段
评估设计点	对每个设计点进行全员投票，对投票超过半数的设计点进行提炼
重绘情感触点曲线	对所有触点进行思考，拍照并放于情感曲线板上，最终进行总体讨论，选择要采用的设计点并重新绘制情感曲线

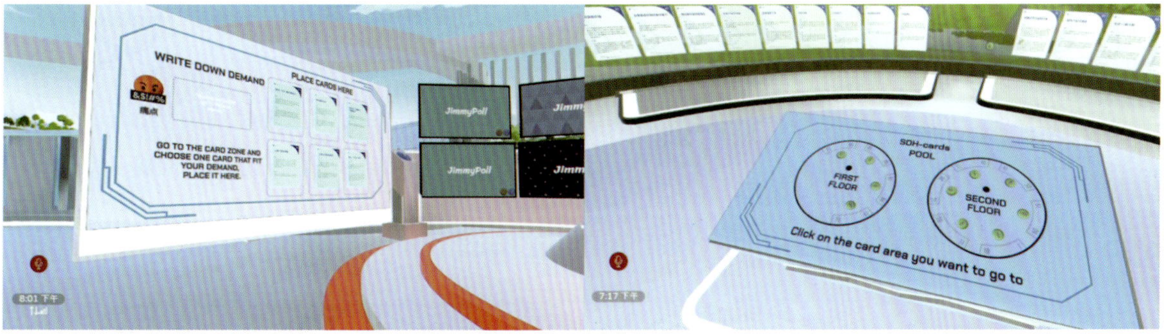

图 5-42　“定峰波” demo 展示

6. 基于雷达图的设计方案评估模式——五维雷达评估法（图 5-43）

方案简介

- 针对情境：方案评估阶段，多角色无法快速达成共识
- 关键词：五维评分机制｜评估角色卡片切换
- 方案亮点：卡片与五维雷达图结合，可视化方案维度缺陷

小组成员

樊奕霖　金澄扬　吴昊　汤智健　王嘉男

图 5-43　基于雷达图的设计方案评估模式——五维雷达评估法

在利益相关者和设计师共同对服务方案进行构建后，仍然可能出现企业与用户无法达成较为和谐的协议的情况。因此需要对三方都进行服务评估，进而完善、迭代服务体系，以实现服务对于全体对象的利益最大化。五维雷达评估法保留了最原始的卡牌游戏形式，利用打分机制对方案进行评估，最终以雷达图直观便捷地展示方案“有形性、可靠性、响应性、保证性、移情性”五个维度的表现，所得数据汇总后帮助评估者进行方案讨论、迭代升级。

（1）设计目标

在服务系统当中，服务的主要提供商、用户和其他利益相关者三方由于立场和需求的不同，存在不同的评估维度和标准，常常难以在评估方案时达成共识。因此，该方案想要通过可视化的全新打分机制，构建包含不同角色的评分体系，实现服务对象的利益最大化。

（2）设计思路

①思考整体形式：保留卡牌游戏形式。考虑到要在 VR 平台中实现评估方案，区别于以往的评估模式，需要快速地适应全新的评估环境，因此我们打算构建简单明确的交互方式来让评估者快速上手，使其将更多的注意力集中到评估方案的过程中。卡片作为原信息载体，其卡牌游戏形式的操作极大地降低了学习成本，我们在方案中也尽可能地保留了这种用户操作习性。

②挖掘用户痛点：构建评估打分机制。在用户调研中，我们发现目前多角色共同评估的最大痛点在于评估维度和标准无法对齐，缺乏统一的衡量标准。我们通过对目前相关领域评估维度的调研，将方案评估维度进行多维度的划分，构建了完整的评分体系。

③思考解决方案：展示便捷雷达图形。由于评估体系多维度以及评估角色多角度，整体数据和内容庞大而复杂，为能清楚地展示结果与过程，把符

合多维评估结果展示需求的雷达图作为整个方案评估体系构建的重点。

④延伸方案可能：复盘本轮评估结果。通过增加复盘流程，可以讨论方案与预期的差距、方案的不足和需改进的地方，甚至可以探讨卡片属性分值设置的合理性，便于后期方案的迭代。

（3）设计输出

图 5-44 为“五维雷达评估法”demo 展示。

图 5-44　“五维雷达评估法” demo 展示

7. 利益相关者在元宇宙世界的“剧本式体验”——AROUND（图 5-45）

方案简介

- 针对情境：方案评估阶段，利益相关者难以代入服务流程
- 关键词：沉浸式剧本体验｜场景还原｜圆桌会议
- 方案亮点：构建剧本式角色体验平台，根据体验感受输出卡片评分，进行方案迭代

小组成员

洪君婷　祁越　王天聪　张宝若

图 5-45　利益相关者在元宇宙世界的“剧本式体验”——AROUND

该方案充分运用 VR 平台的沉浸式特点，帮助利益相关者进行剧本式角色体验，根据体验感受输出卡片“满意度”评分，最后进行方案迭代。

（1）设计目标

贝恩咨询公司报告指出：“80% 的公司认为自己提供了良好的客户体验，只有 8% 的用户这样认为。”由此可见，服务提供者与被服务者的感知之间存在着差距。当顾客感受到的服务体验超过他们的预期时，顾客会感知服务体验很好。若服务体验未达到顾客预期，即便从客观标准看服务本身的质量达标，顾客对服务体验的感知仍会偏低。因此在服务设计中，整体预期是影响顾客对服务质量感受的关键因素。

设计团队与用户之间的关系十分微妙，设计师进行方案评估时需要得到用户及时的反馈。服务是无形的，但用户反馈可以变得有形。通过 VR 平台模拟服务场景，邀请不同利益相关者进行体验，设计师则以全知视角观察利益相关者行为，发现方案的不足，便于更好地理解服务对象，精准地进行方案评估、筛选。

（2）设计思路

如果要构建对服务设计方案的评价体系，就应当明确顾客是如何感知服务价值的，寻找顾客以及利益相关者衡量服务设计质量的指标，将无形的服务评价有形化。

“KANO 模型分析法”与 Google 的“heart 用户体验度量模型”常常被用在设计验证与评估阶段，帮助设计团队选择合适的数据指标，以标准地度量用户体验。这无疑提升了用户体验的可量化度，但对构建一个合理的评估模型来说还是不够的，于是组员们通过更深度的调研试图找寻更为合适的顾客感知服务设计质量模型（表 5-9）。

表 5-9　“AROUND”顾客感知服务设计质量模型

维度	释义	应用
灵感度评价	是评价服务设计质量的核心指标，即顾客对显性期望和隐性期望的实现程度	最终的暗房讨论环节
反应程度速度	是指服务提供商与顾客之间在服务接触点上对消费过程、服务结果所形成的前期交往期望与即时的消费感受之间的反应程度与沟通水平	设计满意度感知指数计算
设计满意度感知指数	是指一个比值y，y =(总体设计质量预期 + 反应程度速度 − 实际设计感受) / 实际设计感受。在这里反应程度速度有正负值。同时，当 y>1 时，表示顾客对设计满意程度高；当 y=1 时，表示顾客对设计水平的认同度基本与服务预期持平；当 y<1 时，则表示顾客对服务设计不满	某一个维度的客观分数评估
补救设计水平	是指服务失败后，服务组织的自我纠错能力，包括满足顾客经济上和心理上的各种补偿需求	最终的暗房讨论环节

（3）方案概述

为了构建沉浸式的剧本体验，用户需要进行充分的前期准备，让整体的空间更加贴合此次需要讨论的设计内容。具体前期准备如下。

①类型定位。设计者选定服务类别，筛除与其弱相关的边缘卡片，留下与其强相关的卡片，形成此次评估的卡片库。

②利益相关者。系统牌库根据服务类别将卡片按照利益相关者分类，设计者自行添加利益相关者类型，自主加入核心卡片，并确定剧本。

③场景搭建。确定卡片和服务流程后，由设计者搭建场景，标明场景中的设施或服务对象分别对应哪些卡片。

该评估过程有四轮，设置了不同角色的体验环节，帮助设计者和利益相关者相互理解。过程中引导利益相关者发现服务的亮点，尝试理解设计者的巧思。设计者以全知视角观察利益相关者行为，发现自己的不足，更好地理解服务对象。具体的流程如表 5-10 所示。

（4）设计输出

图 5-46 为“AROUND”demo 展示。

表 5-10　“AROUND”具体流程

阶段	流程	用户指南
游戏开始	准备	设计者和利益相关者进入讨论房，由设计者单方面向利益相关者介绍服务设计场景和流程，以及相关卡片理念，但不可以透露哪些服务环节有哪些对应的卡片
需求卡	第一轮：庄家向玩家描述服务，玩家分群体进入“重要度”闯关	①玩家按照利益相关度分别进入不同层的小岛赛道，进行打分闯关 ②每个赛道为多个小岛组成的环形，玩家进入赛道后看不到任何人，单独视角闯关 ③每个小岛对应几类不同的利益相关者且放置不同的卡片，玩家通过选择小岛上不同颜色的宝石并将其放入宝石箱的方式，在“重要、可有可无、不重要”三大维度中选择宝石，从而完成打分，进入下一个小岛

续表

阶段	流程	用户指南
角色体验	第二轮：玩家按角色换上服装，庄家搭建服务场景，进行功能性体验	①玩家按角色换上服装，进入角色（顾客、服务员、供应商等） ②所有利益相关者手中持有各自的服务卡片，在体验过程中，若是发现卡片对应的服务点，可将手中卡片放在对应的服务点上（卡片仅对个人可见，他人不可见） ③此时设计者处于全知视角，可俯瞰整个场景进行观察，也可切换利益相关者视角进行观察
感受卡	第三轮：玩家根据体验感受，重新对卡片进行“满意度”打分	①经过一轮的角色体验后，玩家重新进入“小岛赛道”进行主观感受打分 ②每个小岛对应几类不同的利益相关者且放置不同的卡片，玩家通过选择小岛上不同颜色的宝石并将其放入宝石箱的方式，在“满意、一般、不满意”中选择宝石，从而完成打分，进入下一个小岛，最终共同会聚到顶层小岛
暗房与圆桌	第四轮：玩家进入暗房讨论，再由专家组织圆桌复盘	①所有打分环节结束后，玩家根据利益相关度进入暗房讨论，交流自己所在群体的代表性看法 ②由庄家集中所有参与者，组织圆桌会议，复盘整局游戏 ③系统会标出两轮打分差异较大的卡片交给设计者，设计者对差异较大的卡片作出自己的解释，由各个角色代表发言提问，专家进行对点解答并采集建议

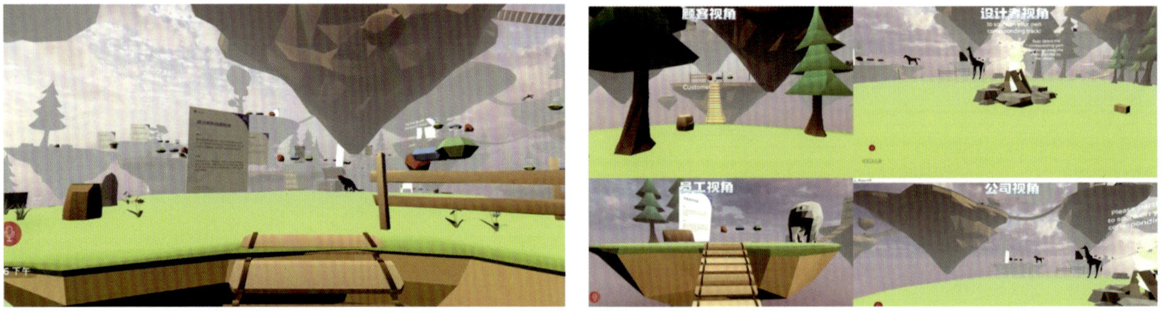

图 5-46 “AROUND” demo 展示

8. 元宇宙环境下卡片“全要素化”——InfoFeedCards（图 5-47）

方案简介

- 针对情境：长时间使用卡片，卡面信息有限、形式单一、内容滞后等影响体验
- 关键词：信息流｜资源聚合｜信息展示度｜传达效率
- 方案亮点：利用信息流的显示状态进行卡片形态在元宇宙内的全新升级

小组成员

宋昊　刘家豪　朱家伟　韩笑

图 5-47　元宇宙环境下卡片“全要素化”——InfoFeedCards

该方案基于元宇宙环境，将服务设计启发式卡片“全要素化”，以系统性思维重构卡片形态。充分考虑从单人创造到多人协作的不同卡片形态需求，利用信息流的显示状态进行卡片形态在元宇宙内的全新升级，赋予其更丰富的功能属性与沉浸式的交互体验。

（1）设计目标

服务设计启发式卡片是整合服务设计思维和案例信息设计思维的启发物。长期以来，卡片作为信息的载体，以物理矩形薄片形态存在。而虚拟世界作为一种隐喻，摒弃了传统形式，形成了一种更容易被感知和理解的信息结构和交互方式。

组员们在课堂上使用启发式卡片构建服务设计方案，思考了卡片目前的使用痛点。我们首先将问题设置在双钻模型的第二阶段，即收集数据研究之后对问题的定义期，通过 HMW 法与问题结构化的方式将问题以服务设计的视角拆解成若干个小问题，再对每个小问题的相关要素分别进行思维的拓展与考虑，从而确定最终的工作方向。在使用问题卡片收敛了想法之后，再通过启发式卡片用 HMW 法对每个点的解决方向进行发散。

我们通过三个角度定义一个服务设计中的问题，即用户、场景、问题。在一个包含多个用户、场景和问题的大问题中，可以将这个大问题依据三个角度的不同而划分为若干个小问题，直至问题被细化到无法细分。也就是生成一个具体问题时，从以上三个角度分别进行拓宽和思考，进行每个方向不同可能性的探索。再对探索的结果进行收敛评估，确定要进行的方向，然后进入使用启发式卡片对问题的解决方式进行发散的过程。

在利用卡片进行逆向思维、需求探索、挑战应对等活动的过程中，组员们挖掘到了实体卡片的使用痛点。其中突出的痛点是使用效率。一是就单独使用来说，一张卡片从启发式到案例信息，过高的信息密度，如何让使用者在使用时掌握到关键信息？如何确保这些信息能够真正被理解？二是就设计团队来说，如何快速获取其他组员的卡片使用情况？

（2）设计思路

痛点挖掘：①将信息分块，突出重点，从视觉感知上就内容进行分隔，分明的层级能够起到引导作用。②规划用户的浏览视线，使用户能够有秩序地阅读与点击。③用更加丰富的载体去展示，而不是局限于文字，比如加入图片、导览、视频。④强化主次、信息分级，比如机场和地铁的指示牌，采用图标、字体元素，直观地引导方向。

平台优化：①用多个内容提供源组成的资源聚合器，向用户提供内容，提升信息展示效果和传达效率，用户聚焦问题和更好地解决问题，更好地使用信息流、3D 物体等直观的案例信息。②使信息结构易于理解，挖掘除文字之外更多形态的信息传递形式，同时考虑传递过程中的情绪、沉浸感、空间感。我们在设计和搭建平台时考虑到了 VR 的特点，设计了信息流的方式，使用户被信息环绕，增强了用户与信息的接触程度与自由度。③在卡片方面，我们利用空间的位置结构关系来表达问题卡片中各个层级的结构关系，使结构明晰化。④在交互层面，结合 VR 交互的特点，我们设置了更加贴近于人日常行为的交互动作，避免用户认知负担过重。除此之外，还通过姿态和手势本身的语义来映射相应的设计意图，实现自然的交互操作。

（3）方案概述

方案的具体流程如表 5-11 所示。

表 5-11 “InfoFeedCards”具体流程

<table>
<tr><th>步骤</th><th>行为</th><th colspan="2">用户指南</th></tr>
<tr><td></td><td>进入 VR 世界</td><td colspan="2">帮助用户快速了解如何使用</td></tr>
<tr><td>自定义场景</td><td>自定义场景</td><td colspan="2">赋予用户一定的自由选择权：卡片旋转半径、旋转速度、背景情境变化</td></tr>
<tr><td>问题卡</td><td>帮助聚焦问题，并且思考所做的一切能否解决问题</td><td colspan="2">提出问题：
①用户是谁？
②场景是什么？
③问题是什么？
④解决问题带来的效果是什么？</td></tr>
<tr><td>讨论</td><td colspan="3">聚焦内容</td></tr>
<tr><td>使用启发式卡片</td><td>从信息流到案例场景，迸发更多的启发式</td><td>第一级内容：启发式
第二级内容：释义
第三级内容：案例思维</td><td>第一级形式：文字
第二级形式：文字 + 图片
第三级形式：文字 + 视频 +3D 模型</td></tr>
<tr><td>讨论</td><td colspan="3">总结上一轮的启发式内容，反思问题卡</td></tr>
</table>

（4）设计输出

图 5-48 为“InfoFeedCards”demo 展示。

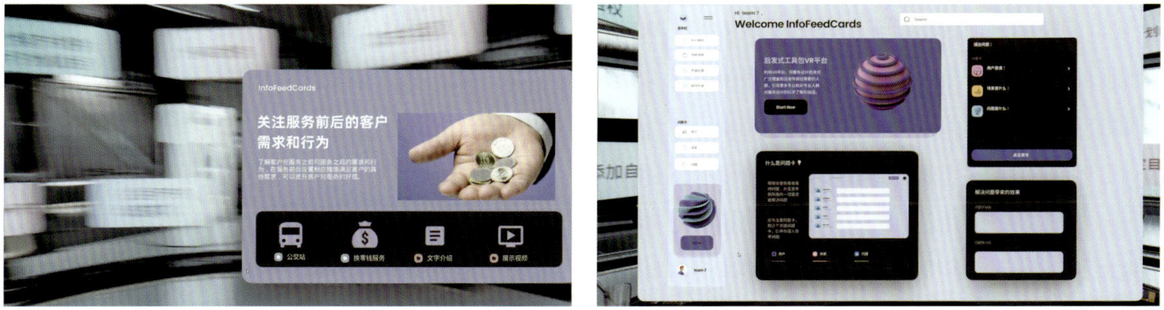

图 5-48　“InfoFeedCards”demo 展示

第三节　面向其他领域的设计启发式

一、服务设计类

1.AT-ONE 服务设计接触点卡片[1]

（1）简介

服务设计的一个常用定义是“为随时间推移和跨不同接触点发生的体验而设计”。如这一定义所示，接触点是服务设计的主要元素之一，接触点创新作为新服务开发流程的一部分是十分必要的，在创新的第一阶段这种需求尤为明显。AT-ONE 是一种服务设计方法，它通过一系列结构化的研讨会帮助团队构思和概念化潜在的新服务。其中 A（actor）指利益相关者共同提供更好的服务，T（touch-points）指协调和发展接触点以提供创新服务，O（offerings）指开发符合品牌战略的新产品，N（need）指了解客户需求及服务设计如何满足客户需求，E（experiences）指给客户留下深刻印象的客户体验。AT-ONE 服务设计接触点卡片（AT-ONE Touch-Point Cards）是基于 AT-ONE 设计方法开发的、通过接触点进行服务创新的启发式工具，该工具旨在协助新服务开发第一阶段的创新，并有助于培养团队凝聚力。

1　CLATWORTHY S. Service innovation through touch-points: the AT-ONE touch-point cards [J]. Oslo School of Architecture & Design, 2010: 1-14.

（2）主要内容

AT-ONE 服务设计接触点卡片的开发过程主要采取的是参与性行动研究，研发团队通过几次迭代进行了工具的规划、开发和评估。最终的卡片是一套扑克牌大小、代表不同接触点的图像卡片（图5-49）。这套卡片在两张卡片的图像中间位置添加了一个文本标签，帮助使用者快速识别接触点并明确图像的含义。卡片图像与文本描述明确且具体，便于使用者把精力集中在创新的过程上。

（3）操作指南

接触点卡片可以在服务设计过程中的以下几个方面发挥作用：①跨职能团队的团队建设。卡片可以帮助团队成员对接触点及其在整体服务设计中的作用达成共识，协助提升团队凝聚力、创建团队文化，达成不同学科和观点之间的相互尊重。②分析和绘图。这套卡片概括了客户旅程中使用的多个接触点，设计师可以根据卡片确定客户旅程中的关键接触点，并了解每个接触点的局限性和可能性，确

图 5-49　AT-ONE 接触点图像卡片

定每个接触点的设计、开发和维护负责人。③创意生成。设计师可以借助卡片就如何通过改变接触点的使用、设计或实施进行创新。④需求引导。借助卡片，设计师能够在与服务的潜在用户面谈时引出需求。⑤协助自身沟通和认知。使用者可以对卡片进行分组以储存短期记忆，通过单独调整卡片位置或移动卡片进行设计评估，在团队协作过程中通过调整卡片位置或移动卡片进行协商。

2. 火花卡片[1]

（1）简介

火花卡片（Spark Cards）是一系列关于价值与商业模式的卡片，包含收益模型卡、商业模式火花卡、价值提供火花卡、收益模型火花卡、价值质询卡（图 5-50）。这套卡片旨在通过简单的启发式问题和建议，帮助使用者了解价值与商业模式方面的常见知识。通过火花卡片，服务设计团队可以更深入地挖掘和理解服务的商业模式，明晰服务所提供的价值，以及如何通过收益模型实现可持续的商业成功。这一系列卡片的运用，有助于促进设计团队成员之间的沟通与合作，推动创新思维，并在服务设计过程中提供有力的指导。

（2）主要内容

以下为每种类型卡片的具体介绍：①收益模型卡，一共 8 张卡片，序号从 A 到 H，每张卡片上有一个火花卡片的标签、收益模型的标题和一个启发式的问题。这类卡片旨在帮助使用者建立自己的收益模型。②商业模式火花卡，共有 50 张，分为 8 个主题，例如现有的商业模式，与供应商、合作伙伴、网络和生态系统合作等。这类卡片可以帮助使用者明确服务的商业逻辑和可行性。③价值提供火花卡，共 55 张，分为 10 个主题，例如增加现有产品，减少现有产品，选择性地消除、减少、增强和创建产品特性等。这类卡片可以帮助使用者集中注意力在服务提供的独特价值上。④收益模型火花卡，共 34 张，包括定价机制、支付机制和输入流三种类型。这类卡片有助于确保服务在商业上可持续并有盈利潜力。⑤价值质询卡，共 24 张，分为客户价值、公司价值、生态系统价值三种类型。每张卡片内容为一个标签和背景图片标识，并包含一个与主题相关的问题。这类卡片可以帮助使用者合理反思服务的整体商业价值，完善服务系统的商业逻辑。

1 SNIUKAS M，LEE P，MORASKY M. The art of opportunity：how to build growth and ventures through strategic innovation and visual thinking［M］. Hoboken：John Wiley & Sons，2016：94-106.

图 5-50　火花卡片的五种类型

（3）操作指南

这套卡片可以在服务设计的问题定义与理解、商业模式拟定、价值提供和创新、收益模型分析、团队讨论和方案优化等涉及商业的服务设计中发挥作用。①在服务设计的问题定义与理解方面，团队可以使用价值质询卡，通过提问和回答的方式深入挖掘服务的核心价值，理解用户的需求和期望。②在商业模式拟定方面，团队可以系统性地探讨和分析服务的商业模式，包括关键合作伙伴、关键资源、成本结构等方面。③在价值提供和创新方面，利用价值提供火花卡，团队可以集中注意力于服务所提供的独特价值，以及如何通过创新来增强这些价值。④在收益模型分析方面，团队可以利用这套卡片深入研究和评估服务的收益模型，包括收入来源、定价策略等。⑤在团队讨论和方案优化方面，这套卡片还可以用于工作坊和团队讨论，以及设计的优化和创新。

3. 产品服务系统情境卡片[1]

（1）简介

设计实施得当的产品服务系统（PSS）往往代表一种有前景的可持续发展方法。分布式制造（DM）作为一种先进的生产模型，可以应用于 PSS 以解决实施障碍并提高可持续性。然而，“产品服务系统（PSS）+ 分布式制造（DM）”的创造过程涉及各种社会、经济和环境因素，是一个非常复杂的过程。PSS 情境卡片是一组“产品服务系统 + 分布式制造”的未来场景描述工具，由伦敦布鲁内尔大学的艾涅 · 佩特鲁莱特（Aine Petrulaityte）团队开发，旨在通过在 PSS 生命周期阶段集成 DM 功能，从而支持创意产生。

（2）主要内容

这项研究活动是通过采用设计研究方法（DRM）来规划的，“PSS+DM”设计工具的最终版本包括 40 张场景卡和 1 张创新图。

场景卡用来介绍未来的场景以激发创造性的未来思维。卡片分为正反两面：正面的文字信息包括所属类别、支持技术、在 PSS 中的应用阶段，图像是适用于各个行业特定产品的场景插图；卡片背面为新的 DM 案例研究，包含产品图像及文字介绍、收益、痛点，以及相关的启发式问题（图 5-51）。

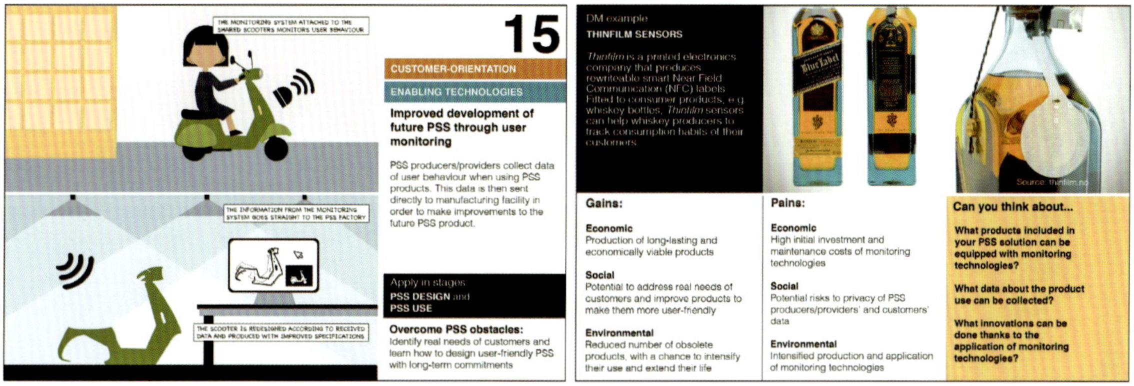

图 5-51　产品服务系统情境卡片

1 PETRULAITYTE A, CESCHIN F, PEI E, et al. Applying distributed manufacturing to product-service system design: a set of near-future scenarios and a design tool [J]. Sustainability, 2020, 12 (12): 1-39.

创新图旨在支持用户去考虑完整的 PSS 生命周期，以及在不同生命周期阶段不同客户的参与程度。如图 5-52 所示，创新图的横轴为 PSS 生命周期，纵轴为不同的客户类型，每个单元格中包含触发面向 PSS 的创意生成的问题，以及对应的场景卡片序号。

（3）操作指南

这套卡片可以在产品服务系统设计，尤其是分布式制造的以下几个方面提供帮助：①提供有关潜在 DM 机会的知识，包括新技术、材料、制造过程等方面的信息。②鼓励用户在每个 PSS 生命周期阶段进行创新，包括提供具有挑战性的问题、引导用户思考未来趋势、鼓励跨学科思考等。③激发创造性的未来思维。在使用卡片的过程中，用户可以考虑未来的趋势、技术和社会变化，以便为 PSS 的未来发展提供创新的构想。

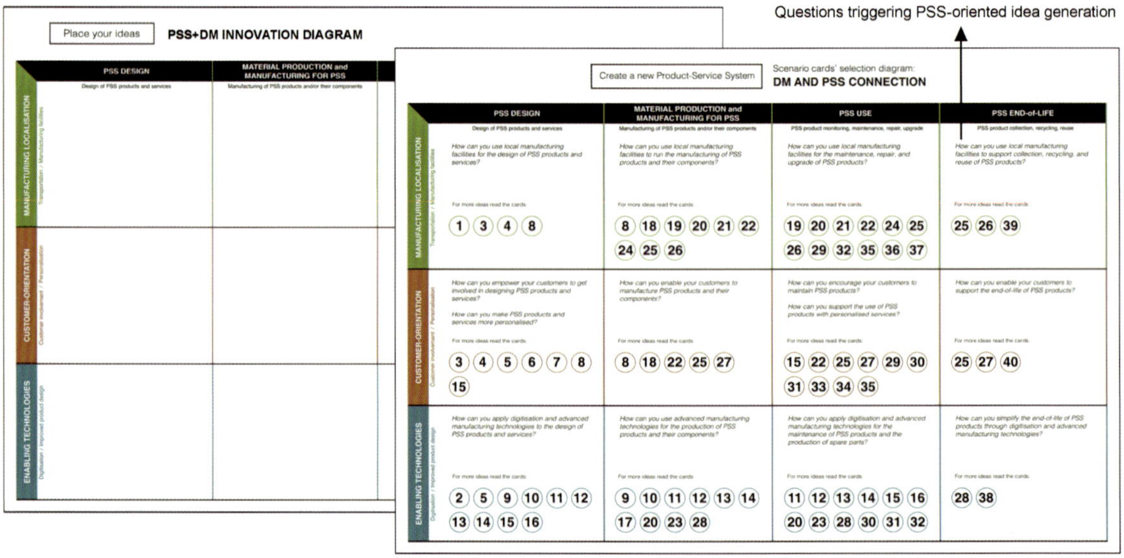

图 5-52　产品服务系统工具的创新图

二、产品 / 工程设计类

1.77 设计启发式[1]

（1）简介

随着国际竞争的加剧，加之经济的不确定性和环境资源的限制，工程师需要提出更多创新和实用的解决方案来面对各种挑战。然而大多数工科学生发现，创造性思维比技术性思维要困难得多。77 设计启发式是一种概念生成工具，旨在在设计构思中帮助工程师创造更有创造性和更多样化的概念，以解决工程学科中的创新问题。

（2）主要内容

77 设计启发式的开发过程由三部分组成：产品概念分析、案例研究以及出声思考实验。从三项研究中收集证据，共识别出 77 种不同的启发式方法。这些启发式的应用效果会因设计问题、情境以及设计者的偏好差异而有所不同。因此，每种设计启发式并不存在固定的输出结果，而旨在生成可供参考的设计概念，让使用者展开进一步的思考与探索。

研究团队最终确定这套启发式工具的主要内容为一套包含 77 种设计启发式的卡片，卡面信息包括启发式的描述、抽象图像描述以及两个产品草图，以说明启发式在现有消费品中的应用（图 5-53）。

（3）操作指南

77 设计启发式可以应用于产品或工程创意设计。例如：①个人设计师可以将启发式直接应用于改造现有设计，利用卡片上的产品示例产生创意。以卡片上的产品示例作为类比对象，然后设计师根据现有的产品进行调整，将个人经验与产品现有的问题联系起来，并针对特定人群调整功能，提供可选组件，灵活选取组件和功能。②从团队协作的层面上，这套工具可以帮助团队更好地理解设计问题；在创意产生期间进行评估，引导团队探索调整功能的不同方法。

2.X 设计启发式[2]

（1）简介

辅助产品是指可供残疾人使用的产品，设计辅

1 YILMAZ S， DALY S R， CHRISTIAN J L，et al. Can experienced designers learn from new tools？ A case study of idea generation in a professional engineering team［J］. International Journal of Design Creativity and Innovation，2014，2（2）：82-96.

2 HWANG D， PARK W. Design heuristics set for X：a design aid for assistive product concept generation［J］. Design Studies，2018（58）：89-126.

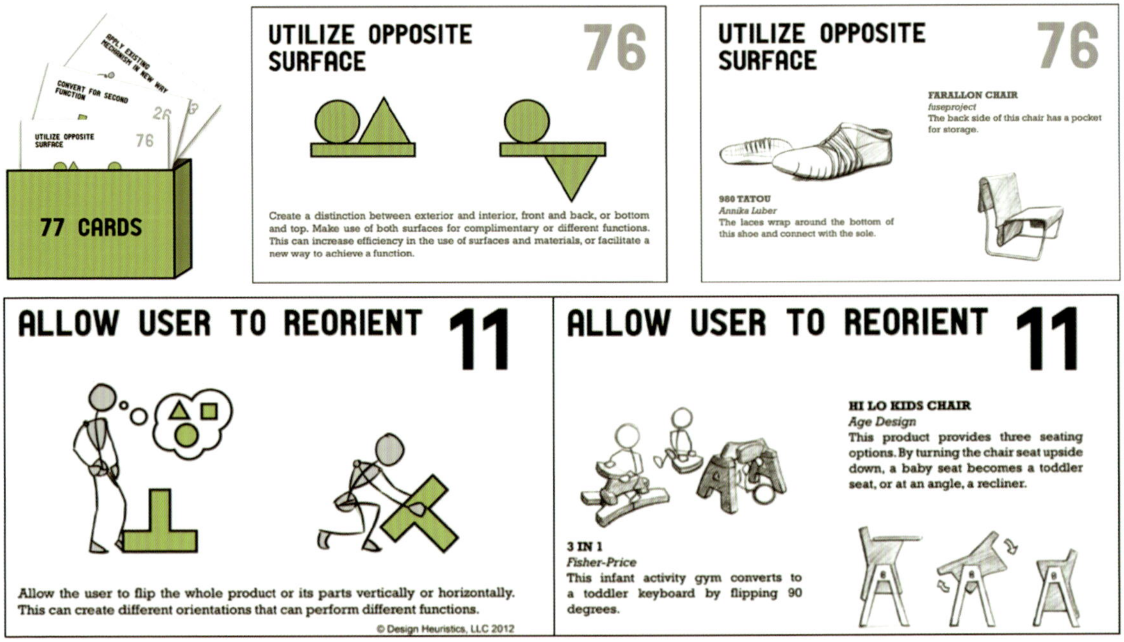

图 5-53　77 设计启发式卡片的卡面信息

助产品是通过工程设计提高人类生活质量的重要措施。然而由于缺乏足够的残疾专业知识，负责开发辅助产品的团队往往难以生成不同的解决方案，这种知识不足的问题阻碍了高质量辅助产品的创造。X 设计启发式（DHSfX）是一个设计启发式的集合，由韩国首尔大学工业工程系的 Dongwook Hwang 等人开发，用于在设计的头脑风暴阶段生成概念，帮助辅助产品设计者产生满足特定设计目标 X 的解决方案概念。

（2）主要内容

①为单手使用者创造产品的 13 个设计启发式。通过案例收集和筛选，研究团队共得到 13 个设计启发式，用于帮助设计者或设计团队生成创建单手使用者所使用产品的解决方案概念。每个设计启发式包括名称、描述和例子。

② DHSfX 树状结构图。DHSfX 是一个具有 3 级设计启发式的树状结构（图 5-54）。其中第一级分为 4 点：添加额外的组件；改变产品的物

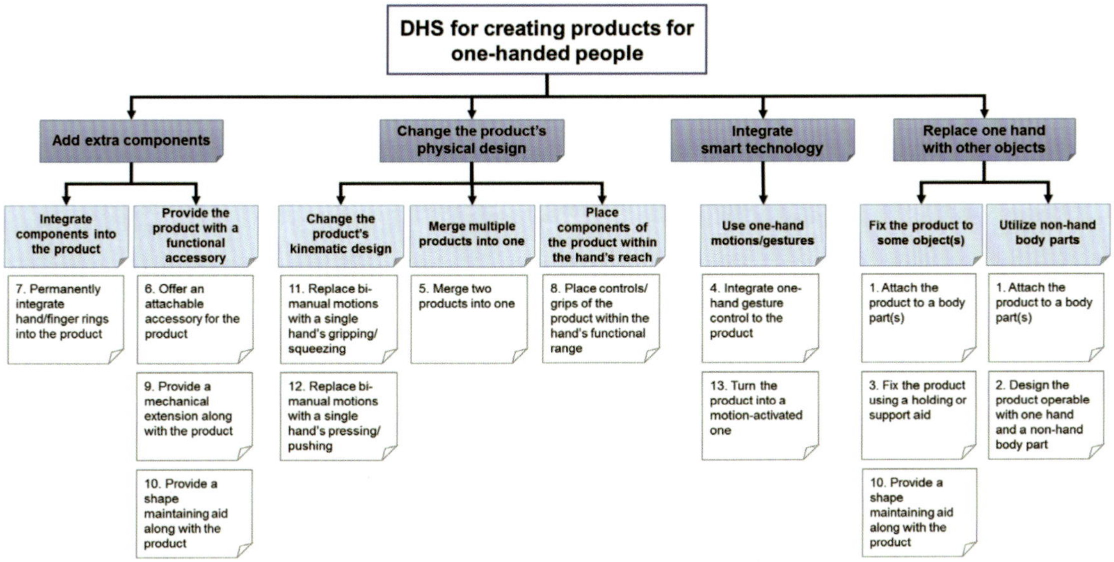

图 5-54　DHSfX 树状结构图

理设计；集成智能技术；把一只手替换成其他物品。在第二级中，将第一级的 4 点分为更加详细的启发式类型，例如把第一点细分为提供集成组件、产品与功能的产品附件。第三级则为 13 个启发式的具体内容。

③ DHSfX 手册。DHSfX 手册是描述设计启发式和相应示例的小册子，每一页包含一种启发式的名称、详细描述、设计问题示例以及对应解决方法图像示例（图 5-55）。

（3）操作指南

DHSfX 可以在辅助产品概念设计的各种任务中帮助设计师产生创新想法。例如：①使用者可用其解决与记忆搜索相关的困难，以获得需要的知识。② DHSfX 可以起到辅助工作记忆（WM），特别是信息保存的作用。③ DHSfX 可以有针对性地提供特定设计问题的相关知识，有助于使用者提高认知过程的效率和质量。④ DHSfX 支持以类比推理的方式呈现设计知识，设计师可以通过这套工具快速类比现有的产品，产生新的创意。

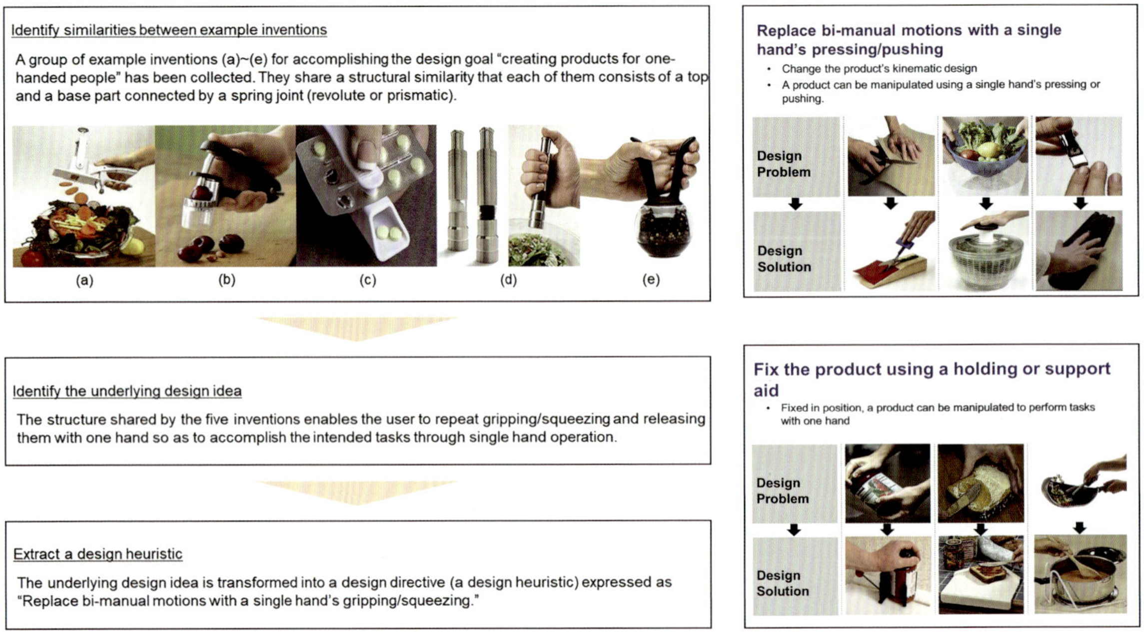

图 5-55　DHSfX 手册

三、人机交互设计类

1. 探戈卡[1]

（1）简介

交互式技术正在迅速改变人们工作、娱乐、交流和学习的方式。40 多年来，研究人员一直致力于利用游戏的激励力量来创造有效的学习游戏。关于如何设计良好的教育数字游戏，已经有一个庞大

1　DENG Y, ANTLE A N, NEUSTAEDTER C. Tango cards: a card-based design tool for informing the design of tangible learning games[C]. Proceedings of the 2014 conference on Designing interactive systems, 2014: 695-704.

的知识体系，然而这种知识往往是冗长密集的，我们急需一种方法把这些专业知识应用于设计实践。为了解决这一需求，西蒙菲莎大学互动艺术与技术学院的 Ying Deng 等人设计了探戈卡（Tango Cards）。探戈卡是一个基于卡片的设计工具，旨在使有形学习游戏的设计知识易于被设计师接受，为设计师所用。

（2）主要内容

探戈卡包括两类：关于有形物的卡片和关于游戏的卡片。学习方面的知识是嵌在所有卡片中的。卡片按类别用不同的颜色编码：蓝色用于 11 张有形的学习卡，橙色用于 14 张游戏卡。这些颜色使得设计师可以在需要时对卡片进行分类。

卡片正面有 5 个元素：标题、设计考虑、基本原理、文本示例和标签。标题用简短有力的词语抓住了每个概念的要点。设计考虑部分提出的是一个启发式问题。基本原理部分解释了这样的设计原则可以带来什么样的学习益处。文本示例简要描述了应用设计注意事项的一种或几种常规方法。标签用于标识卡片类型。卡片背面包含卡片标题、图片示例及其简短描述，以及二维码（图 5-56）。

（3）操作指南

探戈卡可以通过以下几种方式用于启发人机交互中的设计创意：①在设计构思的过程中，参与者使用卡片进行讨论，这些卡片能帮助他们逐步完善和评估自己的想法。②借助卡片和便利贴对原有设

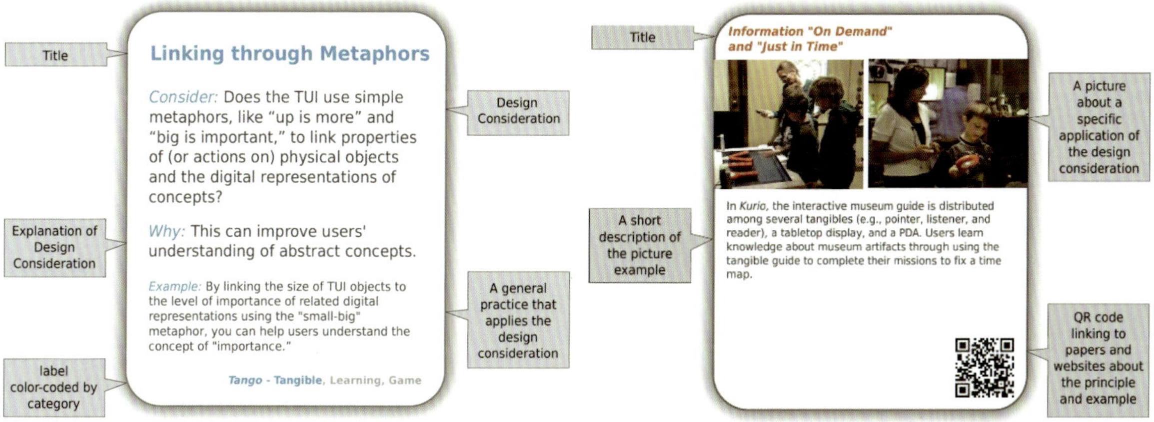

图 5-56　探戈卡卡面信息

计进行具象化的分析，通过对卡片进行分类的方式实现对游戏设计概念的整合。③卡片作为引导物，引导参与者发展或充实想法，提醒可能被忽视了的观点。④卡片作为实物参考，帮助参与者达成共同的理解。⑤当构思变得无效时，参与者可以通过卡片获得灵感，跳出既有构思框架，产生新的创意。

2. 构想卡[1]

（1）简介

近年来，人机交互更加关注个人、群体和社会的重要性，即采取更加以人为本的视角，这要求该领域引入新的识别力、概念和报告研究的新途径、新理论和新方法。构想卡（Envisioning Cards）是由华盛顿大学信息学院的巴蒂娅·弗里德曼（Batya Friedman）等人开发的一个在设计过程中关注人类价值的通用工具包。

（2）主要内容

构想卡以四个构想标准为基础，旨在加深对设计中长期性和系统性问题的认识。这四个构想标准分别是利益相关者准则、时间标准、价值观标准和普及性标准。其中利益相关者准则是价值敏感设计的一个关键标准，它强调技术对直接利益相关者和间接利益相关者的影响范围；时间标准有助于指导设计师考虑其工作的长期影响；价值标准强调技术对人类价值的影响；普及性标准强调的是交互式技术广泛应用后的系统交互。

最终版本由 28 张主题卡和 4 张“创建自己的卡片”构成，此外还包括一个 3 分钟的沙漏，以促进卡片在短暂的时间内被有意义地使用。每张构想卡都在这些构想标准内阐述了一个特定的主题。卡的一面是标题和与主题相关的图像；另一面则突出了卡片的关键标准、卡片名称、描述卡片关键概念的主题、与主题相关的重点设计活动，以及“思考”“识别”“草图”“询问”等动作词（图 5-57）。

（3）操作指南

构想卡可以在以下几个方面启发使用者在人机交互设计方面的创意：①构想卡可作为协同设计中的思维与迭代激励工具。为了使技术设计中的关键需求和特性浮出水面，人机交互研究人员和设计人员经常参与协同设计活动，构想卡可以激发人们对设计空间的创造性探索，支持非设计人员积极参与设计过程。②用卡片揭示说服性分析的价值内涵。

1 FRIEDMAN B, HENDRY D. The envisioning cards: a toolkit for catalyzing humanistic and technical imaginations［C］. In Proceedings of the SIGCHI conference on human factors in computing systems, 2012: 1145-1148.

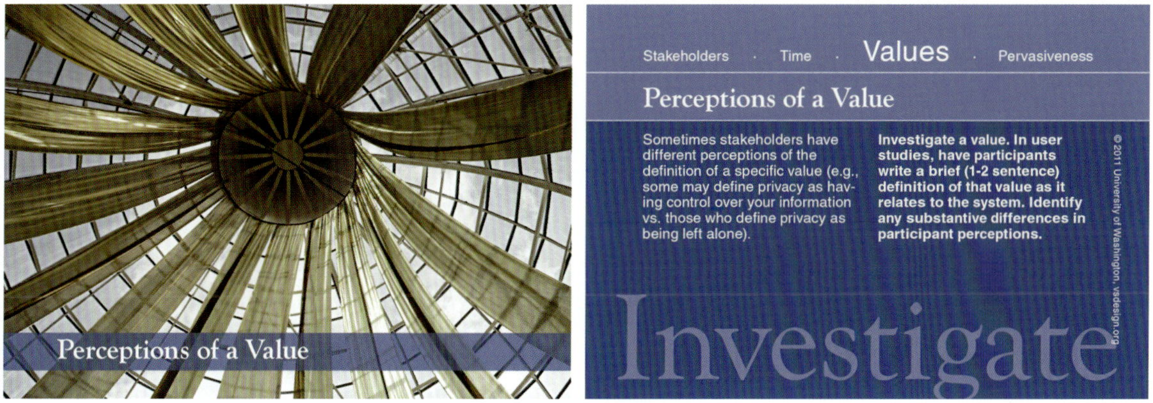

图 5-57　构想卡卡面信息

人机交互面临的一个挑战是预测新技术的用途、好处和危害，构想卡可以帮助设计师揭示新技术的价值含义和实施可能性。③构想卡还可以作为基础设施的启发式价值分析工具。使用者考虑卡片所确定的问题类型，对于设计技术基础设施和由此产生的大规模的社会政治问题非常有价值。

四、跨学科交叉设计类

1. 物联网透明度工具箱

（1）简介

作为智慧城市计划的一部分，部署公共空间物联网实施方案需要有效的公共沟通和政策支持，并考虑数据隐私等因素。物联网透明度工具箱（IoT Transparency Toolkit）是一个针对这一需求开发的工具包，由英国兰卡斯特大学的娜奥米·雅各布斯（Naomi Jacobs）等人研发。其目标用户是物联网系统的开发人员和包括政策制定者在内的各个层面的利益相关者，这个工具包能够帮助他们了解利益相关者的信息需求，从而增加公众了解公共空间部署的透明度，使公共空间物联网生态系统更可信。

（2）主要内容

物联网透明度工具箱有两种不同的模式：物理卡片组主要是为了那些希望了解部署，但自己可能不具备物联网技术专业知识的人开发的；数字版治理工具则可供其他类型的利益相关者团体使用。

①物理卡片组。研究者对 15 个问题类别进行了改进、合并和重新命名，最终形成了 10 个问题类别。每个类别都有一组卡片和一个主题类别框。

卡片上留有写评论的空间，并且可以擦除后重新使用。卡片顶部有彩色指示器，显示问题适用的阶段。在卡片组盒中，有一个“丢弃”盒，用于放置那些阶段与颜色不匹配或者无关的卡片，随访问题卡附在相关问题后面，附加的提示卡则用来引导用户决定是否丢弃无关的问题。此外，在每个类别盒内有两个分隔卡，分别命名为“已解决”和“待审阅”，可以用分隔卡来区分不同类型的卡片（图 5-58）。

②数字版治理工具。数字版治理工具旨在模拟物理卡片组，并与基于相同设计原则的界面相结合。为了保持两个版本之间的相似性，问题框架依然被设计为卡片，但在初始页面之后将向用户呈现三个问题，以提供筛选情境。这三个问题分别是参与者的角色、项目所处的阶段，以及从哪个主题开始。初始过滤问题后显示的主界面由三个主要元素组成：顶栏显示使用该工具的人员的当前角色和项目阶段，中间部分允许在问题间导航和监控进度，底部用于查看和回答问题（图 5-59）。

（3）操作指南

①对于物理卡片组，用户可以依次查看卡片中关于物联网技术专业知识的问题，并在评论区写下自己的想法，同时将无关的卡片“丢弃”在盒子中。已经查看过的卡片和尚未审阅的卡片将被分为两部分。

②对于数字版治理工具，使用者首先需要回答初始界面的三个问题，筛选情境。可通过点击中间导航栏中的磁贴来查看问题。显示问题时，用户必须提供问题的答案，并将其标记为“已解决”或“待审阅”。用户可以在不受约束的情况下自由查看和讨论答案。

2. 生物设计创意卡[1]

（1）简介

不同学科之间的互动和合作日益增多，两个或多个学科的交叉是新知识创新的前提。向更可持续未来的范式转变突出了生物科学的创新作用。生物设计创意卡（Ideation Cards for Biodesign）是一个基于卡片的生物设计启发式工具，由英国帝国理工学院戴森设计工程学院的桑德尔·维尔克（Sander Välk）等人设计，它同时提供“科学”和“背景”两方面的知识。生物设计创意卡旨在提供情境化的科学知识，让使用者能够产生涵盖从微观生物科学到宏观社会政治背景的大量想法，从而加速生物设计研讨构思。

1 VÄLK S, CHEN Y, DIECKMANN E, et al. Supporting collaborative biodesign ideation with contextualised knowledge from bioscience［J］. CoDesign, 2023, 19（2）: 142-161.

图 5-58　物联网透明度工具箱物理卡片组

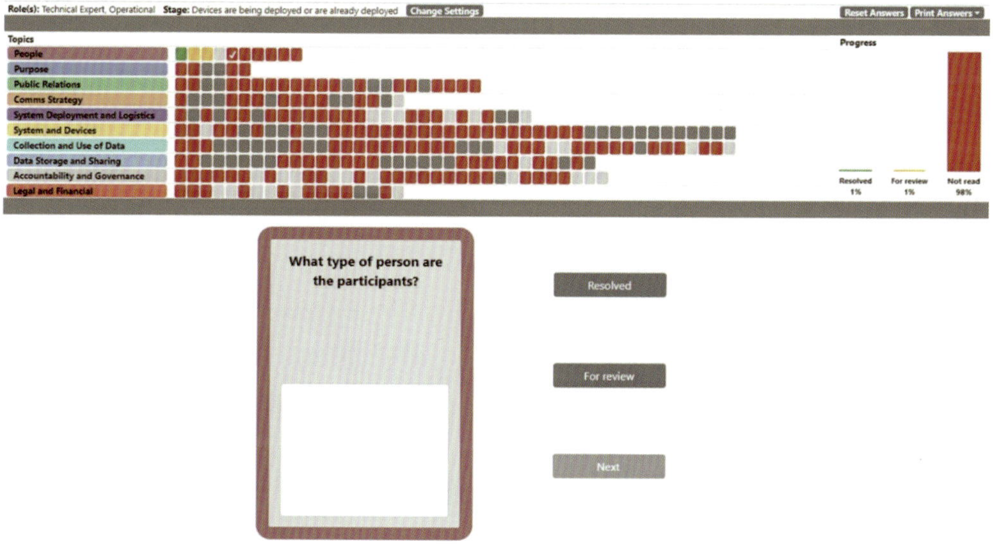

图 5-59　物联网透明度工具箱数字版治理工具

（2）主要内容

生物设计创意卡旨在克服与设计和生物学交叉的跨学科性挑战，即跨学科知识整合和叙事构建。为此，研究团队开发了两套卡片——科学卡和背景卡。科学卡的主题是合成生物学与生物工程，主要用于跨学科知识共享，旨在促进从科学知识到更广泛社会背景的转变。背景卡的主题是联合国可持续发展目标，主要用于叙事构建，旨在促进科学知识与可持续发展目标建立联系。这一工具包含 16 张用于跨学科知识共享的科学卡与 17 张用于叙事构建的背景卡（图 5-60）。

科学卡主要由两部分内容组成：一般信息和详细信息。其中一般信息包括科学方法或概念的名称、方法或概念的定义和描述；详细信息包括科学方法或概念在现实生活中使用案例的图像，案例功能、能力和可用性的总结，原文档或文件的链接。

背景卡内容则相对比较简单，由可持续发展目标名称、具体内容、意象图像和相关政策标识四部分构成。

（3）操作指南

这一生物设计启发式工具可以从跨学科知识共享和叙事构建两个方面启发使用者。使用方式如下：①从工具适用范围来看，这套卡片可以使从业人员重视来自或关于国家技术服务小组的各种知识内容，使用者可以通过构建情境化叙事产生创造力；同时，卡片叙述可以作为想法的加速器和起点。

图 5-60　生物设计科学卡与背景卡

②从使用流程上来说，使用者首先需要进行任务描述，接着从所有卡片中选择科学卡和背景卡用于示例和叙事构建，最后用草图、书面描述或者计算机生成图像来表达想法。

3. 食品设计卡片

（1）简介

食品设计是一门新兴的设计学科，要求设计师熟悉许多目前设计过程中没有涉及的领域。设计师需要与不同学科背景的人合作并整合知识，这对从事食品设计行业的设计师提出了挑战。食品设计卡片是一套反映食品设计领域丰富性的卡片，由荷兰代尔夫特理工大学的 Youngsil Lee 团队开发。这套卡片有助于设计师获得与食品项目相关的不同方面的概述，用于启发、丰富和促进食品设计。

（2）主要内容

这套卡片分为七大类，涵盖了与食品设计相关的基本领域（图 5-61）。每个类别用不同的颜色标识，主题卡数量限制为五张，以防止信息过载。

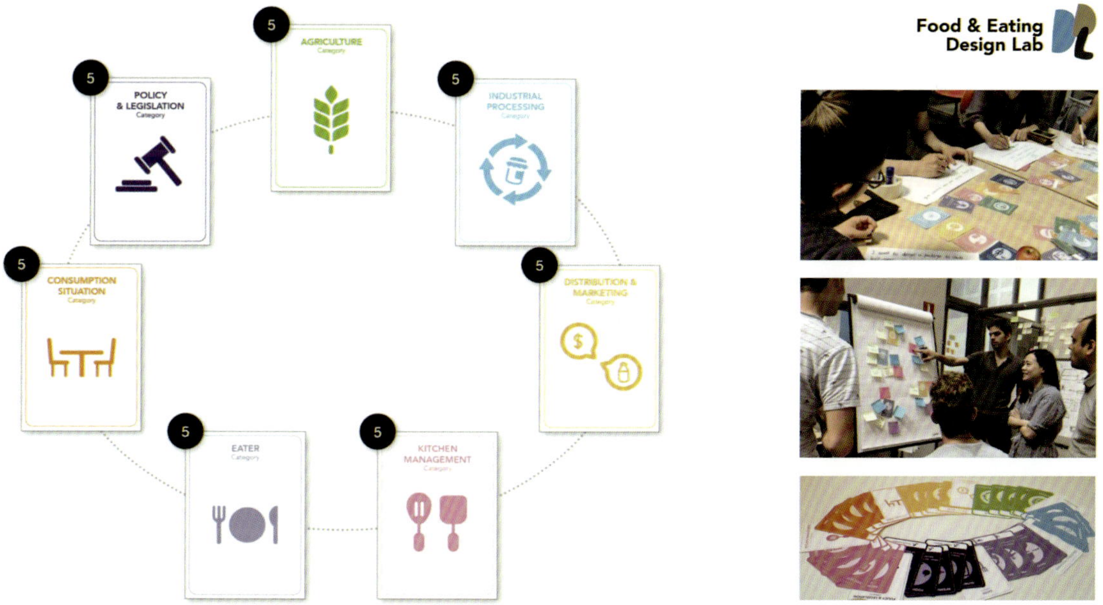

图 5-61　食品设计相关的七类基本领域卡片

卡片的正面包含主题标题、图标和启发性问题，便于使用者全面探索食品系统，并获得灵感。通过组合不同类别的卡片，可以将不同类型的想法加入一个设计中，正面的启发性问题让参与者有机会提出多样化的想法。卡片背面提供了许多与卡片主题相关的词语，用户可以在这些词语的提示下尝试将卡片包含的内容与自己的想法相结合进行考虑，这些关联性的例子有助于将模糊想法转变成具体的概念（图 5-62）。

（3）操作指南

这套卡片可以帮助使用者从构思和操作两个方面产生食品设计创意。

①构思：首先从三个不同颜色的主题堆中随机选择一张卡片，想一个将这三个主题联系起来的想法或概念。其次，找出代表需要解决的最重要问题的卡片，将头脑风暴的想法写在便利贴上，把答案归纳起来形成概念。

②操作：首先讨论每张卡片，并确定其对概念的重要性。其次，将主题卡按网格分类，这将有助于了解哪些主题需要首先解决，哪些可以推迟。此外，可以让一个成员站在假意反对的立场选择一张卡片，其他人试图回答这个问题。这样可以促进团队成员就特定问题进行激烈讨论和深入思考。

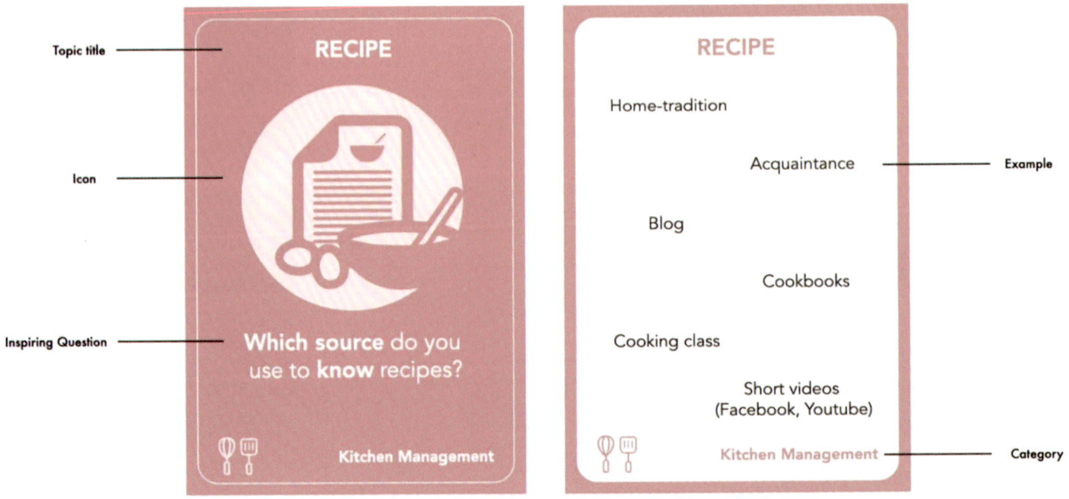

图 5-62　食品设计卡片的正反面信息

五、包容性设计类

1. 幸福设计工具包

（1）简介

幸福被认为是人类普遍向往的目标。如果设计师能够在设计干预、产品或服务中引入与幸福相关的象征意义，那么他们就能积极地促进用户的主观幸福感的提升。积极设计指应用积极心理学的知识专注于设计，它超越了传统的以问题为中心的方法，侧重于改善个人和社会福祉。幸福设计工具包（SIM Card）是由荷兰代尔夫特理工大学工业工程学院的玛法尔达·卡萨伊斯（Mafalda Casais）等人开发的启发式工具，由一套卡片和一个网站组成。这一工具包旨在向设计师清楚地传达 6 种与幸福相关的象征意义以及 16 种设计方向，是专为设计项目的创意生成阶段而设计的，它描述了在产品中加入象征意义以支持幸福的策略。

（2）主要内容

优化的幸福设计工具包有以下主要内容：① 3 张介绍卡，简述了工具的研究内容和目标，解释了网站的功能和卡片的结构。② 6 张象征意义卡片，正面说明每一个象征意义，背面列出相关设计说明。③ 16 张设计方向卡片，正面为设计方向，背面为一些关于用户的引导性问题。④包含各种设计范例和相关文献的网站，可提供视觉灵感，让人深入了解每个象征意义和设计方向，以动态的方式呈现了现实生活中的故事、图片、文本和电影剪辑片段（图 5-63）。

（3）操作指南

幸福设计工具包的使用方法比较简单。首先，使用者需要考虑用户和设计的情境，选择最相关的象征意义卡片，并考虑建议的方向。其次，根据主题将最相关的设计方向进行分类，从中选择并找到与之相关的象征意义。最后，使用者根据卡片提示的象征意义产生自己的创意。

2. 人工智能的伦理卡片

（1）简介

数据科学和机器学习可以帮助我们设计智能产品、服务和系统，改善人们的日常生活。为产生真正积极的影响，人工智能技术必须以人类需求为基础，并致力于扩展和增强人类的能力。人工智能的伦理卡片是 IDEO 设计咨询公司开发的一套启发式工具，旨在帮助跨学科团队在设计数据驱动的智能产品、服务和系统时坚持以人为本。这些卡片反映了 IDEO 在利用数据进行设计时为阐明常见挑战所做出的努力。意识到我们自己的人类倾向是思考道德问题的第一步，这有助于确保我们的工作更具道德责任感，多一些文化上的考虑以及更加人性化。

图 5-63　幸福设计工具包

（2）主要内容

人工智能的伦理卡片共有 10 个主题，分别是盲点检查、数据背后的人、捕获最小可行数据、映射系统、监测以纠正方向、尊重文化、设计接缝、平衡给予和获取、预测未来用例、考虑系统。这些卡片并不提供明确的方向，而是用一系列行动和提示引发对话，它们是可以灵活使用和修改的工具。

卡片分为正反两面：正面为主题及其对应的抽象图形、卡片网址；反面则为此主题的详细信息，从上到下依次为主题的一句话概括、详细解释、尝试活动和实践案例（图 5-64）。

（3）操作指南

这套人工智能的伦理卡片让使用者在使用人工智能技术做设计时考虑以人为本，在项目的各个阶段都可以发挥关键作用。

①项目开始时期。在项目开始时，这套工具可

图 5-64 人工智能的伦理卡片正反面信息

以帮助团队合理思考正在收集和导出的用户数据以及它如何影响设计。

②早期原型时期。在这一阶段，卡片可以帮助团队思考人们如何与设计交互，并为成功的用户测试和概念评估做好准备。

③决策和计划时刻。在这一阶段，使用者可以利用卡片深入思考所提出的方法和解决方案可能会如何影响接受服务的人。

六、设计流程与方法类

1. 头脑风暴卡片

（1）简介

头脑风暴是一种无限制的自由联想和讨论，其目的在于产生新观念或激发创新设想。头脑风暴又称智力激励法、BS 法、自由思考法，是一种激发思维的方法。头脑风暴卡片是一套用于头脑风暴环节思维发散的启发式工具，由 Board of Innovation 公司开发，旨在帮助使用者在头脑风暴阶段进行快速思维发散，产生有用的、符合社会趋势的创新型想法。

（2）主要内容

头脑风暴卡片从创新趋势的角度可分为四个主题，分别是用户趋势、技术趋势、市场趋势和法规趋势。每张卡片包括品牌的标识、一个假设想法和对想法的详细解释（图 5-65）。以下为每种类型卡片的具体介绍：①用户趋势。这一类别的卡片主要包含一些用户趋势的信息，可以帮助提出创造性的策略，以满足用户不断变化的需求。使用者需要从顶尖企业理念中学习，并合理地预测下一步发展趋势。这套工具可以和同理心地图、用户旅程图相结合使用。②技术趋势。在技术趋势类别的卡片中，列举了增强现实、虚拟助手、生物识别、机器

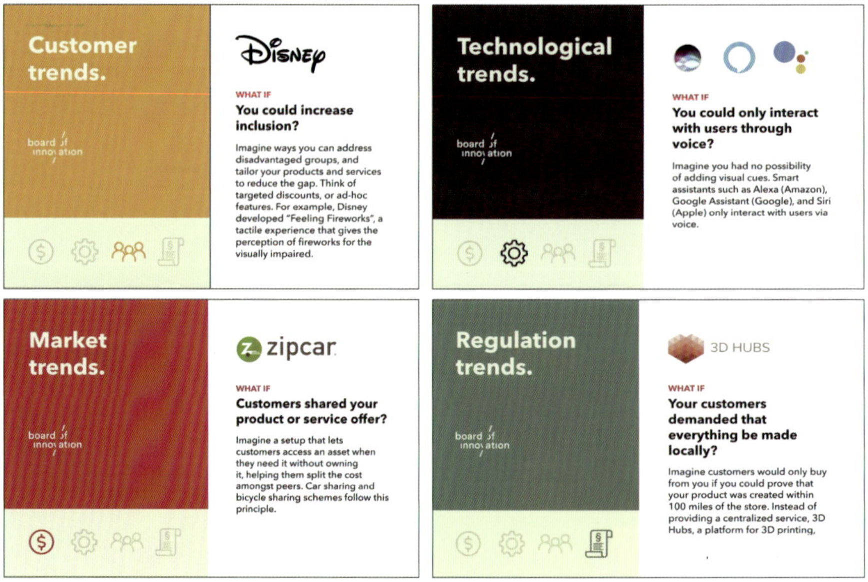

图 5-65　头脑风暴卡片的四个主题

学习等技术趋势案例。使用技术趋势卡片上的例子能够设想可用的不同技术解决方案，并走在技术前沿。③市场趋势。市场趋势卡片有助于将用户最了解的原则应用到极致，完善以用户为中心的方法。可以使用这些卡片来改进现有的方法，并提出自己的想法，以超越当前的创新趋势。④法规趋势。这部分卡片主要列举了目前可能对创意造成限制的法律法规，通过寻找巧妙的方案，可以使监管不成为负担，从而绕过繁文缛节的限制。这些卡片可以帮助使用者超越一些结构性和压迫性的规则。

（3）操作指南

这套卡片主要用于帮助使用者在头脑风暴阶段迅速产生一些符合当下趋势的创造性想法。在使用过程中需要注意以下三点：首先，用户需要从挑战或问题开始思考。其次，用这些卡片来寻找灵感需要快速切换。如果某张卡片在 30 秒内没有帮助使用者产生任何想法，使用者应该随时切换其他卡片。最后，在团队使用过程中，使用者要以最好的想法为基础，在团队中分享想法。

2.IDEO 方法卡

（1）简介

IDEO 方法卡包含 51 张卡片，每张卡片均展示了 IDEO 的不同设计方法，旨在将人置于设计流程的核心处。IDEO 方法卡不是指南，而是一个设计工具，旨在探索新方法并帮助设计师开发自己的方法，获得新的视角、激励团队、获得转机或尝试新方法。IDEO 方法卡的作用是为那些在工作中寻求创意的设计师提供灵感火花。

（2）主要内容

IDEO 方法卡分为洞察（learn）、观察（look）、询问（ask）、原型（try）四个类别，以便于使用者引用、浏览、排列和共享卡片（图 5-66）。以下为每种类型卡片的具体介绍：①洞察类型的卡片主要用于分析收集到的信息，以识别和洞察相关模式。洞察类型的卡片主要包括活动分析、亲和图、人体测量学分析、角色简介、认知任务分析、远程预测等设计方法。②观察类型的卡片主要介绍了一些观察用户行为的方法。观察类型的卡片主要包括生活日志、行为考古学、行为映射、旁观式研究、快速民族志、社交网络映射、静态照片调查、延时视频等方法。③询问类型的卡片主要用于争取人们的参与，并引导他们表露出与项目相关的信息。这一类型的卡片包括相机日志、卡片分类、认知图、概念景观、调查问卷、非焦点小组等方法。④原型类型的卡片是通过制作一个仿真品或模拟品，以更好地与用户沟通和评估设计方案。这一类型的卡片包括行为抽样、身体风暴、经验原型、角色扮演、场景测试等代表性的方法。

这四种卡片类型共同构建了一个多层次、多角

图 5-66 IDEO 方法卡的四种类别

度的设计方法体系，支持设计团队全面理解用户需求、行为和期望。这些卡片可以促进对设计过程的深入挖掘，使团队更准确地捕捉用户真实的需求，从而创造出更贴近用户心理的设计解决方案。

（3）操作指南

在设计实践中，灵活运用 IDEO 的四类卡片将有助于提高设计团队的创造力、敏捷性和用户满意度。研究人员提出了 IDEO 与参与者互动的一些指导原则：①使用者需要礼貌地与目标人群接触。②使用者需要表明自己的意图，以及正在寻找的信息，为参与者提供补偿。③使用卡片探索方法时，需要诚实描述信息的使用方式和价值。④使用者需要获得使用参与者信息，以及拍摄照片或视频的许可，确保收集到的所有信息的机密性。⑤使用者需要让参与者知道可以在任何时候拒绝回答问题或停止参与，并保持尊重、放松和愉快的氛围。

6

第六章 基于服务设计启发式的教学

在探讨完服务设计启发式的理论和方法之后，是时候来看看服务设计启发式在实际设计课堂中的应用了。本章展示了一系列精选的使用案例，直观地揭示服务设计启发式工具在不同场合的真实使用过程和结果。我们从服务设计启发式的教学模式开始，深入探讨如何通过服务设计启发式引领学生在课堂中更快地理解和掌握服务设计思维。

值得一提的是，本章还向大家介绍了服务设计启发式工具诞生的背景，即湖南大学设计艺术学院所开设的“服务设计与商业模式”课程。这门课程自2007年至今，已经开设了近20年，积累了大量优秀的教学案例和实践经验，并获得了“国家级线上线下混合式一流本科课程”的荣誉。我们精选了课程中的部分案例，让大家更直观地了解服务设计启发式在不同项目和时间周期内如何被有效应用。希望我们的经验可以为广大服务设计学习者提供有价值的学习路径，同时也为服务设计教育者深耕教学带来一定的方向指引。

第一节　教学模式与方法

本节内容节选自研究团队2020年发表于《装饰》的学术论文。

随着企业的快速发展和对服务创新的重视，服务设计逐渐成为当下的热点。国内一些院校已经开设了服务设计的相关课程。与其他设计课程相似，服务设计教学以实践为主，以问题解决为导向，课程设置通常为理论结合实践的模式。其中，理论教学在课程的初始阶段，仅占课程的小部分时间，教师以课堂授课的形式向学生传授服务设计专业知识，包括服务设计的概念、原则、思维、流程、方法和工具。而实践教学则围绕特定的设计命题展开，学生通过在实际设计活动中运用所学理论知识，逐步加深对服务设计的理解。在实践阶段，课程采用学生自主学习的研讨式教学方法。其中，教师充当答疑者，在参与讨论的过程中向学生传递知识。

这一教学模式能够让学生有效建立起对服务设计的认知，并帮助他们掌握服务设计的基本流程、方法和工具，但在向学生传授服务设计专业知识方面仍具有局限性。一方面，理论教学的内容主要是关于服务设计的基础知识，很少涉及与经验相关的设计策略，并且所教授的服务设计方法和工具（如用户旅程图、服务蓝图、系统地图等）主要侧重于分析与梳理服务，并不能弥补新手设计师经验上的不足；另一方面，在实践教学中，教师通常将其个人经验（设计专业知识）转化为具体的建议告知学生，学生难以从这种隐性的知识传递形式中获取特定的领域知识。

针对上述问题，研究团队在传统服务设计教学课程的基础上引入了服务设计启发式（SDHC）作为课程材料，并提出了一种基于服务设计启发式的教学模式。服务设计启发式象征着专家设计策略，在概念生成阶段帮助设计师探索更广泛的解决方案空间。它支持设计师以知识驱动型的设计驱动模式构思解决方案（尤其弥补新手设计师经验与知识的不足）。通过在实际设计活动的概念生成阶段为学生提供服务设计启发式卡片并教授使用方法，引导学生逐步掌握每个服务设计启发式的内容，并转化为个人经验。最终，加深学生对服务设计的理解，提升学生的设计创造力。

一、教学模式探索与实践

在湖南大学本科高年级课程“服务设计与商业模式”中，我们进行了服务设计启发式的教学实践探索。该课程共 32 学时，持续 3 周，参与者为 108 名 2017 级本科三年级工业设计专业学生。此次课程的设计实践命题为“为公平而设计”。学生被要求以 3 人或 4 人的小组形式根据命题发现生活中与“不公平”相关的现象，在充分调研的基础上定义设计问题，然后构想一个完整的服务设计方案来解决该问题。最终的服务设计输出方案需包含完整的服务蓝图、系统地图、服务原型等，如果涉及商业，则还需要呈现所设计的商业模式。

由于服务设计启发式是一种概念生成工具，我们建议在课程设计实践的概念生成阶段将其引入。在此阶段，学生已经学习了服务设计基础知识并确定了设计问题。根据服务设计启发式引入教学的目的：辅助学生构建解决方案，提升其设计创造力；培养学生将服务设计启发式吸收转化为自己的设计经验的能力。

其中，与设计启发式相关的教学内容主要集中在概念生成阶段。教师结合常规服务设计流程，以循序渐进的方式指导学生掌握 SDHC（图 6-1）。为避免学生认知负担过重，我们在此次教学尝试的前期仅引入 SDHC 中的部分卡片（30 张）。下文阐述了与服务设计启发式相关的教学环节设置。

1. 自主探索使用方法

在早期概念生成阶段，将部分 SDHC 给学生使用。此时，学生首次接触服务设计启发式，对于设计启发式是什么，以及如何使用等问题处于未知状态。因此，该环节的教学目标是让学生了解设计启发式的概念，认识并熟悉 SDHC 的内容。为了让学生更直接和深刻地理解服务设计启发式，教师仅向学生介绍设计启发式的基本概念而不直接告知相应使用方法。学生在自主讨论方案的过程中，可以自由使用 SDHC 来生成概念。

结果显示，在无指导的情况下，学生能够自行使用启发式以类比推理的方式生成概念。他们依靠直觉判断每一个启发式对于解决问题的适用性，然后基于单一的适用的启发式展开联想。使用者在这种直观而简单的思考方式下产生了众多想法。这些想法是非结构化的（对于使用前有初步概念的小组，

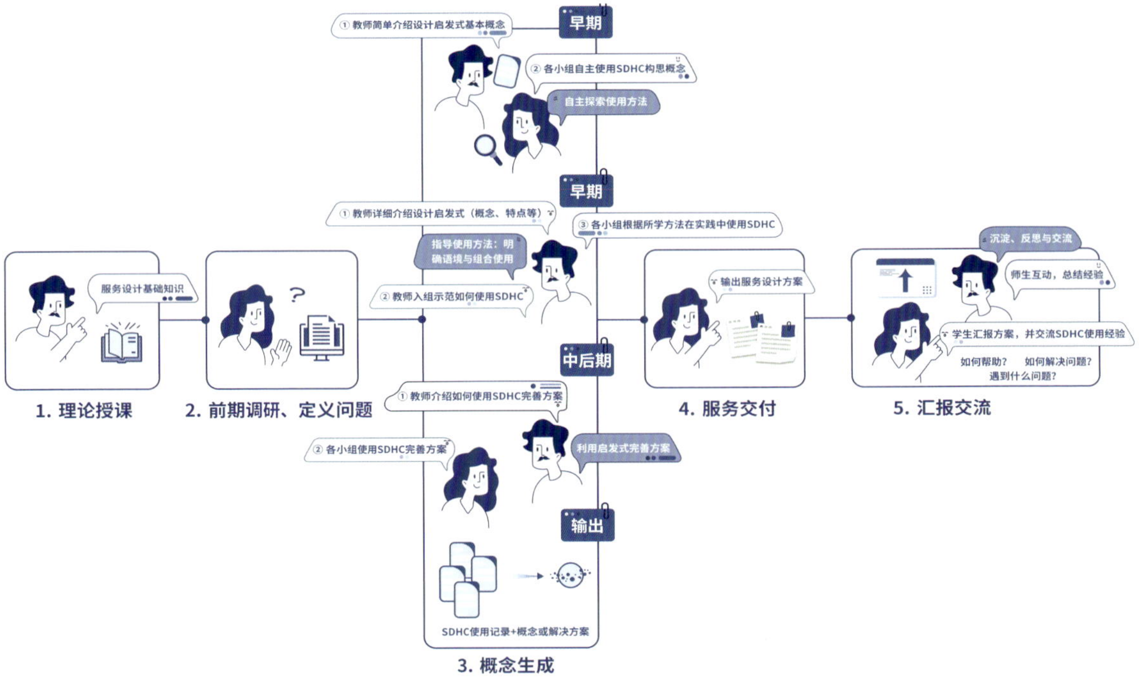

图 6-1　基于服务设计启发式的教学模式

产生的想法区别于或零散地依附于初步概念），为解决方案的构思提供了大量灵感。但需要注意的是，根据输出结果与学生反馈，可以发现学生首次接触与自主使用 SDHC 时具有一定的盲目性。这种盲目性体现在：①学生以解决方案驱动的方式来使用启发式，导致部分想法脱离所需解决的问题；②产生的想法过于零散，使得归纳整合方案的过程十分困难，导致了大量想法无效。根据学生初次使用情况，我们制定了下一环节的教学策略。

2. 指导使用方法：明确语境与组合使用

在第二次引入 SDHC 时，学生已经对服务设计启发式有了自己的理解。但根据前文所述，学生在使用上具有盲目性，这意味着学生以一种孤立的视角使用 SDHC，并且使用时缺乏目的性和服务设计所必需的系统观。因此，本环节的教学目的是让学生深入理解设计启发式的概念与特点，掌握启发式的基本使用方法。为此，教师首先向学生解释设计启发式的概念，然后通过举例和示范指导学生掌握 SDHC 的使用方式。其中，使用方式包括以下两种。

（1）明确启发式使用语境：利用其他服务设计工具和方法

设计启发式作为一种上下文相关指令工具，需要在特定的设计问题中才能适用。它通过向系统引入一种有意的变化来产生候选设计，因此使用哪种启发式很大程度上取决于当前问题的上下文。一种恰当的方式是借助许多其他服务设计工具与方法来分析服务问题，进而创建服务设计启发式的使用语境。以利益相关者地图为例，这种工具指导使用者梳理不同的利益相关者间的相互作用，并关注不同利益相关者的视角，明确需求和痛点。在绘制利益相关者地图的基础上使用 SDHC，是以不同利益相关者为起点，来判断启发式能否满足此利益相关者的需求（或解决了他的问题），然后构思概念。

在示范中，利益相关者地图被衍生为一种情境化教学方法——角色扮演。教师与学生分别扮演不同的利益相关者角色，基于各自的视角（需求）选择适用的启发式，然后提出想法，并站在角色角度开展讨论。以课程为例，教师加入某一小组并进行示范，设计任务为“儿童产品服务系统设计”。该小组的设计目标是“培养 3—6 岁儿童的独立意识与能力”。在课堂中，教师扮演幼儿园老师的角色，该组的三名同学分别扮演幼儿园儿童 A、儿童 A 的家长以及儿童 A 的朋友儿童 B。根据启发式“变传递为参与”（ 该启发式指利用情境和互动等手段，让客户自主完成信息接受），教师提出“……可以通过故事扮演的方式，让小朋友理解‘独立’的含义。那么平台就需要提供故事范本……”。接着，儿童 A 的扮演者表示，“……同时，还可以用这张卡片‘奖励客户’，奖励表现好的小朋友……”。示范仅持续 5~10 分钟，然后学生自行实践所学方法。同样，我们鼓励学生使用其他服务设计方法和工具，例如用户旅程图、系统地图、商业画布等，也鼓励学生自行探索，以更开放的视角去使用 SDHC。这是因为教学目的并不是与其他方法和工具结合，而是培养学生从不同的角度切入服务，有目的性地使用启发式构思概念。

（2）组合使用不同的启发式

开发的服务设计启发式是由特定的案例所决定的，这导致了每个启发式的描述在特异性和目的上各不相同。在前文我们已经介绍过，一些启发式可能侧重于描述方法和手段，还有一些则侧重于描述目标与需求，而多数启发式则介于两者之间，难以进行清晰的界定。这种特性导致了不同启发式之间天然的关联。在 SDHC 中，这种关联主要有三种类型，分别为互补型、促成型和制约型。关于服务设计启发式卡片组合类型，本书第四章第二节进行了详细的介绍，这里不再赘述。需要强调的是，SDHC 中的启发式的关系类型是非固定的，随着设计问题和服务场景的转移，某些关系可能会发生改变。

在课堂上，我们主张教师可以通过实际举例指导学生理解三种关系类型。在讲解与示范后，学生自由讨论。除了再次使用 SDHC，教师还要求学生对之前产生的想法进行归纳梳理。根据第二环节学生输出内容，产生的想法主要以汇集成多个独立的功能模块或服务流的形式存在，并相互关联，构成模糊的服务系统的雏形。相较于首次使用的输出结果，此环节输出的概念有了一定的系统性，而不再是零散的个体，学生在使用启发式时的盲目性也可以大大降低。

3. 利用启发式完善方案

随着解决方案的推进，启发式的辅助角色也发生了改变。正如前文所述，一些启发式侧重于描述目标与需求，例如“实现自我价值”。根据这种特性，该类型的启发式支持使用者用于审查方案是否达成相应目标或满足相应需求。基于此，应该选择在概念生成的中后期指导学生使用 SDHC 来完善方案，这有利于学生更深入地理解启发式策略。在此阶段，各组方案已经包含基本的服务流程、系统地图等。

教师教学生使用启发式完善方案，主要分为四步：第一，基于合适的视角选择适用的目标与需求类型的启发式；第二，判断解决方案是否满足该启发式所述内容；第三，对于未满足启发式所述内容的部分，分析原因；第四，根据分析内容构思概念以完善方案（此时可使用其他启发式辅助概念构思）。

通过 SDHC，学生可以快速找到目前方案的不足。以设计主题为“如何解决基因检测数据的隐私保护问题？”的小组为例，该小组在服务流程中使用了多个启发式来完善方案。例如，“降低服务不确定性”与“设计铺垫”使该组成员考虑到原方案对于新手不够友好，于是在服务前期增加了“新手引导”的功能，并且认为还应在此处提前告知用户接受服务时的注意事项。正如学生反馈，“它（SDHC）使我考虑到了原先不曾考虑过的方面”，这种以启发式为线索来发现方案不足之处的模式，有助于突破设计师思维的局限。

4. 沉淀、反思与交流

学生经过几次设计启发式实践后，需要进行沉淀与反思，以更好地吸收知识和经验。为此，我们选择通过引导学生回顾并总结设计启发式使用过程的方式，来促进学生将启发式内化为自身的设计专业知识。课程主要以小组公开汇报的形式开展，教师要求各组提前制作设计报告，然后结合报告汇报设计方案、设计过程、SDHC 使用过程以及过程中存在的问题与相应解决方式。其中，与启发式相关的方面，学生需要陈述 SDHC 的使用事实，可以分享任何关于 SDHC 的问题、感想与见解。

在这一过程中，教师与学生、学生与学生一起讨论想法、交流经验。通过此环节，学生对设计启发式有了更深的理解，并进一步吸收了服务设计领域的知识。此外，该环节的设置在提升服务设计课堂教学质量与效果的同时，有利于获得学生对 SDHC 教学内容与形式的真实反馈，从而为未来课程改进提供指导。

此课程是对服务设计教学改良的一次尝试，为服务设计课程的基础教学提供了一种新的方案。将服务设计启发式工具引入服务设计课堂，可以激发学生的创造力，深化学生对于服务设计相关知识的理解。通过理论结合实践的循序渐进的教学方式，可以引导学生由浅入深地理解与掌握启发式的概念和使用方法，促进学生潜移默化地将启发式方法转化为自身的设计经验，最终达到提升教学质量的目的。

第二节　课程使用案例精选

“服务设计与商业模式”是工业设计专业体系下的核心课程。课程面向本科三年级学生，通过架构“数据—工具—方法”三维空间与“因学施教”一体化内容，使学生掌握专业知识、富有创造力并具备服务设计系统思维。课程围绕湖南大学设计艺术学院所制定的“新工科 · 新设计”学科发展方向和“四个面向”双循环驱动下的一流专业建设问题，以培养具有国际竞争力和社会责任感的一流服务设计人才为目标。

在这门课的整体教学计划中，服务设计启发式作用在知识传授、思维拓展和内容创造等各个阶段。在课堂中，教师除了帮助学生们掌握服务设计流程、方法与工具，树立服务设计系统观，了解服务设计价值与意义之外，还通过启发式工具卡片帮助学生快速理解和掌握服务中各流程触点的系统创新方法，以及服务体验评测指标体系的构建方法。在能力培养方面，邀请校外专家赋能互动，分享领域经验并设置与时俱进的服务创新主题，鼓励学生创造内容。教师鼓励学生组成设计小组，协作完成从发现设计问题到提供完善的解决方案的设计开发全流程，从而在实际的设计问题解决过程中提升服务体验洞察力以及构建服务系统的创新综合能力。

当古老的艺术与方兴未艾的科学技术相互碰撞，能产生什么样的灵感火花？又能开启何种全新的感官体验？2023 年的“服务设计与商业模式”课程围绕博物馆展开服务设计，学生共同探索艺术介入的无限可能。设计主题聚焦“兴趣培养、寓教于乐”“互动交流、场馆便利”“专业研究、馆际传递”“数字资源、版权交易”四大方向，挖掘艺术与科技之间双向赋能的价值与意义，勾勒未来博物馆的服务图景。

2022 年，我们尝试性地将启发式卡片的设计与创造工作带进课堂，首次跨入元宇宙的虚拟世界。元宇宙内的创作自由在于我们更沉浸于创作本身，而并非创作者。如何让创作者尽可能破除偏见，在感受更丰富与宽阔的语境下合作？在虚拟的空间内，设计工具的生命力在于其既能合乎使用者的习惯，又能让使用者冲破各自思维的桎梏。使用者不仅使自己的思维不再“孤独”与狭隘，还能感受到团队精妙的思维涟漪。我们怀揣着启发式，如同携带一件贴身的雨具进入“瀑布水帘洞”，直面它的冲击与响应它的反馈，让元宇宙理想的光芒照进服务设计的创作现实。

2021 年，“服务设计与商业模式”课程以“移动金融”和“移动通信”为主题，通过调研并洞察面向用户感知的移动金融与移动通信类产品服务体验需求，以探索未来移动金融与通信场景的无限可能。要求学生分别从安全性、可用性、移情性与补救性四个维度出发，通过服务体验评估测量工具挖掘生活中的实际问题，并运用服务设计启发式工具和服务设计方法发散思维，从场景、角色等多维度出发，设计完整的服务改进方案。

2020 年，课程主题为“数字化转型为社区赋能”。数字化转型发展如火如荼，如何应用网格化管理，结合服务设计方法，为社区赋能带来创新模式？韧性社区建立过程中，对于“公共资源、社区管理、为人设计、文化传承”四大主题的探讨，我们希望设计师提出更为创新的解决方案。

服务设计与公平交叉探索，汇集成一场有关过去与未来、现实与虚拟的集体思想实验。将所有的已然和未然置于公平的尺度下，从社会到人文，从信息到文明，去丈量和思索在服务设计的维度下向前延伸的可能性。2019 年的课程聚焦到社会公平问题，围绕“为公平而设计”这个主题进行服务设

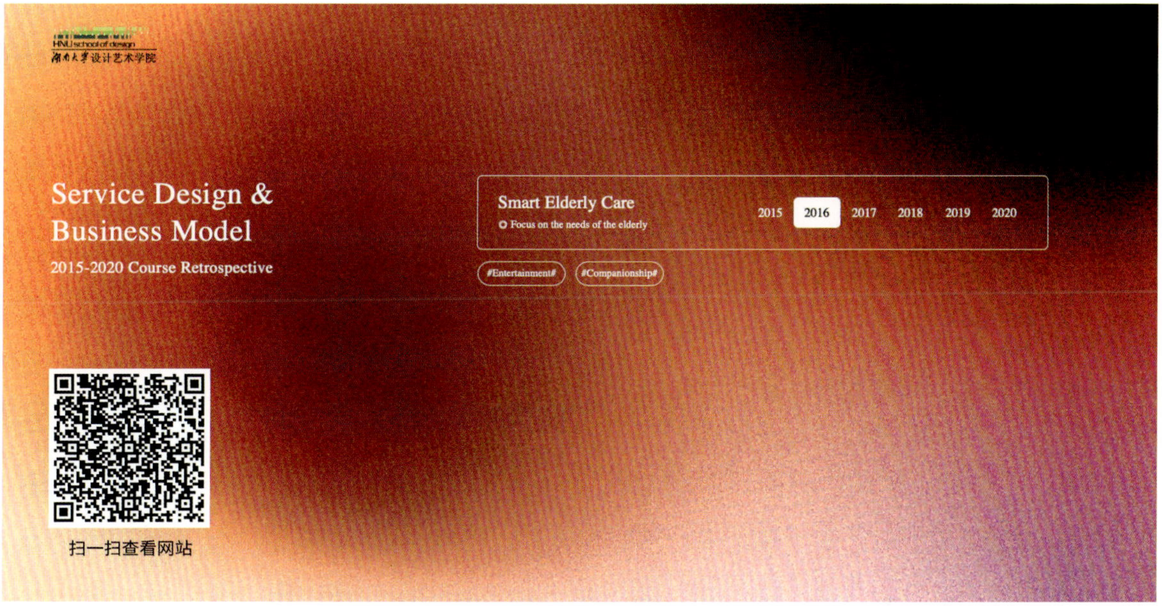

图 6-2　“服务设计与商业模式”课程作业线上资源查阅平台

计方面的探索。学生从“数字原住民”的角度出发，以服务设计这样一个途径去讲述公平在当代青年的话语体系下所呈现出的独特表征。

2018 年的课程主题与每个学生息息相关。“校园进化”鼓励学生大开脑洞，畅想大学校园生活，深挖藏于人们平凡生活中的潜能，提出未来校园的新可能性。15 大主题，分别解决“怎么学习”“找个地儿”“身体建设”“安全保障”“饥饿解决方案”等日常生活中经常碰到的疑惑，构建设计方案。

2015—2020 年课程产出的设计成果都被我们完整地保留在了图钉墙网站中，读者们可以通过扫描二维码登录课程作业线上资源查阅平台了解设计方案（图 6-2）。以下节选部分课程产出的设计案例进行介绍。

一、“异地无忧”——离家求学更暖心的通信服务

每逢开学季和毕业季，大学生们多会往返于多个城市，这使得他们成为移动通信中异地用户的主要群体。在办理特殊业务时，如补换卡、过户、销卡、解除校园套餐和宽带绑定等，他们总会面临各种各样的问题，导致办理业务的效率降低。“异地无忧”专区旨在使用户可以轻松地了解和解决与通信服务

相关的问题，预防可能出现的困扰。这个创新的解决方案不仅提升了通信服务小程序的可用性，还为大学生提供了更加便捷的移动通信体验，使他们在学业和生活中更加无忧。

1. 设计目标

通过调研，我们明确了几个关键目标。第一，在高效性方面，需要提高系统响应速度，优化流程操作和功能设置，以确保用户能够更快捷地完成任务，提高他们的满意度。第二，在易操作性方面，需要更好地引导用户，简化操作流程，提供更便捷的使用体验。第三，在规范性方面，需要提供更详细、准确的服务说明，使用户能够更好地理解和使用小程序。第四，在有形性方面，通过改进页面效果和增强界面设计，吸引更多的用户使用小程序。第五，在功能性方面，增加一些常用功能设置，以提升整体用户体验。

结合这些目标，我们首次采用了启发式卡片，通过推演和筛选，确定了帮助异地卡号用户提高特殊业务办理效率的设计方向，并强调了线上线下的联动性。方案计划打造一个融合线上线下优势的服务系统，以满足用户多样化的需求。同时，系统建立了高效的投诉反馈机制，以便及时解决用户的问题和投诉，提升用户的满意度。我们的目标是为用户提供更便捷、更高效、更满意的服务体验，让他们在异地办理业务时无忧。

2. 设计思路

在调研的过程中，我们首先进行了线上、线下营业厅的对比分析。结果发现，与线下营业厅相比，线上营业厅建设成本较高，营业时间有限，消费者需要排队，服务成本和营销成本较高，服务人员水平各异，导致消费者感受差异。为了更好地了解这些问题，我们对线下营业厅和线上营业厅进行观察和记录；还通过网络渠道，如社交媒体、在线问卷等收集了消费者的反馈和意见。此外，还进行了市场竞争分析，绘制了详细的对比图，展示了不同小程序之间体验的差距。通过这些对比分析，我们可以更好地理解小程序平台存在的问题，并且为后续改进提供有价值的建议。

在用户体验调研中，我们采集了有效样本 437 份，从高效性、易操作性、规范性、有形性以及功能性五个维度了解用户的使用情况和需求，为平台服务的改进提供有效的参考。

①高效性方面。用户对此项期望较高，但是得分较低，说明通信服务小程序在这方面还有很大的发展空间，需要提高系统的响应速度，优化操作流程、功能设置等，以提高用户的满意度。

②易操作性方面。在这一方面用户感受较好，但是仍然存在一些可以改进的空间。需要加强对用户的引导，优化操作流程，让用户能够更快地完成任务，提高用户的使用便利度。

③规范性方面。用户对此项期望较低，但是得分较高，说明通信服务小程序在这方面做得比较好。但是需要保持一定的规范性，并且提供更加详细、准确的服务说明，让用户能够更好地理解和使用。

④有形性方面。用户在有形性方面感受不深，说明需要加强页面效果，增强界面设计的吸引力，让用户更加愿意使用小程序。

⑤功能性方面。用户对此项期望较高，但得分较低，说明移动服务小程序在功能设置方面还需要进一步优化，需要关注用户的需求，增加一些常用的功能设置，提高用户的使用体验。

3. 方案概述

在设计方案中，我们以大学生为移动通信中异地用户的主要群体，根据他们在办理特殊业务时常常遇到的问题，确定了设计目标：帮助异地卡号用户提高办理特殊业务的效率，增强线上线下的联动性。接下来，通过绘制用户画像，进一步明晰目标用户的特点和需求。

基于用户画像，我们设计了用户旅程图，以理解用户在办理特殊业务时的整个体验过程。在旅程图设计的过程中，我们梳理了用户常常遇到的痛点和问题，包括信息不全、操作烦琐、等待时间长、沟通困难等。接着，使用启发式卡片激发灵感，探寻最适合的设计方向。

最终，我们确定了“异地无忧”专区作为解决方案，旨在满足异地用户的各种需求，包括补换卡、过户、销卡、解除校园套餐和宽带绑定等。同时，通过对通信服务小程序进行优化，增强了线上线下的联动性，以提高大学生作为异地用户办理业务的效率。整个设计推演过程清晰有序，设计方案有效地满足了用户的需求，解决了异地用户办理特殊业务时的痛点和问题。

第一，通过引入异地专区，实现全国一体化的跨域服务和产品组合，用户办理业务变得更加自如，不再受地域限制。第二，将线上和线下深度融合，用户办理业务变得更加简单和清晰，不再需要费时费力地跨越地区。第三，通过提前通知用户办理流程，确保整个过程清晰透明，用户不再被繁杂的手续所困扰。第四，提供了自提和邮寄等多种方式，让异地办理业务变得更加轻松和便捷，用户不再需要长途跋涉。此外，考虑到毕业季可能出现的异地业务高峰，提前部署应对方案，有效减轻了线下营业厅的客流压力。

最重要的是，该设计方案实现了办理流程的透明化，用户可以随时了解业务进展，同时还可以通过小程序与实体营业厅工作人员实时联系，确保业务顺畅无阻。针对外出读书、毕业离校等情况，通信服务小程序提供了一系列智能化的解决方案，让大学生办理异地业务的体验更加轻松愉快。异地业务本地办理，离家求学更加温馨（图 6-3）。

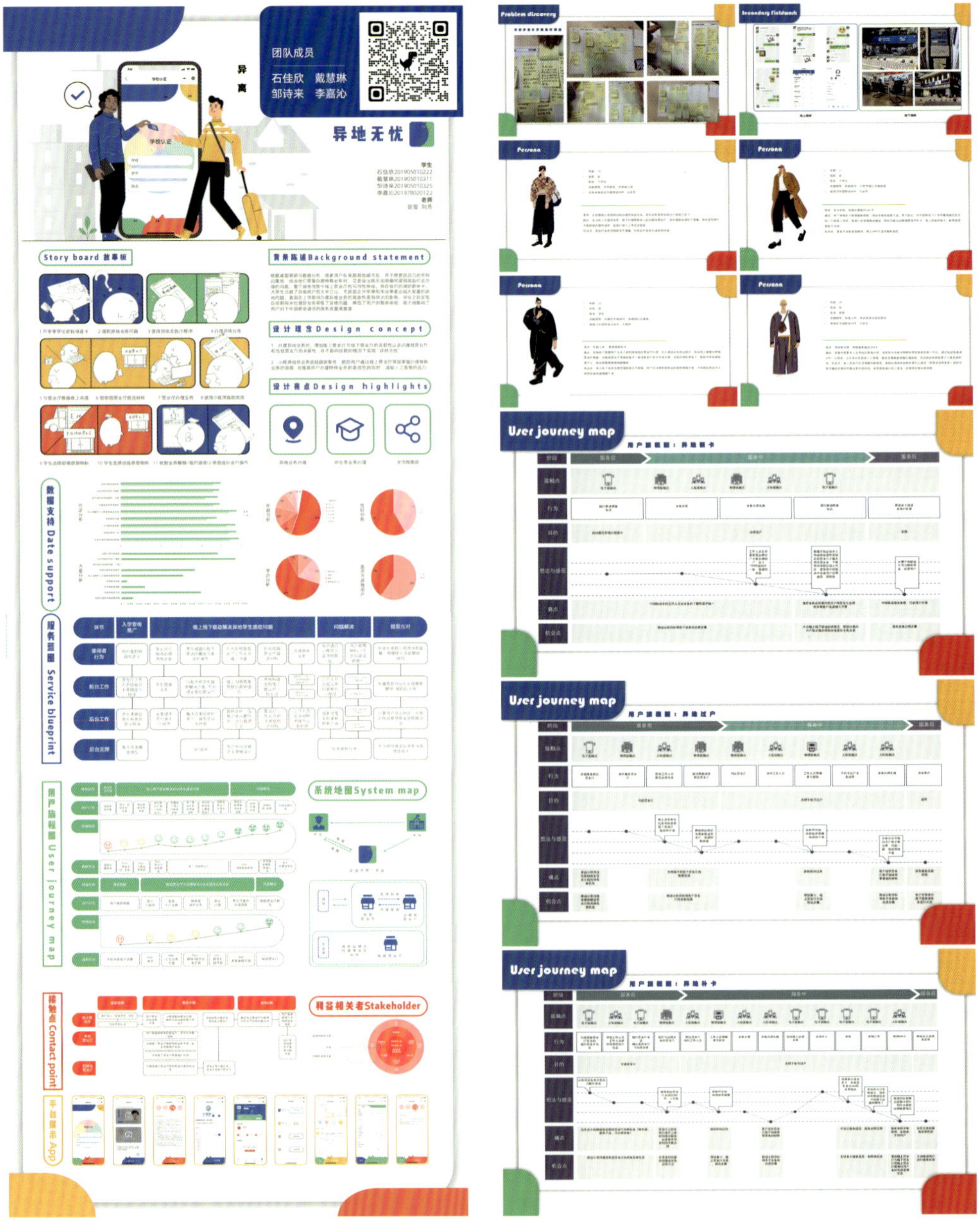

图 6-3 “异地无忧”通信服务平台

二、“艺师艺友”——让乡村教师变身音美教学达人

乡村学校师资紧缺，每名老师需要任教多个科目，有的甚至达 8 科之多。老师在教授非其所学专业的科目时，能力、精力均有不足，在不参与绩效考评的音美课中，这样的情况尤其严重。“艺师艺友”平台旨在为老师提供一个强大的教学助手，使他们能够快速掌握音乐和美术领域的教学技能，只需 10 分钟即可完成备课。平台汇集了丰富的线上和线下教育资源，为老师提供了一站式的资源获取渠道。平台也将为学生提供生动有趣的游戏化教育体验，包括互动教具操作和引人入胜的课堂效果。

1. 设计目标

在深入探索音美课堂的困境后，我们发现，对于乡村兼职音美教师来说，教学地位不高、师资配备不足、学生零基础等问题如同一座座大山，压在他们的心头。为了解决这些问题，我们与乡村兼职音美教师、乡村学生进行了深度访谈，了解他们的实际需求。

首先，我们发现乡村教师在教自己不熟悉的科目时，特别需要一个方便的在岗培训和辅助教学平台。这个平台要提供专业的资源、技巧和课程设计，让教师可以轻松找到教音美等科目的好方法。其次，在提升乡村教师音美教学培训效果的同时，保证不影响其教学工作至关重要。所以，我们计划设计一个特殊的培训方案，让教师在不耽误正常教学的同时，可以更好地掌握音美等科目的教学技巧。最后，我们还了解到中高龄段的乡村全科教师需要更好地利用多媒体设备和网络资源来辅助教学。所以，我们尝试通过平台提供一些相关的教学资源和工具，方便教师使用，进而提高教学效果。

2. 设计思路

通过两次启发式工具的使用，我们总结了设计的关键点，为解决乡村音美课堂的困境提供了新的视角。首先，我们认识到，为乡村兼职音美教师提供一个更专业、高效、有趣的备课平台是至关重要的。这个平台应该汇集丰富的教学资源和最新的教学方法，让教师可以轻松地获取所需的教学策略和课程设计。同时，这个平台还应该鼓励教师之间的交流与合作，让他们可以共享成功的教学经验，从而提升他们的教学技能和专业素养。

在教学过程中，乡村兼职音美教师由于缺乏专业背景知识，往往还面临着教具操作复杂的问题，因此对学校现有教具进行改造也是必不可少的。我们计划通过简化操作步骤、增强可视化和互动性等方式对教具进行改造，使没有相关专业背景知识的教师也更易上手。这样，教师就可以更专注于教学，而不必担心如何操作教具的问题。

另外，我们也关注到音美教师的授课积极性不

高。一方面，音美课程作为不参与绩效考评的科目，往往不被重视。另一方面，乡村教师在音美方面的专业性差，相关课程的资源有限，也对课程的筹备造成了阻碍。而根据乡村当地特色提供相关课程，是提高乡村教师教学积极性的重要方式。这种方式既可以让教师有更多的话题与学生互动，也可以增强课堂的趣味性。此外，这也可以帮助乡村学生更好地了解和认识本土文化，提升他们的学习兴趣。

3. 方案概述

首先针对音美教学资源不足、教师授课积极性不高等教学问题，“艺师艺友”平台提供了一种快速而专业的“脚本式备课”方式，让教师可以轻松备课、上课和制作课件。在注册时，教师只需要填写自己的专业和音美课程的专业等级信息，平台就可以根据这些信息自动选择辅助模式并推送相关课程。此外，平台还设计了推荐机制，根据教师的兴趣和浏览记录精准推送音乐和美术两大模块的课程，让教师可以轻松地获取教学策略和课程设计。除了固定课程，教师还可以通过自选方式灵活搭配更适合学生需求的课程。在“备课”页，教师可以选择所要准备的课程，查看上课脚本。在“步骤解读”栏，教师可以了解每一个步骤的简要说明。在“文字脚本”栏，会显示上课的每一个步骤，包括教师授课用语、教学场景的可能性预测，以及对应的处理策略。上课时，教师可以通过手机与网页端的 H5 课件进行连接，轻松掌握课堂节奏。平台还提供了教师个人中心，让教师可以随时查看自己的荣誉和成就，激励他们使用平台提高教学质量。

针对教师在音美课堂上可能遇到的学生零基础、教具不专业等问题，我们也给出了智能、便捷、生动的解决方案。音乐课上多数老师和学生不识谱，这个问题一直困扰着很多音乐教育者。“艺师艺友”平台提供了一种游戏化的音乐教学方式，使用颜色和互动图形来帮助老师和学生理解乐谱和乐器的使用方式。这种教学方式不仅有趣味性，还可以提高学生的学习兴趣和参与度。此外，平台还提供了奥尔夫乐器图形，让学生可以通过点击或者使用带传感器的奥尔夫实体乐器进行操作。这些功能都非常实用，可以帮助老师解决音乐教学中的难题。同时，网页端和 App 端的音乐游戏也可以直接在教室的大屏幕上连接教室场景或通过移动网络进行传播，让学生可以随时随地进行学习。学生作品中的元素在后台被抽取和重组，呈现为可交互的动态图形。这种设计充满趣味性，可以让学生更好地展示自己的作品并与其他人分享学习成果。

“艺师艺友”平台为音乐教学提供了很多实用的功能和解决方案，可以帮助老师和学生更好地学习和享受音乐（图 6-4）。

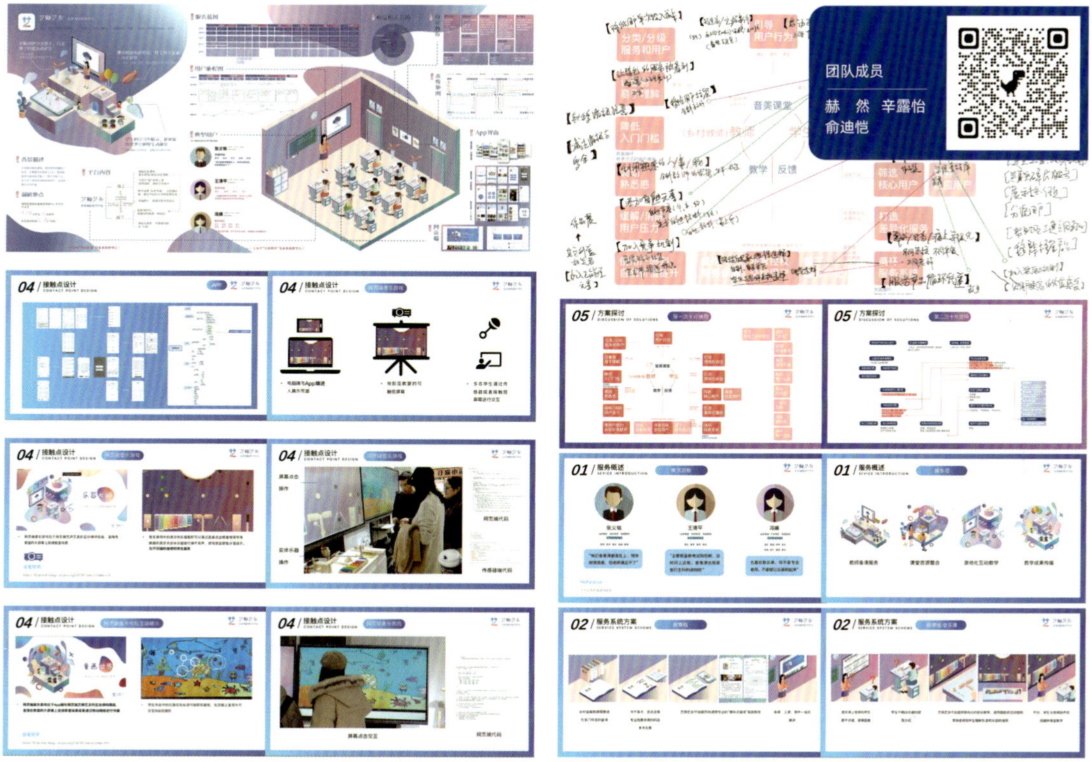

图 6-4 “艺师艺友”音美教学服务平台

三、“灵犀荐”——面向大学生的个性化套餐推荐平台

随着科技的不断发展，移动数据流量消费规模持续扩大，大学生在选择移动流量套餐时，常常不知道哪个套餐更适合自己。有时候不小心超出了套餐流量，还会导致额外收费。为此，我们研发了一款全新的套餐推荐系统——“灵犀荐”，通过对大学生移动流量数据的分析，基于用户协同过滤、时间、标签和社会化等推荐技术提供个性化的套餐建议，确保用户得到最优的套餐推荐。另外，我们设计了专属推荐、校友认证和套餐无忧等功能，让用户在套餐余量不足时能及时获得流量包和新套餐的推荐，提高移动数据消费体验。

1. 设计目标

用户办理基础业务时，被动接触大量信息，难以高效找到所需；没有过滤、筛选和评估信息的有效途径，办理业务烦琐，用户体验不佳；在线客服面临大量问题，无法高效解决；App 与用户关系紧张，用户不信任度提高，使用频率降低。我们希望改变这些体验痛点，通过设计提供有效途径来过滤、筛选和评估信息，让用户在办理基础业务时能轻松找到所需，不再迷失在信息中。同时，我们也希望能减轻在线客服的压力，通过预置常见问题的解决方法，让他们更高效地为用户解答问题。

2. 设计思路

在“灵犀荐”项目中，我们对行业报告、文献和当前 App 进行了详尽的调研。通过用户研究，我们发现用户在使用运营商 App 时面临许多困难，如套餐查找困难、对售后服务不满意等。于是，我们在收集了 773 份问卷后，开始对数据进行分析，试图找到优化设计的新思路。

在后续的调研中，我们对大学生群体进行了深入访谈，了解他们的套餐使用情况和流量消费状况。我们发现大学生在语音通话上的使用较少，但流量使用较多，这导致他们的套餐经常出现通话余量过多但流量不足的情况。同时，大多数大学生对自己的流量使用情况表示惊讶，说明他们对自身的流量消耗情况并不了解。

我们发现，有很大比例的用户表示对运营商服务的体验不理想，认为运营商 App 在查找筛选套餐、取消套餐、操作容错性方面存在很多不足。其业务办理流程复杂，不够便捷、合理。另外，传统的语音和短信业务呈下滑趋势，而新兴业务及互联网收入大幅增长。这提示我们需要在设计上更加注重用户体验和便捷性，同时要与时俱进，满足现代人多元化的通信需求。

在这次调研中，我们还发现用户非常重视其他用户的评价。他们往往会根据这些评价来决定是否使用某个产品或服务。这让我们意识到个性化推荐的重要性——它不仅能解决信息过载问题，还能提高用户的满意度。

结合以上发现和调研结果，我们得出了一个重要的结论：用户体验的改善是关键。好的用户体验不仅能提高用户满意度，而且可以提升用户的留存率。因此，我们后续运用启发式卡片进行了两次头脑风暴，尝试找出各种可能的设计方案来解决上述问题。

3. 方案概述

经过启发式卡片的灵感刺激，我们记录了很多设计点，并对它们进行反复筛选、讨论和完善，决定方案整体主要是通过减轻客服压力、进行用户分流、预置常见问题的解决方法，以及通过查看他人评价帮助用户作出决策，通过对用户上月套餐使用情况进行分析、进入App后有针对性地推荐套餐、对推荐板块进行再设计、提高信息的准确度来提升用户的操作体验感，满足用户的需求。

最终设计方案主要通过三个功能来满足用户的需求。

①专属推荐。基于用户套餐使用数据，结合用户协同过滤推荐、时间上下文推荐、标签推荐、社会化推荐等推荐算法，随时为用户提供套餐组合最优推荐。

②校友认证。在套餐评论界面，认证为同一学校的学生可通过校友标志辨别校友。通过学生认证的用户享受校友套餐推荐服务。

③套餐无忧。在套餐余量不足时，及时向用户提供用量数据、本月用量估计、需要加购的流量包推荐和新套餐推荐。

在使用"灵犀荐"平台时，用户首先需要在登录后进入"我的"界面，填写个人和学校信息，完成学生认证。认证通过后，用户可以根据自己的流量使用偏好将流量使用类型进行排序，系统将据此为用户推荐最适合的套餐和流量包组合，并生成个人卡片，实时更新流量使用数据。平台还会分析历史使用数据，预测并推荐用户下个月所需的流量套餐。用户可以在个人卡片中查看使用各种应用程序的流量数据和占比，从而更好地了解自己的使用情况；如果超出套餐额度，将以红色显示，提醒用户注意。

此外，我们还为用户提供了校友群集的详细信息，用户可以查看校友的套餐使用情况，以提升对套餐的信任度。查看不同套餐组合的销量排行，可以帮助用户选择最适合自己的套餐。平台还具有对比模块，用户可以将不同套餐加入对比池，进行详细的数据对比，从而作出明智的选择。通过这些功能，平台可以为用户提供更便捷、更智能、更个性化的流量套餐选择体验（图6-5）。

四、G-Bank——解决基因消费中的数据不公平

随着基因检测技术的进步，人们对基因检测的需求不断增加，但与此同时，个人基因数据的隐私保护也变得越来越重要。目前，许多基因检测公司在未经用户同意的情况下，将其数据出售给其他企业，这引发了隐私和道德问题。为了解决这个问题，我们提出了建立一个基因数据交易平台，以平衡个人隐私保护和数据共享的需求，同时提供了透明的交易过程，以确保数据使用的合法性。这将有助于更好地利用基因数据的价值，推动基因检测领域的发展，同时保护了个人的隐私权益。

1. 设计目标

随着基因检测技术的飞速发展，我们正置身于一个前所未有的基因大数据时代。而基因数据的隐

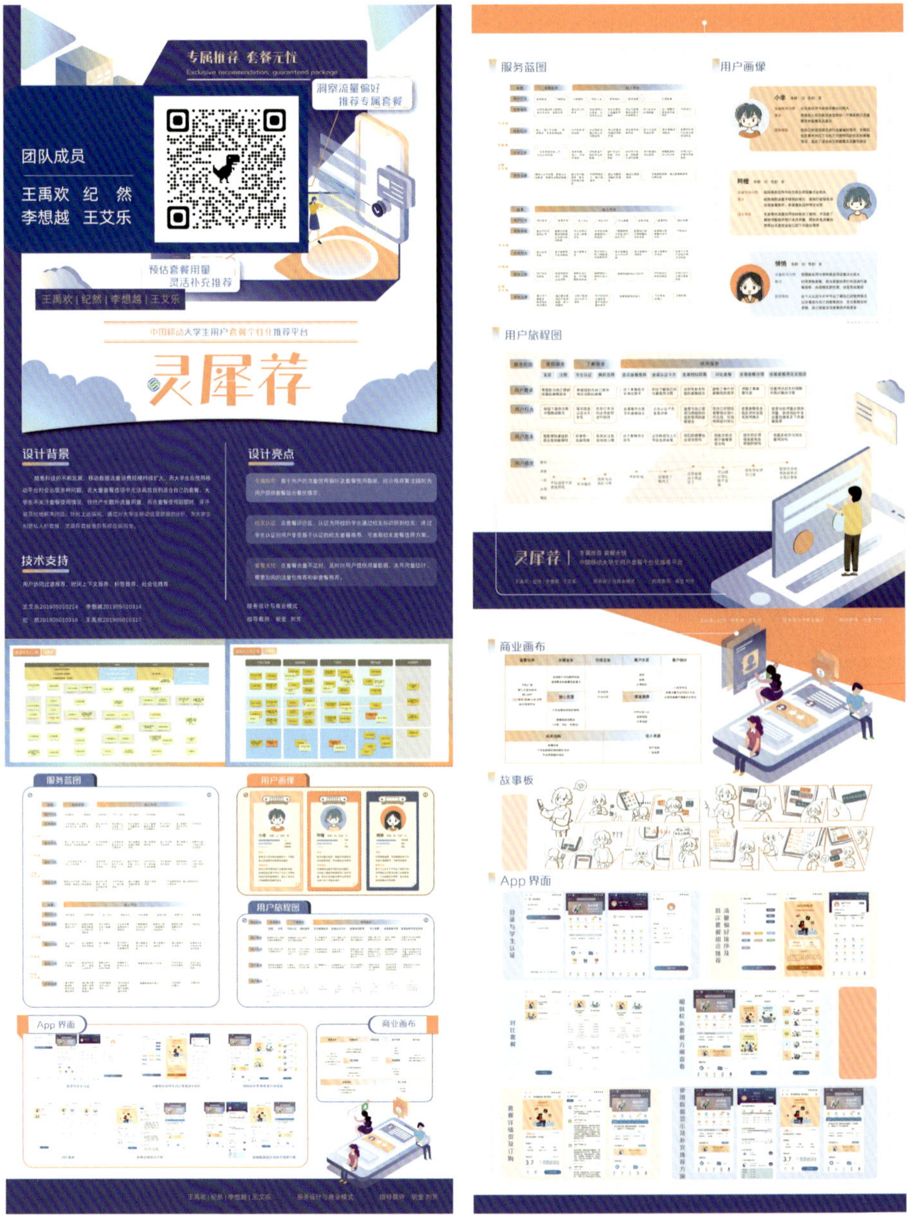

图 6-5 “灵犀荐”个性化服务推荐平台

私问题仍然是一座“矮墙”，当用户进行基因检测时，其基因数据可能被未经授权地搜集出售甚至滥用。尽管拥有这些宝贵的遗传信息，但用户往往无法追溯数据的流向，也无法约束其实际的使用方式。

因此，我们确立了明确的设计目标：建立一个基因数据交易平台，这是一座连接基因数据所有者和基因数据需求者的桥梁。在这个平台上，你可以安心出售你的基因数据，因为你的隐私将会得到最严密的保护。而对于那些需要使用这些数据的人，他们也能够在合法透明的前提下获取到他们需要的信息。我们要确保用户的基因数据不会被滥用，而是能够为科学研究、医疗诊断、健康管理等众多领域提供宝贵的支持。

2. 设计思路

我们首先深入研究了基因数据的社会背景。基因检测技术的不断发展使得基因数据变得愈加丰富，这些数据对于科学研究和人类健康有着巨大的潜在价值。而与此同时，基因隐私问题也引起了广泛关注。基因数据的滥用和泄露问题已成为科技进步背后的阴影，需要切实解决。

通过竞品分析，我们发现目前的基因数据保护机制仍有不足，消费者的基因数据有时在未经本人同意的情况下被出售或分享给第三方，严重侵犯了消费者的基因隐私权。因此，我们决定着手解决这一问题，提供一个可靠的基因数据保护平台，明确并保护消费者的基因使用知情权。

实地调研与用户访谈显示，普通用户在认知基因数据潜在收益的同时，对数据安全存在强烈关切。平台信任体系的构建需依托长效机制，福袋激励机制与数据使用透明化策略可成为建立用户信任的突破口。基因检测与研究企业迫切需要符合要求的基因数据，但也担心数据使用授权与用户纠纷问题。平台将提供及时的提醒机制，以避免数据过度使用等不合理情况的发生，从而保证数据的合法使用。

最终，我们的设计方向是解决基因隐私问题，保障用户的数据知情权和使用权。与此同时，平台建立了合理的数据使用权授予市场，使用户的数据能够更有价值。平台也将依托安全合规的基因数据库与轻量化数据操作工具，确保数据的安全、可靠、快速传递，以及基因的最大化利用。

3. 方案概述

阻碍购买基因检测产品的因素主要有三个：基因数据不安全，不了解产品，对检测结果感到怀疑。而基因数据安全涉及两种权利：自己拥有数据所有权，被使用时需要知情权。G-Bank 运用区块链技术，搭建起数据所有者和数据使用者之间的桥梁，使用户享有相应的选择权（图 6-6）。

（1）用户端

①我的数据，由我做主。通过对项目基本信息和详细信息的了解，以及对企业整体信任度的评估，用户可以将自己的基因数据授权给自己信任或者看好的项目和企业，完全掌控对自身数据的使用权。

②福袋鼓鼓，福气满满。每次授权都会有最低收益，开启福袋，可能开出价值量高于福袋价值的项目体验券和积分等。

③数据跟踪，尽在掌控。从确定授权的那一刻起，数据如何使用，数据目前处于何种阶段，均会有记录和反馈，且透明使用，用户再也不用担心数据被滥用的问题了。

④数据成果，勋章在握。用户数据被一些科研或公益项目使用，虽然获取的收益可能相对较低，但是其使用意义非凡，最终用户能收到自己数据发挥了作用的反馈，为医疗、科研事业贡献力量。

（2）企业端

①去中心化，安全保障。企业所获取的数据均从区块链端直接获得授权，保证数据稳定、安全、可靠。

②召集提醒，实时监控。实时监控召集进程，召集事件结束后，自主决定。

③收费透明，信任提升。透明化收费，企业可自主设置召集令报酬，平台透明收费。根据召集令金额按比例收取服务费用。

④使用提醒，贴心助手。在数据使用方使用数据的过程中，平台会定期提醒用户数据使用进程，提升用户体验，尽可能避免因数据使用终止给企业带来的不便。

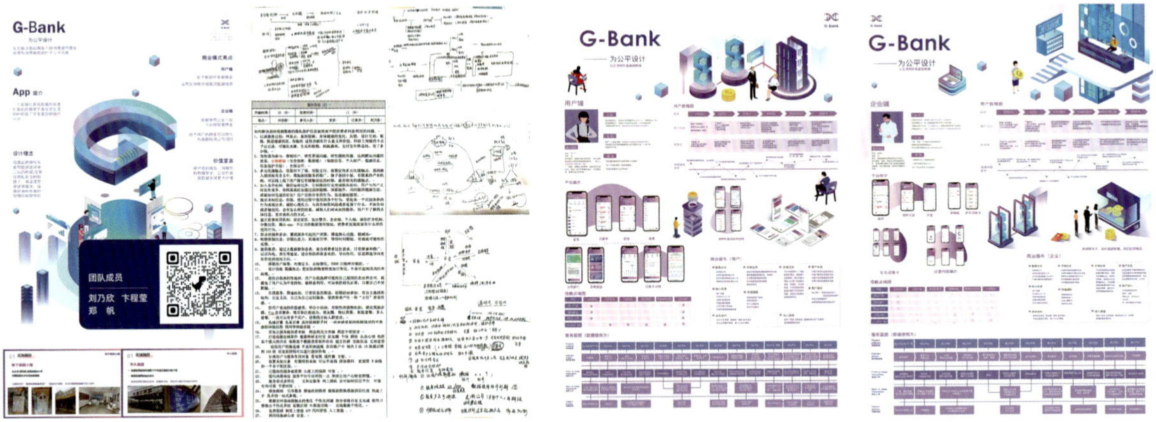

图 6-6　G-Bank 数据服务平台

附录

100 张服务设计启发式卡片

序号	标题	释义	示例
1	利用熟悉的人/事/物	在服务中加入客户熟悉的人/事/物的元素，可以使客户对服务产生熟悉感，进而信任服务	Airbnb 设置了一个功能——专门为房东或房客提供对社交圈内对象的查找。不管是房东还是房客，注册时都只有两种注册方式，一是用 Facebook 账号注册，二是用邮箱注册。而前者被放大加粗，作为鼓励每个人都去用的注册方式。这样客户在找房子时，会显示“房东 Sean 和我有一个共同的 Facebook 好友”，遇到熟悉的人会在一定程度上打消客户租房时的顾虑
2	加入趣味元素	单调、无聊的服务往往会使客户感到烦闷，通过将趣味化元素引入接触点，可以引起客户的兴趣，增加愉悦度，极大地提高服务吸引力	土耳其冰淇淋在售卖过程中为顾客提供丰富的娱乐效果，这种售卖方式极富热情和快乐，充满趣味性，极大地提高了购买率
3	添加限制	在客户使用服务时，为他们添加适当的限制，可以引导客户的行为，或更好地帮助客户决策	吃自助餐时由于顾客有“吃回本”的想法，导致自助餐厅浪费食物的行为较多。部分餐厅通过收取押金的形式，来限制客户的浪费行为。还有一些餐厅会对超过限额的剩菜进行称重，并按照重量进行收费
4	添加自然元素	自然元素象征着绿色环保或者给人带来亲切感。在服务中适当地添加自然元素能够让人身心舒畅，给客户留下好印象	美国宾夕法尼亚州一所医院发现，病人在接受胆囊手术后，影响其康复速度的一个重要因素居然是在病房里能不能看到绿色植物。那些透过病房窗户能看到植物的病人，可以更早离开医院回家；而那些透过病房窗户只能看到其他建筑的病人，住院的时间会更长
5	加入正能量元素	在服务中加入正能量元素（例如公益、环保等）既可以为服务品牌塑造良好的正面形象，也可以为客户带来更高的价值认同感	“捐一元”项目通过百胜中国旗下遍布全国的肯德基、必胜客等餐厅网络，以及手机与网络捐赠系统向社会劝募，为顾客和员工搭建了一个“全民公益”的捐款平台。走进这些餐厅，就可以看到醒目的捐款提示。最终，人们捐出的善款变成了给贫困地区孩子们的营养加餐，每个学生每天可以喝到一盒牛奶，吃到一个鸡蛋
6	把控服务节奏	完整的服务系统是由多个服务阶段、多个接触点共同组成的，要遵循一定的服务流程，服务的节奏在很大程度上会影响客户的情绪	淘宝网在“双十一”消费的前中后阶段，通过营造抢购氛围、放送津贴红包、倒计时、持续的红包轰炸四个环节，来推进客户的情绪在购物时逐渐升高达到顶点。前期的酝酿及过程中每一环节节奏的把控都极大地促进了客户的购买欲

续表

序号	标题	释义	示例
7	关注客户的动态需求	社会发展是迅速的，随着环境的变化，客户需求也在动态改变。在设计服务时，应当考虑客户的变化需求，提升服务的弹性	在众多城市中，早晚高峰的交通堵塞是常见的问题。在北京，地铁站调整了部分列车的始发站和终点站，来缓解早晚高峰乘车不便的问题
8	关注每个接触点	服务体验不是单一的点，而是整个过程的总和，每个接触点都是重要的，如果其中某个触点糟糕，就有可能带来糟糕的用户体验，最终导致客户流失	星巴克的成功离不开它对于每个接触点的精心设计。走进星巴克，你可以自己走到柜台旁，选择喜欢的饮品。面对服务员亲切的笑容，你还可能会多买一份三明治或其他餐点。然后，你可以坐在偌大的沙发上阅报、看书、谈天，甚至打开手提电脑工作。当然，你的最佳伴侣就是你刚购买的咖啡和小食。没有带手提电脑的，亦可走到店内的计算机前上网，看电邮、找数据。所有这些都给客户营造了一个放松的好环境
9	关注服务前后的客户需求和行为	除了关注服务的核心内容，还可以尝试一下关注客户在服务前后的其他需求。这可以给客户带来更优质且更完整的服务体验，提升客户满意度	某快餐店规定一般情况下，前台的收银员只能在发生顾客付款行为时才能使用收银机现金找零。但是该快餐店考虑到在公交站乘车的人们对于零钱的需求，于是决定在公交站附近的店面可以提供整钱换零钱的服务。这项服务推出后，深受人们的喜爱，同时人们对这家快餐店的认可度和好感度都大大加强
10	关注非目标客户	通过对非目标客户（极端客户）的痛点进行研究，可以发现新的模式突破口，可以为客户提供更好的服务体验	瑞士厨具公司塞利斯（Zyliss）曾聘请 IDEO 开发一系列新型家庭厨房用品，设计团队没有寻求主妇们的意见，而是选择观察孩子和专业厨师，并且从这两类人群中获得了很有价值的信息——7 岁的小女孩没法轻松地使用罐头起子，饭店厨师对厨具清洁的要求相当严苛。非目标客户看似夸张的需求，引导设计团队创造出一系列持续热卖的新产品
11	服务流程自动化	服务中的人际接触可能导致时间上的浪费。自动化流程可以节约客户时间，提升服务效率，使客户在消费过程中心情愉悦	在 Eatsa 餐厅里看不到一个员工，点餐、取餐都由顾客自行操作。没有点菜员、收银员的餐厅，从下单到取餐不会超过 10 分钟。这种快餐形式极大地节约了客户的时间，省去长时间排队的烦恼

续表

序号	标题	释义	示例
12	权衡标准化与人性化	标准化服务极大地提升了服务的可复制性和服务效率，而人性化服务带给客户更好的服务体验。设计服务时应当权衡两者在服务流程中的比重	兜约是一家主打现炒下饭菜的餐饮公司，在尽可能保留传统炒菜的基础上推进烹饪的标准化。为提高厨房效率，在中央厨房会提前规定好配菜的厚度、宽度，以及调味料的品牌和用量等。为了保证菜品的品质，该公司保留了人工炒菜的传统。人工炒菜会比机器炒菜更有风味，口感更好
13	平衡多方利益	为了服务系统的良好运作，不能只考虑客户的利益，而应该关注所有利益相关者的需求，以实现共赢	在家装行业，VR 看房已经成为潮流。对于消费者来说，比起平面的图纸，在虚拟房间内漫步可以更好地实现“所见即所得”。对于设计师来说，VR 技术可以提升沟通效率，更精准地把握客户的需求。对于家装公司来说，在吸引客户的同时，可以利用 VR 样板间代替实体样板间，节约一笔费用
14	打破认知惯性	打破认知惯性，即打破客户对已知事物的刻板印象，可以创造新鲜感与惊喜感，从而提升服务的吸引力	Studio Dental 是旧金山的一家新型牙医工作室，该工作室利用设计和更灵活的服务来改善人们的看牙体验。Studio Dental 将牙科诊所变成了可移动的，以流动集装箱的形式进入社区，箱体保证了一间无菌室、一间等候室、两间手术室的功能需求。室内的装修风格更像是一间精品护肤品店或是一间小型 spa 馆——由黑、白、原木三个主要元素组成，光线明亮，十分干净简洁。最初，固定场所的客流量很少，改变服务后，通过社区用户等流动人口迅速扩大了用户群，现 Studio Dental 已覆盖了旧金山大半个湾区
15	帮员工建立同理心	员工提供服务的过程是创造良好服务体验的关键。帮助员工建立同理心可以让员工为客户提供更加贴心的服务	Uber 公司会议室的电脑屏幕上会随机显示一个司机的故事和照片，让设计人员了解到设计的服务对象。同时，公司允许设计人员在工作时间开 Uber，还会给大家提供车辆；也经常鼓励大家乘坐 Uber，以乘客的角度提供意见和建议
16	变传递为参与	利用情境互动等手段，引起客户兴趣，让其参与其中，让客户自己完成信息接受，自主关注每一个细节。此举可以解决信息传递过程中难以留下有效记忆、客户注意力分散等问题	英国国家铁路博物馆的火车展览，以“博人眼球的谋杀案”为主题，展示 20 世纪初火车站的样貌。在场的观众无论年龄、性别，均全情投入其中，主动观察所有细节。参观结束后，一个活生生的 20 世纪初的英国火车站及其中的火车被观众记住了。观众不借助图片和文字，依旧可以回忆起火车的车身以及车厢内的陈设

续表

序号	标题	释义	示例
17	循环服务系统	当服务对象是由独立个体组成的群体时，可以创建一种机制，使服务系统可循环。此举可以增加服务的活力并促进可持续发展	咖啡品牌三顿半开启了“返航计划”。该计划旨在回收空罐包装。三顿半与书店、商场等线下门店合作设点，消费者可以自行前往“返航点”返还空罐包装，也可以选择邮寄的方式。消费者将这些可回收的空罐储蓄成“能量”，来兑换咖啡或其他周边产品
18	关联相关服务	当用户选择一项功能后，系统自动提供与使用情境相关的其他功能。这不仅可以提高服务的流畅性和完整性，方便用户使用服务，也可以为企业提供更多服务机会	当用户想看电影时，可以通过相应的 Cloud Card 购票，YunOS 会自动生成一张电影卡，记录电影地点、时间、座位等。下班时电影卡会自动跳出，询问用户是否需要打车去影院。如果时间尚早，它还将推荐影院附近餐饮及购物信息。在影片放映之前，卡片又会提醒用户入场，甚至为用户打开手电筒
19	考虑服务的多场景因素	固定单一的服务模式可能不能够完全满足不同场景需要。针对不同场景，对服务进行针对性调整，可以给客户带来更好的体验	瑞幸咖啡强化不同消费场景，将门店不同形态与不同地区特性结合，拓展为以下四种门店：标准品牌经典的旗舰店、常规功能的门市店、写字楼附近支持用户自提的快取店、与外卖商户合作的外送店。线上运营体系与线下门店布局相结合，细分各种用户在不同情境下的不同需求，结合订单数据化，建立更完善的服务模式
20	把控信息量与信息尺度	呈现给客户的信息并不是数量越多且内容越丰富越好。很多时候，谨慎地把控信息量与信息尺度，甚至削减一部分信息，可以避免多余信息给客户带来困扰	Pet Travel 挪威航空公司在设计研发宠物跟踪系统时发现，为客户提供的宠物健康状况信息（心率、脉搏、体温等）越多，客户就会越感到不安和焦虑。所以最后研发团队只保留了宠物的行踪和货仓温度等基本信息，从而为用户带来了更放心、更优质的体验
21	塑造仪式感	仪式感展示的既是强烈的自我暗示，也是精神上的礼仪。将仪式感运用在设计中，在一定程度上可以引导客户行为，提升客户体验	西贝外卖中会附赠一块红桌布，这一小小的细节所营造的仪式感，传递了西贝的企业价值理念：不要粗糙、匆忙、随便地用餐，即使是外卖也不能含糊。西贝向客户传递追求品质和善待自己的价值观，为简单的一顿饭赋予了积极向上的价值内涵
22	通过未知创造期待	提供服务时，选择将一部分内容设置为未知状态，而不是将所有的服务内容明示出来，可以提升用户的期待感，激发用户探索服务的欲望	日本东京商业区一家名为“未来食堂”的餐馆，每天只为顾客提供一种菜品套餐，且每天的套餐内容都会更换。这一做法既让顾客免于纠结选择哪种套餐，又让顾客对当天的菜品充满期待

续表

序号	标题	释义	示例
23	打造高频/定频事件	通过高频率或者固定频率吸引客户持续使用服务，可以培养客户的习惯，使参与该服务成为一个自然事件	蚂蚁森林是支付宝客户端为首期“碳账户”设计的一个公益项目：用户通过减少碳排放量来获取“能量”，“能量”可以用来在支付宝里养一棵虚拟的树。这些“能量”每天到了一定的时间可以被获取或被偷窃，这使得用户如果想收获更多的能量，就需要每天及时收取
24	客户服务客户	客户服务客户作为一种基本业务模式，能够充分发挥客户在服务体系中的能动作用。通过构建一种连接方式，让客户自己创造价值的同时收获价值	百度知道是一个基于搜索的互动式知识问答分享平台。用户可以有针对性地提出问题，通过积分奖励机制发动其他用户来解决该问题。同时用户可以选择自己了解的方向，回答其他用户提出的问题，赚取财富值。财富值可用作悬赏回答、匿名提问、商城消费等
25	自定义服务	服务在时间、空间、形式等方面都可以被调节和选择，达到适应用户的习惯和喜好的目的	星客多是一家“互联网＋美发”公司，主打快剪。这家公司推出了线上预约与排队的服务，优化了排队体验，提高了剪发的效率。用户因此能更好地安排自己的时间，避免了因排队导致的时间浪费
26	数据驱动服务变化	在大数据的支持下，实时分析服务系统中利益相关者、环境、资源等要素的状态以制定动态的可变的服务，可以实现更有效的服务模式	西南航空公司设计了一个新的数字寻路系统。新系统中的每个标志都是完全数字化和可感知位置的，因此可以根据时间、航班状态和客户需求定制每个标志。如果旅行者到得很早，标志会将他们重新定向到餐饮、购物等区域。如果旅行者迟到，增强的寻路方式有助于他们根据方向箭头、行走时间和易于理解的标牌系统更快地通行
27	去中心化	去中心化是指在一个系统中分布有众多节点，每个节点都具有高度自治的特征，而不依赖于中心。这可以提升服务系统的容错性、灵活性和服务效率	每日优鲜是专注于优质生鲜的移动电商。为了解决消费者的即时性购物需求，每日优鲜选择了前置仓模式。前置仓模式是指根据社区选点建立仓库，在方圆 5km 画圈，覆盖周围社区，根据数据分析和自身供应链资源，选择适合的商品，由总仓配送至前置仓，进行小仓囤货。同时组建物流团队，在消费者下单后，将商品从前置仓配送到消费者手中。这极大地提高了服务的灵活性和服务效率
28	明确服务范畴/边界	设计服务时应当有针对性地解决问题，明确的服务范畴不仅可以使服务提供者专注于服务，创造更好的服务体验，也有助于客户认可服务的专业度	随着外卖行业的发展，有一部分商家选择做纯外卖店，即只做外卖不做堂食的店铺。对于商家来说，不仅可以选择小面积店铺，还可以节省人工费用，降低开店的成本。比起堂食＋外卖的形式，商家可以将重点放在菜品品质的提升和客户的用餐体验上

续表

序号	标题	释义	示例
29	差异化服务	突出所设计的服务的个性，让它在与同类服务进行比较时，能够有所不同。这样可以形成服务独特的竞争力，给客户留下深刻印象	海底捞火锅相比于其他火锅，所提供的差异化服务是根据每个客人的喜好提供创造性的个性化服务。这为海底捞创造了良好的口碑，吸引了大量客户来消费
30	转移消极注意力	当客户处于消极体验中时，会对服务产生不好的印象。尝试将客户的注意力转移到其他部分，可以减轻甚至消除客户的负面情绪	排队等候容易引起客户的焦躁情绪，海底捞通过为正在等候的客户提供茶水、棋牌、美甲等服务，大大缓解了客户等候时的焦躁情绪，并给客户留下了良好印象
31	多元化接触点	只提供单一服务触点可能会限制客户参与服务的方式。使接触点形式多元化，即提供多种途径实现某一功能，可以增加交互的便捷性	滴滴打车为客户提供网约车服务，考虑到有不常使用网约车服务或没有下载 App 的用户，滴滴与微信、支付宝等平台合作，方便用户在其他平台使用滴滴打车服务
32	分流客户	当由于高峰期而导致服务运营压力过大时，可以引导客户更改使用的时间、模式或者功能，以减少服务运营压力，从而提供更优质的服务	淘宝分流又称 E 客服分流，是指当所有账号都处于在线状态时，向主账号发送的消息可以通过点击店铺中的“和我联系”分流给子账号。如，总分流旺旺主要是接待售前客户，售后服务子账号则不参与总分流。它们被分在另一个组内，参与售后的分流。此举可以更好地提高店铺的服务接纳能力，引导和促成客户快速下单，提升店铺销量和优化购物体验
33	先简后繁，先易后难	当客户体验包含多个步骤的服务时，先让客户从最简单以及负担最小的任务开始，可以帮助客户更好地理解和接受服务	在游戏初期，系统通常通过几个简单的任务让新手玩家快速学习和掌握游戏。而随着玩家对游戏的熟悉和投入，游戏的其他内容逐渐对其开放。这种循序渐进的过程，让玩家可以轻松掌握游戏
34	减去多余与消极	过于复杂和烦琐的服务可能引起用户的厌烦，减去可能导致用户产生消极体验的或是不必要的部分，而专注于核心服务，可以提升用户满意度	在新版民生银行个人网上银行中，转账、信用卡还款等客户高频使用的功能可在首页快捷点击使用。以跨行转账为例，原版网上银行需要客户填写、点击选择的类目有 10 项，新版个人网上银行将其简化为 7 项，删掉了不必要的操作环节，隐藏了不必要的细节内容，化繁为简

续表

序号	标题	释义	示例
35	营造情感共鸣	利用客户的情感共鸣点构建服务提供者与客户之间的沟通桥梁，可以减轻客户对于服务的距离感	鹿特丹医院员工在亲身体验了看病流程之后发现，病人的恐惧心理是对看病过程影响最大的问题。例如，在小孩子的印象中，医生是非常威严和令人害怕的，这使得医生给小孩子看病非常困难。因此，医院在小孩子看诊之前，会提前给他们一件印有小动物的 T 恤，然后问诊的医生也会穿一件印有小动物的衣服，当医生来给小孩子看病的时候，医生和小孩之间可以马上建立一种亲近感，小孩子在心理上会觉得医生是和他一样的“大朋友”，医生在他们固有印象中的距离感和威严感消失了
36	鼓励客户分享	设置措施鼓励客户分享自己的服务体验，可以起到宣传作用，也能从中发现不足并改进服务，有助于树立更好的服务形象	在淘宝购物后，系统会邀请顾客评价所购买的商品，并且告知顾客完成评价就可以获得一定的积分奖励
37	等值替换	在服务中利用等值替换的概念，可以有效调动客户参与服务的积极性和主动性，也可以减轻客户的心理负担，带给客户自由轻松的体验感	Janus 储蓄平台是一个金融平台，低收入人群可以通过在平台上分享自己的真实故事和照片，让平台上较富裕的会员以信用卡积分和一个可选的“存零钱”（save the change）服务进行捐款。该服务避免了直接捐献物资给接受者带来的羞耻感，同时帮助最低收入人群利用可用资源改善自己的状况，实现他们的储蓄目标，也让较高收入人群因帮助他人而获得满足感
38	建立补偿机制	建立补偿机制，可以在给客户造成不良体验时进行补救，增加客户的好感，提升信任度	外卖服务提供商会为客户提供超时赔付的服务，即送餐超过了预计时间，将会根据时间长短赔付客户一定的费用。在客户处于等餐过久的情况下，该措施可以很好地化解客户的不快
39	加入竞争机制	在一项普通的服务中，用户达成目的可能是被动的。在这个环节中加入一点竞争性，让用户与用户之间产生良性的竞争，可以激发用户的积极性和主动性，让用户主动实现目标	“微信运动”是个类似计步数据库的公众号。用户关注该公众号，就能看见自己与好友每日行走的步数及排行榜。排行榜是一种优质的激励机制，想拿第一名的欲望会让人自主地去增加运动量，让枯燥的行走变成一种娱乐及社交活动

续表

序号	标题	释义	示例
40	建立会员制度	通过建立会员机制，可以筛选出某项服务的忠诚客户，提升客户黏性	肯德基针对与孩子一同就餐的顾客推出亲子卡付费会员服务，在第一次开卡时即可免费享受 68 元亲子桶，同时附赠每周的免费小吃、节日特惠及生日优惠，而会员费只需要 78 元，消除了顾客开卡时不能回本的担忧。由于亲子卡的存在，家长在众多快餐店中会更愿意选择肯德基作为就餐场所
41	建立监督 / 处罚机制	建立监督 / 处罚机制可以保证服务在良好环境下运行，为客户划定明确的行为边界，同时在一定程度上防止服务破坏者的出现。为保证公平性，可以由第三方或服务提供方扮演裁决者	陌生人社交软件一罐设置了“雷区”功能，一旦被官方确认踏入“雷区”，会收到一条警告，多次踏入“雷区”则会被永久拉黑。当有用户受到他人骚扰或发现他人不当言论时，可以向官方申请将此人账号放进“雷区”。官方人员会核实判断是否应当将该账号放入“雷区”
42	拓展服务边界	以初始的单一服务为起点，逐步增加服务内容，扩大服务体系，满足不同人群的多样性需求	美团起初围绕本地生活服务的团购业务起家，逐渐拓展到外卖、酒店、出行等服务。美团始终在拓展边界，但又一直围绕着给用户提供“吃喝玩乐行”一站式体验的主题。美团用更多、更丰富的服务吸引用户，以提升用户黏性
43	利用“收集癖”心理	客户常常会不遗余力地去收集他们认为有价值的虚拟物品或者实体物品，这样他们会获得更多的满足感。在设计服务时利用这一心理，可以增加服务的吸引力和客户黏性	盲盒是当下年轻群体中火热的玩法之一。顾名思义，盲盒就是一个盒子，里面装着不同样式的玩偶手办或其他物品。一套 12 个盒子摆在用户面前，用户却根本不知道里面装着哪一款，抽盲盒全凭运气。为了集齐所有款式，用户就会一个接一个地买，直到买到自己所欠缺的那款或者隐藏款
44	延长服务时间线	有限时间范围的服务可能会导致顾客局促不安。通过延长服务的时间线来全方位地为顾客考虑，可以提升顾客对服务的好感	万豪服务补救系统设计对万豪酒店现有服务进行提升，从顾客抵达、入住、离开三个阶段对服务进行补充扩展，全面提升服务水平和顾客体验。通过收集的数据，万豪可以知道游客延迟抵达的情况。半私人的区域允许当前的顾客和即将离开的顾客使用，在结账后或飞机晚点期间为顾客提供放松空间
45	为客户寻找组织	为客户寻找志同道合之人，会给客户带来一种归属感，从而让客户能够长期使用该服务	扇贝单词为了激发用户背单词的积极性，将目标一致的人聚集在一起，形成一个相互监督、相互激励的小组或社区。每个想要背单词的用户都能在扇贝单词找到一起学习的同伴，形成部落式的小组，小组成员坚持背单词打卡，相互监督，这种联系使得更多的用户能够利用扇贝单词进行长期学习

续表

序号	标题	释义	示例
46	顺从客户日常习惯	在提供服务时，需要考虑客户的日常习惯，使客户在自然的状态下接受服务。这可以避免客户因习惯不同问题而产生抗拒心理	滴滴在积极地拓展海外服务。在拉美地区，由于大部分人使用现金支付，滴滴为当地乘客和司机推出了借记卡和“钱包”服务。司机可以通过借记卡对所收取的费用进行提现或直接消费。目前，墨西哥的滴滴用户可以使用现金在便利店为账户充值，还可以使用“钱包”支付水电费或话费
47	服务纪念	记录服务并给予客户一定的纪念物，可以给客户留下更多的服务印象。即便服务已经结束，服务纪念物也可以延续服务生命力，有助于客户下次再使用该服务	网易云音乐每年都会为用户定制年度听歌报告 H5，载入了每个用户在云音乐这一年的听歌记录，然后整理出一份别具特色的个人年度听歌报告。这份记录，为用户创造了一份美好的听歌回忆，深受用户的喜爱
48	碎片式传递	将服务碎片化，使得客户可以利用碎片时间来享受服务。这既可以提升服务的灵活性，也降低了客户使用服务的时间成本	MOOC（慕课）是一种针对大众人群的在线课堂。针对当下人们只能用碎片化时间学习的特点，MOOC 平台推出了时间短、趣味性强的微视频课程，全方位满足用户利用碎片时间、随时随地学习新知识与新技能的需求
49	免费犯错	在服务过程中，将客户犯错的成本降到最低，理解和原谅客户的错误，能够塑造好的服务形象，提升客户的满意度	酒店退房一般都有时间规定，如果不小心迟于这个时间，酒店商家会收取额外的费用。但聪明的商家在客房未满的情况下，会为旅客提供延迟退房服务。旅客退房后若仍需短暂停留，商家可以为其提供免费寄存行李的服务。因为商家明白，体谅和理解用户，包容用户的失误，比手续费更加重要
50	给予客户更高的价值感受	通过提高客户的价值感受，即让客户体验到性价比更高的服务，可以大大提高用户的转化率	第一家理发店，集 5 个章即可免费享受 1 次理发服务，但由于是从第二次才开始盖章，所以需要理发 6 次才能获得 1 次免费服务。第二家店则是集 10 个章送 1 次免费理发，但是在客户第一次进店消费时告知客户由于近期活动可以先盖 5 个章，再集 5 个即可免费理发 1 次。同样是买 6 送 1，第二家理发店给了客户更高的价值感受，让客户觉得剩下的任务容易完成，大大提高了顾客的转化率
51	需求、行为、痛点等级化	根据对客户的需求和使用行为等的了解，将客户按照需求、行为、痛点的不同进行等级划分，使得服务面向不同人群时更具有针对性	为了缓解就医难的问题，医院分级制度逐渐完善。例如城市三级医院主要提供急危重症和疑难复杂疾病的诊疗服务，县级医院主要提供县域内常见病、多发病诊疗服务，基层医疗卫生机构和康复医院、护理院则主要为病情明确或稳定的患者提供治疗、康复、护理服务

续表

序号	标题	释义	示例
52	帮助客户了解自己	人们总是希望更加了解自己。帮助客户了解自己满足了客户自我探索的需求，并且有利于每位客户根据自身的特点进一步选择有针对性且适合自己的产品或服务	运动品牌亚瑟士的官方网站提供了足部内旋类型的对照表，能够帮助客户分辨自己的足部内旋类型和程度。网站还根据每个人不同的内旋情况推荐了相应的跑鞋种类，帮助客户选购
53	设计伪装，隐藏焦点	对于服务中的一些敏感内容，可以通过设计将它隐藏起来，或进行伪装，让它看起来是另一种东西。这可以展示服务的安全性，缓解客户的不安情绪并增强客户对服务的信任感	IDEO 了解到女性想保护自己远离艾滋病，却又害怕携带预防药物时被误认为是艾滋病患者。IDEO 针对这一情况设计了一套俏皮明亮、更像化妆品而不像药物的时尚产品，引起了女性的共鸣。实际的预防药物以药丸形式提供，装在她们的私人空间——钱包里，用彩色贴纸来伪装医疗标签，并设置硅胶隔层消除药丸包装的响声，使其看起来更像一支润唇膏
54	增加客户与服务的“接触面积”	在服务中，增加客户与服务的“接触面积”，可以更多地吸引客户的注意，让客户充分了解服务	星巴克在点餐时为顾客营造慢节奏的消费环境，横向排队可以增加顾客在吧台前的停留时间，使其更多地看到服务产品信息
55	信息可视化	将文本信息转化为图形化的信息，能够吸引客户的眼球并给客户留下印象，也更容易被理解。改变接触点的信息传递方式，可优化服务	Kuja Kuja 是全球第一个用于人道主义空间的商业智能平台，服务支持员工和难民一起构建仪表板。不同服务点的员工一致认为，可视化满意度趋势比及时查看单个快照更有用。每个服务点的个人信息卡以简单的图文格式传达关键信息，从而可以轻松发现需要改进的地方
56	允许劳动换取服务	以劳动的方式换取服务，不仅能让顾客了解服务背后的工作，让顾客有更高的参与度，还能让顾客在享受服务的过程中产生更积极的体验，体会到实现自身价值的喜悦	在日本东京商业区一家名为“未来食堂”的餐馆中，顾客只要在店内帮忙 50 分钟，就可以免费吃一顿饭。同时，店主还有一个美好的期望：那些身无分文的人，可以通过在店内帮忙的方式，有尊严地获得食物

续表

序号	标题	释义	示例
57	服务设计本土化	不同的地方有着不同的风土人情，在不同的地域进行服务设计时，要充分考虑当地的风土人情，在保留服务特点的同时适当融入当地的环境与文化元素。这可以作为当地的特色服务吸引外来者，也可以更好地吸引本地消费者使用	肯德基一直宣称自己实行本地化发展，提供中餐就是一个显性的标志。2002 年，肯德基率先在北京推出了一款“寒稻香菇饭”，之后还推出了老北京鸡肉卷等餐品。2019 年，肯德基更是推出了“串串”等四川美食。这些餐品是根据中国人的口味设计的，符合中国人口味的餐品让更多中国消费者走进肯德基
58	让客户提前感知	在服务开始之前，通过一些方式让客户提前感知到服务，可以让他们对服务形成一个有意义的印象。这一措施既可以帮助客户更好地选择和适应服务，也可以避免由于期望与实际不符而导致的负面体验	百度云在下载时提供“超级会员”试用服务，可以让没有会员的用户提前体验会员的下载速度，进而刺激用户购买会员服务
59	首先让服务提供者幸福	在为客户提供服务之前，首先让服务提供者感到愉悦和满足，提升他们的幸福感。此举可以一定程度上促进服务提供者以更好的工作姿态提供服务，继而提升客户体验	海底捞的理念是让员工把公司当成家，为员工提供舒适的工作和生活环境，并且解决员工子女教育问题。通过福利、信任感，海底捞创造出让员工愿意留下来的工作和生活环境。员工会把这种幸福感传递给顾客，进而为顾客提供更好的优质服务
60	非目标场景迁移	在进行服务设计场景构建时，往往会主要针对目标场景进行设计。但其实非目标场景也能带来不一样的启发。通过对非目标场景进行迁移，可以为用户营造独特的体验	对于儿科患者来说，完成诊断成像程序非常困难。德国 Cozy Camp 将整个治疗过程设计成海盗冒险活动，诊疗前让孩子戴上海盗船长的帽子，并在诊疗空间中进行视觉转换，如在急诊室中设置珊瑚城，为孩子们提供水下探险体验。同时设置程序发出海浪的声音，让孩子们在一个模拟的睡袋中进行扫描。该医院针对诊疗室和诊疗过程中的“道具”进行设计，帮助儿科患者克服就诊时的恐惧
61	内容的板块化分布	当服务内容可以独立分类时，试一试将服务的内容进行板块化分布。这可以使服务更加清晰有条理，增加用户在体验过程中的舒适感和便捷度	宜家是一家专注于室内家居用品的公司。为了方便消费者找到适合自己的产品，在宜家的商场中，并没有将商品简单地按类别划分，而是以商品使用的空间为分类基础，如厨房用具、卧室用具等。同时，它会模拟出一整套产品的使用情境，让消费者可以更好地进行实地体验

续表

序号	标题	释义	示例
62	一站式服务	将服务中的各个接触点整合在一起，形成一站式服务，为客户提供便利	Northern Lab 建立了名为 Front Office Solutions 的项目，通过将人员、数据和数字融合到简化的服务模型中，提供一站式解决方案，以简化对捐赠、基金会等的投资管理
63	其他价值抵消不利因素	当服务在某方面带给客户不良的心理感受时，服务提供者可以通过提升服务的其他价值来弥补服务的缺陷	人们想要花更低的价格购买二手物品，但往往又容易对这类物品产生隔阂。但当了解物品背后发生的故事之后，人们会与物品产生一定的情感连接，对二手物品的接纳程度和心理认同感也会大大提升
64	预测客户行为	在提供服务前充分预测客户行为，使服务内容更具精准性和针对性，从而提升客户体验	日本茑屋书店推出跨行业通用积分服务“T 积分”，让持有人无论是在超市购物，还是加油，或订购新闻，都可以获得积分。这种积分模式使书店获得大量客户额外的消费数据，从而对客户进行消费预测，作为备货的辅助依据
65	设计铺垫	接触一项新服务时，客户往往容易紧张不安。在服务的前一站为客户设计，可以提前让客户了解服务，减轻客户的心理压力	一般品牌可能会从消费者跨入店门那一刻开始设计，而 Continuum 为某品牌提供的精巧策划是从停车场开始的。用幽默的停车标语来博得顾客的会心一笑，让他们还未进店门，就先感受到品牌营造出的放松、诙谐的氛围
66	让隐形的服务被看到	一项服务中，人们能看到的只是其中的一小部分。试着让隐形的服务呈现在用户面前，可以增加用户的信任感和满意度	西贝莜面村是“网红”西北菜餐厅。这家餐厅除味道好之外，更吸引人的是它独特的用餐环境：采用开放、透明的厨房，直接将食材和烹饪环境展示给客户。客户可以在店内直观地看到烹饪流程，对菜品品质的信任度增加
67	展示潜在信息	客户可能会由于对未知的潜在信息过分解读而感到不安。展示服务中的潜在信息，可以带来安全稳定的客户体验并引导客户行为	多抓鱼是一个二手书籍的交易平台。用户可以在平台卖二手书，也可以购买书籍。由于书籍保存情况不同，平台会对书籍进行品相审核。在卖书前会明确告知用户不同等级的评判标准，卖书成功后会告知卖家每本书籍由于何种原因被分到了不同等级。平台会向用户展示审核的细节和内容，可以帮助用户预判卖书收入，从而带来较为稳定的用户体验
68	为客户提供行为触发点	当客户在服务过程中难以主动产生行为时，可以为客户提前准备好跳板，让客户迈出第一步，激发客户的主动性	纽约公民自由联盟为促进市民与警察之间的有效沟通，为参与者设计了一系列会话卡片，如“我相信警察的作用是 ______”之类的提示，以及“如果警察在你的社区拦住你，你会怎么办？”之类的问题。这些简单的卡片帮助参与者迈出了交流的第一步，使他们更加主动地分享故事和观点

续表

序号	标题	释义	示例
69	建立反馈机制	设置合理的反馈通道，让客户表达自己的意见，有助于更好地改进服务，同时可以增强客户的掌控感	小米公司打造了线上的小米社区，让客户可以在社区里畅快地表达想法和感受。小米通过这种方式获取客户反馈，并以此来改进自己的产品服务
70	提供个性化服务	千人千面的需求，使得服务需要个性化。企业可以提供灵活的服务选项，并利用大数据更好地为客户提供针对性的服务	Hatch 为因气候变化而流离失所、被迫迁移的人群提供个性化服务，提供了一个定制的欢迎礼包，里面装有有形商品，并通过应用将商品直接关联到相关服务和组织。例如，礼包中配备有根据个人情况定制的交通卡，方便使用者在城市中畅行数周，满足了使用者的出行需求。若使用者家中有儿童，礼包内还会贴心放置乐高积木与蜡笔。这些举措极大地缓解了使用者融入新环境的过渡压力，有力增强了这一群体与丹麦社会的互动和联系
71	提供推荐	针对不同客户，在服务中设置个性化推荐，可以引导客户行为，节省客户的时间，也能帮助提高服务产品的曝光率	淘宝根据大数据来对客户进行推荐，通过“猜你喜欢”（首页、购物车、支付成功、微淘、直播广场、有好货），迎合消费者“逛”的需求，来引爆在推荐场景中的流量
72	记录客户信息	在每次服务中记录客户信息，可以用来分析和改进服务，也可以为客户下一次光临提供更优质的个性化服务	希尔顿酒店会对每一个住客的信息进行管理，存留住客的住宿习惯、食材偏好等各方面信息。当住客下一次住宿时，为住客准备好符合他们喜好的房间陈设，并能够让同一个服务人员提供他们已习惯的服务，比如房间的花朵应为玫瑰，早晨需要一杯不加糖的咖啡等，让客户有宾至如归的感觉
73	重新定义已知事物	重新定义人们熟悉的事物，打破惯有的认知，赋予其新的活力，可以创造新事物，提升服务的吸引力	Farewell 是一个可以让 16—34 岁的年轻人立遗嘱的网站，年轻人可以随时随地在上面选择并决定将自己的资产（包括数字资产）留给谁。用户可以在几秒钟内创建遗嘱，生成非常基本的意愿，以后再添加深度和详细的内容，并随时更新它。 Farewell 将复杂的遗嘱简化为“入职—定义资产—分配收益人”几步，将一件情绪化的事情以智能、有趣、简单的方式呈现出来
74	降低客户花费的成本	站在客户的角度，考虑客户使用服务所花费的成本（时间、精力与金钱），进而优化服务以减少体验过程中给客户带来的麻烦	GAMEFLY 的游戏光碟租赁流程非常简单。上网申请租赁游戏光碟后，会收到快递。拆开寄来的快递的外层，里面就是后面要寄回光碟的信封，并且信封上已经把玩家的家庭地址以及寄回的地址打印好，玩家使用完光碟准备寄回时，不需要贴邮票缴纳邮费，直接把装好光碟的信封放进任意一个邮筒就可以（仅限美国）。这一服务极大程度地减少了寄回过程中的麻烦，给客户带来更简便、快捷的租赁服务

续表

序号	标题	释义	示例
75	降低一次性投入成本	一次性的高成本投入总是让人吃力的，将总成本多次、少量分割，有利于减轻客户的心理负担，消除客户决策时的顾虑	对于非洲低收入群体来说，保险很遥远且收益周期太长。为了解决这一问题，设计师设计了一系列与保险相关的小故事，这些故事可通过短信获取。用户将化身主角作出影响故事脉络的决定，互动通过短信完成，并按互动次数收取小额费用。阅读全篇故事的开销差不多等于一周的保费，总开销被分割成多次开销，每次花费很少，支付的进度可由用户自己掌控
76	降低服务不确定性	让客户明确服务的每个步骤与时间，设定明确的服务预期，建立服务契约，减少不必要的不满与纠纷	西贝莜面村在用户点单完成后，会在桌上放置一个 25 分钟的计时沙漏，承诺 25 分钟内上完所有的菜，若超时未完成则给予用户优惠或补偿
77	服务提醒	为客户提供提醒服务，可以帮助客户避免错过重要事件，为客户提供便利	微信推出了一项提醒服务：用户可以对聊天中的对话、文件等设置提醒功能。这一服务能有效帮助用户进行信息、事件的处理，并且不会错过重要事件
78	报告服务进度	未知会导致客户紧张不安。实时向客户报告服务进度，让客户清楚地看到服务的状态，能够缓解客户等待的焦急感	用户在淘宝上购买商品，能够通过手机 App 看到商品配送过程以及实时位置信息。这一措施缓解了用户等待的焦急感
79	加入奖励机制	使用某一种或一整套奖励方法去刺激客户，可以激发客户活跃度，提高客户的黏性	在万豪酒店，用户积累住宿天数可以提升会员级别，而会员等级越高，就可以拥有更多的具有吸引力的奖励。万豪不定期地更新奖励制度，使得用户保持新鲜感和期待感。这些奖励机制提高了用户的黏性、忠诚度和对品牌的认知度
80	自我服务	让消费者在服务过程中的某些步骤中自我服务，使消费者产生一种主人般的归属感以及责任感。同时，减少服务员的工作压力，从而提升整体的服务质量和效率	近年来，带有自助茶水、自助米饭、自助清理垃圾等环节的饭店越来越多，如探鱼连锁餐厅、肯德基餐厅等。在这些餐厅中，消费者既是顾客又是主人。消费者往往会在自我服务中感受到一种主人般的自在与责任感，形成主动保护环境、节约资源的意识

续表

序号	标题	释义	示例
81	实现自我价值	不同的利益相关者都有实现自我价值的需求。于客户而言，在其参与服务时赋予额外的积极含义，可以提升客户的自我价值感。于企业而言，可以通过塑造价值形象来提升品牌形象和影响力	玛丽黛佳自2017年起启动“蓝计划”，通过回收所有“蓝色周转箱”实现对包装的循环利用。每个箱子可循环使用超过50次，使用寿命结束后回收再造为新材料。在快递包装箱上，玛丽黛佳用醒目的文字标明用户所选择的纸箱是可循环利用的，并附上二维码引导用户扫码查看包装的“生命周期旅程”（累计节省的木材、减少的碳排放量）。用户收到产品时，他们会发现无意间参与了一项伟大的事业，从而加深对品牌的价值认同
82	分离服务作用对象与客户	当服务的直接作用对象是客户的物品时，可以将客户与服务作用对象分离开来，直接服务于客户的物品，解放客户	Sweetworxx为客户提供汽车维护服务。如果用户的汽车需要维修，只需要躺在舒适的沙发上，在智能手机屏幕上轻轻一点，服务人员就会来取车。一旦汽车修好，服务人员便会将它送上门。整个过程用户无须出门
83	细分服务提供者角色	在整个服务系统中，通过对服务提供者角色的细分，可以提升服务效率，并使客户在体验服务时，能够获得更具有针对性的优质体验	Koduz是一个帮助残障人士在社区中获得新奇体验的平台。它将服务设计流程中的角色细分为curator、taster、tasters三个角色，即负责人、试味员以及品尝者（用户）。负责人的工作主要是发现和优化一些新奇的体验，试味员负责评估这些体验的质量以及提出改进建议，品尝者负责实际体验并给出反馈。通过角色的细分，用户体验能够得到很大的提升
84	为客户设定目标	当客户使用服务时，为他设定一定的目标。这有利于提升客户主动性和忠诚度，使其主动并持续地使用服务	支付宝的蚂蚁森林将公益种树与用户的低碳生活挂钩，通过设立种树的目标，刺激用户做出低碳行为，并提升支付宝的使用率
85	设置辅助工具	在服务中设置辅助工具，可以帮助客户更好地体验服务，提升服务效率	在韩国的很多医院里，为了做空间指引，地面上都会标注带有颜色的线条，目的是让病人沿着不同颜色的线条，快速找到不同的场所。当病人询问路线的时候，医院的医护人员可以通过那些线条，对病人进行亲切的说明（如“请您沿着蓝色的线条，步行大约150米，就到了，或者我带您过去……”），帮助病人的同时，还能让病人感受到医护人员的情感呵护，从而展现与传递出医院的服务品质与服务理念

续表

序号	标题	释义	示例
86	风险共担	作为服务提供者，需要面对许多不稳定的因素，承担风险。尝试将风险转移，与其他利益相关者共同承担，以保证在意外事故发生时减少自身损失	摩拜单车作为一家提供交通工具的服务商，为避免用户在骑行中发生意外事故，事后被追究事故责任，摩拜在客户端为用户提供了可自行购买的保险，有时也会为会员用户提供免费保险资格。此举使得摩拜可以用较小的支出来规避可能出现的大额赔付风险，同时增加了用户对摩拜的信心
87	共享经济	共享经济，一般是指以获得一定报酬为主要目的，基于陌生人且存在物品使用权暂时转移的一种新的经济模式。这种模式可以让资源得到充分利用。而设计共享模式的关键在于如何实现最优匹配与零边际成本，需要解决技术和制度问题	共享充电宝是指企业提供的充电租赁设备。用户使用移动设备扫描设备屏幕上的二维码并交付押金，即可租借一个充电宝。使用后可以在地图上寻找最近的归还点，送还充电宝，充电宝在充电桩内充电完毕后还可以被下一个用户使用
88	模拟真实环境	在虚拟平台中模拟真实环境的元素，可以消除陌生感，拉近客户与服务的距离	“微信红包”模拟了中国传统的红包文化概念，开发了虚拟红包功能。这成为一种新的社交手段，成功吸引大量用户使用
89	设计专门化过滤客户	根据客户群体及目标进行专门化设计，从而使设计明显地具备某种特点，自动过滤掉部分对象	bilibili 是国内知名的在线视频弹幕网站，并且一直设置有会员注册的考试。用户想要成为该站会员，就必须完成会员注册的考试，考试内容大多与 bilibili 网站主推视频内容有关。bilibili 通过会员考试来过滤用户，筛选出网站的忠实用户作为网站会员，为会员提供专门化的服务与内容
90	沉没成本	沉没成本是指已经发生但无法收回的支出，如时间、金钱和精力。因此，在服务中引导客户持续付出，可以使客户舍不得放弃该服务，进而持续使用	为了吸引用户持续登录游戏，游戏设置了持续签到奖励。随着连续登录天数增加，奖励也相应增加。一旦用户中断签到，连续登录天数就得重新开始累计。这会吸引用户持续不断地登录游戏，提升了用户黏性

续表

序号	标题	释义	示例
91	接触点传达品牌形象	客户在体验服务的过程中，每一次与品牌接触都将产生一个或多个接触点。品牌所有者通过这些接触点向客户传达品牌形象和信息，促使客户对品牌具体形象进行感知和联想，加深客户对品牌的印象，继而提升客户体验	奔驰在我国北京、上海和成都开了三家体验店，它们都开在人潮涌动的商业中心，不卖汽车而是主要提供餐饮服务。每一家店都极具地方特色，以成都远洋太古里店为例，店内设计充分融入了川蜀文化，同时也彰显了奔驰“感性·纯粹”的设计哲学，是一个集精致餐饮、试乘试驾、精品零售服务为一体的生活方式体验空间。体验店门前醒目的“me”品牌标志起到了良好的引流作用，路过的人都会被它所吸引
92	服务产品可溯源	提供可以获知服务产品来源的渠道给客户，可以增加客户对服务和产品的信任	在食品健康问题频频出现的当下，人们越来越关心商品的来源和安全。阿里巴巴旗下的盒马鲜生在2018年初启动了“盒马溯源计划”，让消费者在购物时可以通过手机App追溯商品的来源，了解商品的链路信息，增加对商品品质和安全的信任
93	先统一再分类	先统一收集客户数据，明确所有客户的目的和需求，再将客户分散引导至相关领域，实施逐层递增的服务。此举可以提高服务的效率，为客户提供更为精准和快速的服务	一踏入中信银行大厅，引导员便主动询问顾客来网点的意图，引导顾客到相应区域办理业务，并协助顾客刷卡。之后，后台系统中便备注了顾客的需求，银行相关业务人员可以通过手中的平板电脑快速了解客户的需求与信息，直接为顾客提供相应服务而不需要再次询问
94	整体且统一地更新服务	使用相同的语言和相同的设计模式对整个服务进行更新迭代，避免在不同地域的服务或服务的不同环节产生错位感，从而确保客户得到一致的体验并产生良好的印象	海底捞的很多服务细节是先由一个员工想出来，然后才逐渐被所有分店使用，例如给戴眼镜的顾客提供一块小的眼镜布。这样做的好处就是品牌的统一化。一位顾客在第一家店得到了一块眼镜布，到另外一家店却发现没有，服务体验的不统一可能会让顾客感到失望。保证体验的统一性，有利于建立统一且良好的品牌形象
95	利用互补关系	利用互补的功能、需求等可以创造服务新模式，并且降低服务成本	在美国，“婴儿潮”一代已经步入老年，老年人数量越来越多。老人们除了需要定期的医疗服务，日常生活中也需要特定的服务，如园艺、清洁、户外、杂货、烹饪和电脑帮助等。AVUKSESI 建立了一个社区，为需要打零工的人提供工作机会，让有剩余时间的人能够为需要服务的老人提供帮助

续表

序号	标题	释义	示例
96	使用峰终定律	对体验的记忆由两个因素决定：高峰时与结束时的感觉。这就是峰终定律（Peak-End Rule）。精心设计服务的“峰”与“终”，能够给客户带来更美好的体验和更深的印象	提起宜家，总有几个画面会浮现在我们的脑海里：高颜值的样板区、物美价廉的产品，还有出口处的 1 元冰淇淋。宜家将峰终定律运用得炉火纯青：“峰”就是产品质量与价格、实用高效的展区、舒适的样板间体验以及多样美味的食物；而它的“终”就是出口处高性价比的 1 元钱冰淇淋
97	寄情于物	为客户在服务体验过程中产生的情感找到一种物理承载，让客户寄情于物，可以使客户在体验过程中产生成就感	美国一家康复医院为病人举办种植活动，病人在护士指导下种植属于自己的一株植物，并且持续照料这株植物，等到病人无法照料时，护士会帮助病人照料植物，并且定期给病人看植物的近况。在此期间，病人也会为他的亲朋好友留下他想说的话。等到病人去世后，他的留言会被发送给他的亲朋好友。一年后，该病人的亲朋好友被邀请来参加一个纪念典礼，他们可以看到看护中心曾经给病人拍摄的视频，也会看到病人去世前精心呵护的植物仍旧在茁壮成长
98	利用闲置资源	充分利用闲置资源，不仅具有利于环保与可持续发展的目的，还能够在一定程度上降低服务的价格，为客户提供更多选择	通过 Airbnb，每个人都可以从个人手中而不是酒店租住一间房屋，同时也可以将空置的房屋出租，从而获得额外的租金，并且房租通常比酒店的便宜。Airbnb 搭建了一个提供房屋分享和交换的服务平台，将闲置的资源整合起来，使资源得到最大化的利用
99	就近提供最近端服务	在靠近物或数据源头的一端，采用集计算、存储、应用核心能力为一体的网络开放平台，就近提供最近端服务，实现最快的服务响应，满足行业在实时业务、应用智能、安全与隐私保护等方面的基本需求	无人驾驶汽车需要收集和分析车辆周边环境、方向、天气状况等相关的大量数据，且需要与其他车辆进行通信，边缘计算可以就近提供服务，避免因网络故障导致云服务终端引发安全事故
100	兼顾协作与隐私	在保护客户隐私的同时，保证客户的协作质量，提高协作效率	字节跳动的开源联邦学习平台 Fedlearner，在保护用户、行业数据安全的同时，和行业伙伴一起进行用户画像联合建模，帮助电商广告客户提高投放率，教育行业头部客户广告跑量、续报率显著增加

参考文献

[1] 韩挺 . 用户研究与体验设计 [M] . 上海：上海交通大学出版社，2016.

[2] 吴春茂 . 产品服务与积极体验设计 [M] . 北京：中国纺织出版社，2022.

[3] 卢克斯，斯旺，格里芬 . 设计思维：PDMA 新产品开发精髓及实践 [M] . 马新馨，译 . 北京：电子工业出版社，2018.

[4] 代尔夫特理工大学工业设计工程学院 . 设计方法与策略：代尔夫特设计指南 [M] . 倪裕伟，译 . 武汉：华中科技大学出版社，2014.

[5] 蔡赟，康佳美，王子娟 . 用户体验设计指南：从方法论到产品设计实践 [M] . 北京：电子工业出版社，2019.

[6] STICKDORN M，SCHNEIDER J. This is service design thinking [M] . Hoboken：John Wiley&Sons，2011.

[7] STICKDORN M. This is service design doing [M] . Barstow：O’Reilly Media，2018.

[8] 柳冠中 . 事理学方法论：一本讲设计方法论、设计思维的书 [M] . 珍藏本 . 上海：上海人民美术出版社，2019.

[9] 黄峰，赖祖杰 . 体验思维 [M] . 天津：天津科学技术出版社，2020.

[10] 布朗 . IDEO，设计改变一切 [M] . 10 周年纪念版 . 侯婷，何瑞青，译 . 杭州：浙江教育出版社，2019.

[11] 博克，乔治，王重鸣 . 商业模式工具书：创新商业模式的工具、方法及案例演练 [M] . 实战版 . 浙江大学全球创业研究中心团队，译 . 北京：人民邮电出版社，2020.

[12] 税琳琳，任欣雨 . 神奇的设计思维游戏书：激发无限创造潜能 [M] . 北京：人民邮电出版社，2021.

[13] 吉仁泽，莱因哈 . 有限理性适应性工具箱 [M] . 刘永芳，译 . 北京：清华大学出版社，2016.

[14] 辛向阳，王晰 . 服务设计中的共同创造和服务体验的不确定性 [J] . 装饰，2018（4）：74-76.

[15] 辛向阳，曹建中 . 服务设计驱动公共事务管理及组织创新 [J] . 设计，2014（5）：124-128.

致谢

最早亲身接触设计启发式，源自 2015 年 6 月我受邀参加在美国芝加哥艺术学院（SAIC）举办的全球设计教育研究大会，其间我认识了在普渡大学工作的 Colin，并参加了他组织的“77 Cards：Design Heuristics for Inspiring Ideas” 设计工作坊。77 设计启发式是一套由耶尔马兹等人推出的设计启发卡片（Colin 是主创核心成员）。这些卡片上的内容是从对专业设计师和工程师的密切观察以及对数百种高质量产品的仔细分析中提取出来的，共包含 77 条独特的设计准则，可帮助设计师在任何设计项目中快速探索创意产品设计思路。回国后，我便产生了能否在服务设计领域，结合国内外如火如荼的服务业发展态势，开发一套在课堂内外都能用的服务设计启发式卡片的想法。渐渐地，从卡片出发，结合不同的使用场景、技术手段和应用介质，我的团队开发了一系列围绕服务设计启发式卡片延伸出去的工具、方法、平台。2019 年，在湖南大学出版社出版基金的支持下，我着手编写这本书。在此承认，作为作者团队我们在成书进度上是深感惭愧的。我们一直未能如期交稿的原因，除了自身精力不济和水平有限之外，是比起如期出版书，我们更为关心这本书有没有被“煮烂”，读者能否易读、易用。虽然启发式的核心在于提取“经验”、萃取“智慧”，但在成书尾声，我对这点上的思考却不止步于此。从单向萃取的过程展开来的一幅幅“画卷”，能否让创新者们产生更多属于他们自己设计瓶颈与灵感的链接，才是我们追求的从“入画”到“出画”的更为珍贵的智识启发瞬间。

感谢深受业内尊敬的两位提序专家：何人可老师和娄永琪老师，他们都是极具国际视野和前瞻思维的智者。感谢湖南大学出版社以及社里的胡建华老师和贾志萍老师对团队的信任和支持，她们用专业和敬业一直守护着本书最终的出炉。在完成这本书的过程中，我得到了太多人的帮助，在此衷心地感谢每一位。

感谢倪然，作为回国后第一位和我一起做启发式开发的研究生，为本书的完成奠定了重要基础，没有你的前期探索，后续的工作难以开展。王钦，在启发式开发、研究及课堂运用方面，投入了大量精力，你的专业见解和不懈努力，为本书的理论和实践内容提供了有力支撑，你的硕士论文至今也是国内启发式设计研究值得翻阅的论文。

周子涵，在书籍全文结构的整理、撰写、修改与统筹，以及启发式工具包设计开发上，你付出了比我更多的心血，感谢你的坚持让本书得以系统、完整地呈现，你和白一茗的毕业设计成为启发式工具包的“中流砥柱”。杜星参与启发式开发和第一章撰写，为书籍开篇注入专业视角，吸引读者走进知识的世界。白一茗负责第六章第二节课堂使用案例精选部分的整理和撰写，同时也是启发式网站的设计者、开发者和维护者。

宋雨露整理了面向其他领域的启发式用于第五章第三节，拓宽了本书的知识边界，丰富了书籍内容。叶梦蝶收集整理其他服务设计工具，并完成启发式小程序设计开发，为读者提供了实用的资源。王慧莹整理了元宇宙背景下的启发式设计案例，并和徐文玉一同精心绘制书籍内部插图，将抽象知识可视化，有效帮助读者理解书中内容。杨琬如的毕业设计作品 “启发式大富翁” 被选入第五章，为启发式使用方法提供了创新思路。

还要感谢以下来自湖南大学设计艺术学院的同学们：参与 2019 年秋季“服务设计思维与策略”课程的 2019 级研究生同学们（部分选课），你们在启发式玩法及策略探索、修改完善上做出了努力，相关内容被选入第五章。参与 2022 年春季“互联技术与服务设计”课程的 2020 级工业设计本科生同学们，你们对元宇宙世界的启发式工具探索，部分被选入本书第五章（难能可贵的是，正值疫情期间），扩展了启发式使用方法。参与 2021 年秋季“服务设计与商业模式”课程的 2019 级工业设计本科生同学们，你们在服务质量评估方面的部分课程成果被选入本书第六章，作为使用启发式开展设计的案例演示。参与 2019 年秋季“服务设计与商业模式”课程的 2017 级工业设计本科生同学们，你们在“为公平而设计”主题中的部分优秀课程成果被选入本书第六章，赋予本书重要的实践价值。

“穷理以致其知，反躬以践其实。”

胡莹

2025 年 1 月于岳麓山下